司法警官职业教育优质教材

特殊勤务

TESHU QINWU

主　编◎曹立营
撰稿人◎（以撰写学习单元先后为序）
　　　丛淑萍　董烈菊　曹立营
　　　黄　晓　黄海燕　刘芳芳
　　　丁明强

中国政法大学出版社

2017·北京

司法警官职业教育优质教材
审定委员会

主　　任　　闻　全
副主任　　刘广乾　于连涛　郑　丽
委　　员　　裴绪胜　钟丽华　孙艳华
　　　　　　王　勇　原永红　丛淑萍
　　　　　　尹　辉　修　杰　曹延美
　　　　　　刘岭岭

编写说明

"十三五"以来,我国高等职业教育进入了一个以综合改革、质量提升为特征的新阶段。为贯彻落实《国务院关于加快发展现代职业教育的决定》(国发〔2014〕19号),教育部先后颁布了一系列文件,为我国高等职业教育发展提供了新的理念,指明了新的方向。广大高等职业院校加强人才培养体制机制创新,深化产教融合、校企合作,加强专业课程、师资队伍与信息化建设,提高技术技能积累与社会服务能力,拓展国际合作与交流,呈现出蓬勃生机。职业教育集团、混合所有制、现代学徒制等现代职业教育人才培养体制机制相继试点并不断走向成熟。持续深化教育教学改革、深入推进产教融合、培养高素质技术技能人才、提升学校对经济社会发展的贡献度,成为高等职业院校共同的目标。

随着高等职业教育教学改革和国家司法体制改革的深入开展,司法警官职业院校的人才培养体制机制也在发生深刻的变化。为对接监狱、戒毒人民警察招录,培养政治坚定、作风优良、业务过硬、纪律严明的政法行业人才,司法警官职业院校全面贯彻落实党的教育方针,紧跟国家司法体制改革步伐,遵循职业教育发展规律,以立德树人为根本,以提高质量为核心,以专业建设为重点,准确定位办学方向,提高办学实力,为社会平安和法治建设提供坚实的政法行业人才保障。

为实现司法警官职业院校的人才培养目标,凸显人才培养特色,我们组织了一批教学水平高、实践经验丰富的教师与行业专家编写了系列教材。该系列教材立足政法行业人才需求，积极回应国家司法体制改革需求，融入最新的法律规定、教育理念与教学方法，吸取同类教材的优点，力争打造特色鲜明、内容新颖、能学辅教助训的优质品牌。

因水平有限，该系列教材或许有不足之处。我们会在今后的教学实践中不断完善，以期对提高我国司法警官职业院校的教育教学质量，培养优秀政法行业人才起到越来越大的作用。

审定委员会
2017 年 5 月

序 言

本教材采取了"以就业为导向,以解决实际问题为目标"的课程开发理念,以公安辅警和安保人员岗位典型工作任务分析为基础,依据山东司法警官职业学院司法警务专业(特勤特警方向)人才培养方案,为达到培养学生职业能力的教学目标,我们组织编写了《特殊勤务》专业核心课程教材。

《特殊勤务》着重培养特殊勤务人员治安保障能力、快速反应能力、打击攻坚能力、现场处置能力和群众工作能力的一门专业核心技能课程,是高职高专司法警务专业(特勤特警方向)核心课程之一,突出体现了特殊勤务人员实战能力培养的思路。

本教材内容共分11个学习单元,其中学习单元一、二为特殊勤务基础知识,简要介绍了特殊勤务的内涵、组织管理体系和特殊勤务人员的职业精神、职业素质、工作纪律、行为规范;学习单元三为特殊勤务装备的配备与使用;其余8个学习单元为实务部分,围绕着巡逻勤务、守望和堵截勤务、盘查勤务、查控勤务、守卫勤务、守护勤务、护卫勤务和武装押运勤务的岗位要求,设计了相关学习任务。本教材中所涉及的内容包括学习单元11个、学习任务27个、课后训练10个、知识链接2个。本教材的编写,突出了教学内容的职业性和教学活动的实践性,全面塑造了学生的职业道德、职业素养、职业能力和职业形象,为将来从事特巡警工作奠定了基础。本书既可作为高等院校司法警务类相关专业的教材,也可作为在职人员专业培训用书。

本教材由曹立营担任主编，由特巡警工作和安保工作实务一线的行业专家和山东司法警官职业学院警务系从事该课程建设的教师共同编写。全书由主编拟纲，集体定纲，分头撰稿，集中统稿，然后由主编统一修改定稿。

各学习单元撰稿人分别是（以撰写学习单元先后为序）：

丛淑萍：学习单元一、二

董烈菊：学习单元三

曹立营：学习单元四

黄晓：学习单元五、六、七

黄海燕：学习单元八、九、十

刘芳芳、董烈菊：学习单元十一学习任务一

丁明强：学习单元十一学习任务二

本书在编写过程中，学院学术委员会提出了宝贵的指导意见，并给予大力帮助，同时也得到了教务处等相关部门的支持。本书参考、引用了许多专家、学者的有关教材、著作、论文和网络信息资源，有的列于书后参考文献中，有的疏于呈列，恕不能一一注明，谨向原作者表示衷心的谢意！

由于作者水平和实践经验有限，又属一种尝试，书中难免有不妥之处，敬请读者批评指正。

《特殊勤务》编写组

2017 年 5 月 6 日

目 录

学习单元一　特殊勤务总论 ………………………………………………………… 1
　　学习任务一　特殊勤务的内涵／1
　　学习任务二　特殊勤务的组织管理体系／4

学习单元二　特殊勤务人员概述 ……………………………………………………… 10
　　学习任务一　特殊勤务人员的职业精神／10
　　学习任务二　特殊勤务人员的职业素质／14
　　学习任务三　特殊勤务人员的工作纪律／17
　　学习任务四　特殊勤务人员的行为规范／20

学习单元三　特殊勤务装备的配备与使用 …………………………………………… 26
　　学习任务一　警械的配备与使用／26
　　学习任务二　武器的配备与使用／34
　　学习任务三　警用防护装备的配备与使用／37
　　学习任务四　警用通讯工具的配备与使用／43

学习单元四　巡逻勤务 ………………………………………………………………… 50
　　学习任务一　巡逻勤务的实施／50
　　学习任务二　巡逻勤务中报警的处置／77

学习单元五　守望和堵截勤务 …………………………………………… 86
　　学习任务一　守望勤务／86
　　学习任务二　堵截勤务／90

学习单元六　盘查勤务 …………………………………………………… 99
　　学习任务一　盘查勤务的实施／99
　　学习任务二　盘查勤务中特殊情况的处置／111

学习单元七　查控勤务 …………………………………………………… 118
　　学习任务一　嫌疑车辆的发现与识别／118
　　学习任务二　一般嫌疑车辆的查控／125
　　学习任务三　特定暴力犯罪车辆的查控／129

学习单元八　守卫勤务 …………………………………………………… 136
　　学习任务一　守卫勤务的实施／136
　　学习任务二　守卫勤务中紧急情况的处置／141

学习单元九　守护勤务 …………………………………………………… 147
　　学习任务一　守护勤务的实施／147
　　学习任务二　守护勤务中紧急情况的处置／158

学习单元十　护卫勤务 …………………………………………………… 164
　　学习任务一　护卫勤务的实施／164
　　学习任务二　护卫勤务中突发事件的处置／169

学习单元十一　武装押运勤务 …………………………………………… 175
学习任务一　武装押运勤务的实施／175
学习任务二　武装押运勤务中突发事件的处置／189

附录 …………………………………………………………………………… 199
中华人民共和国人民警察法／199
中华人民共和国人民警察使用警械和武器条例／206
保安服务管理条例／210
公安机关人民警察盘查规范／219
公路巡逻民警队警务工作规范／223
保安服务操作规程与质量控制／233
保安员国家职业技能标准／253

参考文献 ……………………………………………………………………… 270

学习单元一 特殊勤务总论

学习任务一　特殊勤务的内涵

学习目标

了解特殊勤务的概念、特殊勤务的特点及特殊勤务的分类

 案例引入

在天津市公安局滨海新区开发区分局的指导下，在天津站前广场，20名保安特勤队员配备射网枪、防暴枪、警棍、防弹背心等武器装备，负责在天津站前广场执行巡逻任务，让旅客感到更加安心。在滨海新区开发区60多处银行网点间，60名保安特勤队员负责执行巡逻任务，加强银行周边地区的安全。遇到突发情况，在公安机关的指挥下，特勤队员可以凭借自带的装备进行现场处置。

思考：

1. 什么是特殊勤务？
2. 特殊勤务的特点是什么？

 任务分析

特殊勤务有其独特的内涵，通过对特殊勤务的特点和分类的了解，可以为将来从事特殊勤务工作奠定基础。

一、特殊勤务的概念

特殊勤务是指承担维护社会治安秩序，配备特殊装备，实施巡逻防控、安全保卫，押运特殊物品和突发事件的应急处置等特殊任务。

特殊勤务的"特"根本就在于其性质和职责任务的特殊，特殊勤务部队是新时期党和政府所倚重的一支维护国家安全和社会稳定的特殊队伍。

根据公安部《关于切实加强公安特警队伍建设的意见》（公发〔2005〕6号）的规定，公安特警队是在当地党委、政府直接领导和指挥下的公安机关的一个特殊警种，主要承担反恐、防暴和处置突发事件等特殊任务，其具体职责任务共八项，分别是处置暴力恐怖犯罪，处置严重暴力性犯罪，处置暴乱、骚乱事件，处置大规模流氓滋扰等重大治安事件，处置对抗性强的群体性事件，担负重大活动的安全保卫任务，担负特定的巡逻执勤任务和其他应当由公安特警队承担的任务。

二、特殊勤务的特点

（一）队伍管理的特殊性

特勤特警队伍是维护社会治安秩序的一支重要武装力量，是由公安机关组建或指导的，其人员来源与管理，各项业务的开展，履行的职责，武器装备的配置等，都要求具备专业性和特殊性，实行严格规范的军事化管理，平时进行封闭式训练。

（二）承担任务的艰巨性

特勤特警人员不仅要承担日常的巡逻、守卫、警卫、押运等常规工作，还要承担处置各种突发事件的任务。因突发事件的突发性、时间的紧迫性、参加人员的复杂性、群体中持有器械的危险性、影响的广泛性等特点，特殊勤务工作性质的艰巨性要求特勤特警人员在执行具体任务过程中应达到如下要求：

1. 高度的警惕性。警惕性主要要求特勤特警人员具备高度的责任感，随时警惕不法分子的犯罪阴谋，及时揭露和打击他们的种种违法犯罪行为。

2. 高超的策略性。策略性，是指特勤特警人员在对敌斗争中能扬长避短、避实就虚，特别是防身时要充分发挥自己一方的长处和优势，隐蔽自己一方的短处和劣势，从而用较小的力量战胜犯罪分子。

3. 防卫的灵活性。灵活性，是指在实际的格斗中，要求根据具体情况来决定使用哪种技术方法，或者交替使用一种或多种方法，从而快速将对方制伏。

（三）身份地位的特殊性

特勤特警人员履行维护国家安全、社会秩序稳定等公共安全卫士的职责，是国家公权力服务人民的具体体现，既具有强制性，又具有服务性。在执行任务的过程中，均着制式服装，配备特殊装备。

三、特殊勤务的分类

（一）巡逻勤务

巡逻勤务是现代警务最重要、最基础的室外勤务方式，是对社会治安进行动态管理、全时空控制的一种勤务方式，在社会治安防控体系中占有重要的地位。通过在一定范围或区域内，科学规划巡逻路线和巡逻频率，组织着装警察巡逻，随时接受群众的报警求助，做到治安防控"快速反应、一呼百应"，预防和制止犯罪，维护公共安全和社会秩序，增强公众安全感。

（二）守望勤务

守望勤务是指为掌握、控制某些与治安秩序相关的特定区域、特定目标的局势、动态，依法采取的定点、定位瞭望、监督的勤务方式。守望勤务是一种最原始的警察勤务方式，为世界各地的警察机关所普遍采用。

（三）堵截勤务

堵截勤务是指公安机关依托治安卡口、警务查报站、民警值班室等一线单位和街面、路面巡防警力，对现行案件的犯罪嫌疑人及其使用（乘坐）的交通工具、涉案物品等立即进行围追堵截的一项警察勤务。堵截是公安机关加强社会治安，维护公共治安秩序，打击各种违法犯罪活动的一项有效措施，是公安机关加强社会点、线、面控制的重要一环。

（四）盘查勤务

盘查勤务是指特殊勤务人员在执行巡逻勤务的过程中，经常遇到一些可疑的人和事，还会突遇紧急情况，对此要及时予以盘查，采取措施，妥善处理。

（五）查控勤务

查控勤务是指在保证车辆安全畅通的前提下，依法对过境车辆、人员、物品进行严格的安全检查、严密的盘查和控制，及时将各类不安全的因素排除，确保安全，发挥公安检查站、治安卡点"过滤器"和"防火墙"的作用。

（六）守卫勤务

守卫勤务是指对出入口进行值守，对出入人员、车辆、物资进行检查、登记，维护秩序，疏导车辆的勤务。

（七）守护勤务

守护勤务是指借助一定力量，采取各种有效措施，对特定目标实行的看护和守卫活动。其目的是防止无关人员进入、不法人员混入，防止将危险物品带入，防止财物流失、被盗，防止窃密、泄密事件的发生，防范和制止违法犯罪分子的各种破坏活动，确保守护对象的安全。

（八）护卫勤务

护卫勤务是指为确保重要政治领导人、社会名流等人身及财产的安全，以全程护卫的方式，进行警戒、保护的勤务。

（九）武装押运勤务

武装押运勤务是指根据保安服务公司与社会单位签订的押运合同，押运勤务人员采用持枪、持械等武装形式，以确保社会单位运输的现金、贵重物品或危险品安全抵达目的地的一种特殊勤务方式。

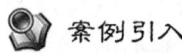

思考与讨论

结合特殊勤务的内涵，讨论特殊勤务的"特"字体现在哪些方面？

学习任务二　特殊勤务的组织管理体系

学习目标

了解公安特警队、治安特勤队和保安特勤队的管理体系及其职责

案例引入

济南市公安局特警支队的前身是防暴支队，成立于 1991 年，为副局级单位。2005 年，公安部在全国 36 个重点城市整合、组建公安特警队，原防暴支队更名为济南特警支队并被列为 A 类警队，编制为 500 人，设有秘书处、政治处、纪委、作训处 4 个部门和直属大队。大队实行中队建制，由市局党委统一指挥，实行严格规范的军事化管理，平时进行封闭式训练，随时准备执行处置突发事件的任务。

思考：

1. 公安特警队的管理体系是什么？
2. 公安特警队的职责是什么？

任务分析

公安特警队、治安特勤队和保安特勤队同属于特殊勤务的组织，具有不同的管理体制和具体职责，但三者相互融合，共同承担维护社会稳定的责任。

一、公安特警队

公安特警队，是由公安机关组建，拥有特殊装备，具有特殊技能，能够快速反应，可以整建制、跨区域调动，执行反恐、防暴和处置突发事件等任务的精锐警队。

2007年12月公安部发布《公安特警队建设规范》，对公安特警队的职责任务、机构编制、招录更新、指挥调动、群众工作、现场处置原则、巡逻执勤、内务管理、教育训练和后勤保障等作出了明确规定。

（一）机构编制

按照公安部关于公安特警队"五统一"的要求，市局成立特警支队，各分（市）局组建专门的特巡警大队，名称统一规范为"××分（市）局特巡警大队"。各分（市）局特巡警大队应组建不少于15人的特警突击队，并配备一定数量的狙击、搏击、排爆、谈判等特殊专门人才，以满足应急处突等实战需要。

特警支队与特警大队的关系。按照公安部要求，理顺特警支队与分（市）局特警大队的关系，建立完善业务指导机制，支队将加大对基层特巡警大队的业务指导并对各基层大队的主要工作实施统一考核。

（二）职责任务

特警支队一般承担本市区域内的维稳任务，特殊情况下有需要时也要承担全国、全省范围的跨区域维稳任务。在全国范围内跨省、自治区、直辖市的整建制调动由公安部决定；在本省范围内的跨区域调动由省公安厅决定，并报公安部备案。其具体职责任务有以下8种：

1. 参与处置暴力恐怖犯罪事件。
2. 处置严重暴力性犯罪事件。
3. 处置暴乱、骚乱事件。
4. 处置大规模聚众滋事等重大治安事件。
5. 处置对抗性强的群体性事件。

6. 执行重大活动的安全保卫任务。

7. 执行特定的巡逻执勤任务。

8. 为危难群众提供紧急救助服务。

(三) 公安特警五项训练

公安特警五项训练是公安特警的基本功,以"综合体技能、特警搏击、战术射击、突击攻坚、突发性事件处置战术"为主要内容。

1. 综合体技能。综合体技能是增强体能、耐力等各方面的身体素质和应对各种复杂情况的能力训练。其主要包括开展队列、素质养成、1000 米跑、10 米 ×4 往返跑、引体向上、单双杠、警体拳、徒手控制、盘查等科目训练。保障在 110 接处警、巡逻防控、预防打击社会面现行违法犯罪的工作中,能够控得住、追得上、打得赢,提高日常勤务质量。

2. 特警搏击。特警搏击是提高擒敌能力,有效打击现行违法犯罪所应具备的素质。通过开展搏击格斗综合性对抗训练,锻炼特警队员的拳法、腿法、摔法、柔术等实战技能和反应能力。在 110 接处警、巡逻盘查、抓捕犯罪嫌疑人时,提高队员在最短时间和有限空间内制服对手的能力,提升第一时间出警的抓捕率、制服率,震慑和遏制现行违法犯罪行为。

3. 战术射击。战术射击是提高一枪制敌能力,在不同环境、不同距离能够快速有效地消灭目标的技能,是特警队员必备的素质。在当前劫持人质,持械拘捕,持枪对峙,持爆炸物反抗等严重暴力犯罪案件中,一枪制敌、一枪制胜往往是保护群众生命财产安全,直接打击犯罪分子最有效手段。通过进行武器枪械知识培训,开展不同枪型、不同姿势、不同距离、不同环境的实弹射击和长短枪互换射击以及狙击枪精确射击训练,进一步提高实战射击技能,提高对暴力犯罪的打击能力。

4. 突击攻坚。突击攻坚是提高小组战术战斗力,执行区域搜索,突击制服犯罪嫌疑人,解救人质等作战任务的基本功。小组战术不但要求单兵技术过硬,更强调团队的配合、默契、信任。通过模拟劫持人质、武装对抗等现场环境,锻炼突击队员在武力突击战术攻坚中的现场应变能力和协同作战能力,培养团队配合意识,提高攻坚处突最小作战单元的实战能力。

5. 突发性事件处置战术。突发性事件处置战术是提高维稳处突能力,依法、合理运用战术,妥善处置突发性事件必备的素质。作为处置突发性事件的主力军,通过突发性事件处置战术队形变换和装备应用的训练,锻炼现场指挥员处置复杂情况的指挥能力与特警队员的整体战术素养和协作作战能力,熟练掌握各种队形的实战应用,提高突发性事件处置能力。

公安特警五项训练作为公安特巡警的"战斗力工程"和"生命工程",将"以训练带管理、以训练强素质、以训练促建设、以训练铸尖兵"作为指导思想,把练技能与练思想、练作风、练斗志、练意识融于一体,在训练中锻炼队伍、锤炼作风、磨炼意志,提高队伍攻坚克难、冲锋陷阵的能力和水平,成为具有一招制敌本领的公安尖兵。

(四)后勤保障

建立特巡警独立保障机制和综合保障机制,把特巡警建设经费纳入同级政府财政预算或各分(市)局预算。按照公安特警队的装备配备和营建标准,配备特巡警装备,为执法执勤提供必要的条件和保障。

二、治安特勤队

治安特勤队是由政府出资组建、公安机关管理使用的一支半军事化、群众性治安保卫力量,已成为担负日常治安防范和临时警务任务的常备力量以及处置突发事件的机动力量。

(一)组织管理

治安特勤队实行属地管理、分级指挥、统一调度的管理体制,统一归口市、区两级公安机关治安及相关部门指挥、管理,主要领导干部由公安民警担任。实行集中食宿、战训合一、应急联动的勤务模式。实行集中食宿、常年值守、随时调用的运行机制,将特勤队员全部下沉到社区、街面,实行三班运转或由各分局根据实际需要自行调整班次和力量配置,是一支具有一定战斗力和机动性的辅警队伍,协助开展社会面巡逻防控工作。

(二)职责任务

1. 协助公安机关处置突发群体性治安事件。
2. 参与社会面治安巡逻防控,预防和制止各种违法犯罪活动。
3. 维护社会治安秩序。
4. 协助公安机关开展设卡堵截、治安检查等工作。
5. 参与重大节庆活动和大型群众性活动的安全保卫工作。

6. 参与抢险救灾和社会救援，接受群众求助，为群众排忧解难，最大限度地避免或减少生命财产的损失。

7. 及时向公安机关反映社情民意。

8. 完成公安机关交办的其他任务。

（三）后勤保障

治安特勤队建设经费纳入同级政府财政预算。按照治安特勤的性质和任务，特勤队员统一着制式服装，配备警棍、辣椒水、对讲机、约束绳、头盔、盾牌，以及摩托车、电动自行车和运兵机动车辆等必需的执勤装备。

三、保安特勤队

保安特勤队是由社会单位出资，公安机关管理、指导，配备统一的制式服装和特殊装备，为社会单位提供有偿的、优质高效的安全服务的特勤队伍，是一股维护社会公共安全的重要保障力量。

（一）组织管理

保安特勤队由保安服务公司组建，实行半军事化管理，为社会单位提供安全服务。

（二）职责任务

1. 开展治安巡逻防控。

2. 开展防火、防盗、防爆炸、防破坏安全检查。

3. 协助公安机关开展治安整治，盘查、堵控有违法犯罪嫌疑的人员和可疑物品。

4. 协助公安机关执行制止群体性纠纷和保安岗点突发事件的现场处置。

5. 协助公安机关维护大型会展、商贸、文体活动的安全秩序。

6. 参加抢险救灾，帮助群众排忧解难。

7. 完成公安机关布置的其他工作任务。

（三）后勤保障

保安特勤队建设经费由社会单位提供。特勤队员统一穿着制式服装，配备射网枪、防暴枪、警棍、防弹背心等武器装备。

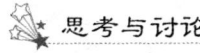 思考与讨论

假如你是一名特警队员,请你简述公安特警队的机构编制、指挥调动、巡逻执勤和后勤保障的规定。

学习单元二

特殊勤务人员概述

学习任务一　特殊勤务人员的职业精神

学习目标

掌握特殊勤务人员职业精神的内容

 案例引入

2014年4月9日,在嘹亮的国歌声中,特战官兵按战斗着装整齐列队,武警部队领导宣读《中国人民武装警察部队关于"猎鹰突击队"命名的通知》,中共中央总书记、国家主席、中央军委主席习近平将队旗郑重授予"猎鹰突击队"大队长,全体队员向队旗行举手礼并庄严宣誓。习近平主席强调,"猎鹰突击队"是国家级反恐拳头部队,特战队员战斗在反恐第一线,时刻面临生与死、血与火的考验。希望大家牢记强军目标,严格训练、严格要求、严格管理,做到思想政治非常过硬、专业素质非常过硬、战斗作风非常过硬,真正成为特战精英、反恐尖兵,永远做党和人民的忠诚卫士。

思考:
特殊勤务人员职业精神的内涵有哪些?

 任务分析

"特别讲政治、特别守纪律、特别能吃苦、特别能奉献、特别能战斗",这五个"特别",是对特殊勤务之"特"的精准诠释,它是提高特殊勤务人员战斗力的重要保证。

职业精神是指与人们的职业活动紧密联系,具有自身职业特征的精神,反映出一个人的职业素质。职业精神具有八个要素,包括职业理想、职业态度、职业责任、职业技能、职业纪律、职业良心、职业信誉、职业作风。

特殊勤务人员的职业精神是该群体在其长期的业务工作和队伍建设的实践中形成的优良传统和特有优势，是具有职业特色的共同意识。它是警营文化建设的核心，是增强队伍凝聚力、战斗力，有效履行职能使命的重要保证。

伟大的事业孕育伟大的精神，伟大的精神推动伟大的事业。特殊勤务人员的职业精神概括为："特别讲政治、特别守纪律、特别能吃苦、特别能奉献、特别能战斗"，这五个"特别"，是对特殊勤务之"特"的精准诠释。

一、特别讲政治

特殊勤务人员是党和人民的忠诚卫士，具有坚定正确的政治方向，严格的组织纪律观念和良好的职业道德，有为维护国家安全和社会安全而献身的精神。

忠诚可靠是特殊勤务人员所特有的警魂，是一种尽心尽力、全力以赴承担责任的道德品质。秉承国家、人民的利益高于一切的高尚品格，始终牢记全心全意为人民服务的宗旨。面对繁重艰巨的维稳处突工作任务，不断增强政治意识、大局意识、责任意识，坚持围绕中心、服务大局，确保政令警令畅通，努力做中国特色社会主义事业的建设者、捍卫者。

二、特别守纪律

严明的纪律是特勤队伍保持先进性和战斗力的重要保证。革命导师列宁最早提出了"党的纪律是铁一般的纪律"的重要论断，所谓铁的纪律，是指纪律的强制性、统一性和严肃性，任何组织和个人都不能破坏它、违犯它。

党的纪律包括政治纪律、组织纪律、群众纪律、保密纪律等。

（一）政治纪律

政治纪律要求特殊勤务人员必须在政治立场、政治观点和路线、方针、政策上同党中央保持高度一致，始终保持坚定的政治信念和清醒的政治头脑。

（二）组织纪律

组织纪律是团结统一和行动一致的重要保证，要求特殊勤务人员有组织纪律观念和服从观念，做到个人服从党的组织，少数服从多数，下级组织服从上级组织。

（三）群众纪律

群众纪律是党的根本宗旨的具体体现，是党的群众路线得以贯彻执行的纪律保证。

（四）保密纪律

保密纪律，是指党的组织和党员必须严格遵守党和国家各项保密制度的规定。党和国家的机密是指关系党和国家的安全和利益，依照法定程序确定的在一定时限内只限一定范围的人员知悉的事项。如果在保密时限内擅自公开或擅自扩大接触范围的，就是泄密。泄露党和国家的秘密，就能或可能对党和国家的安全和利益造成各种损害后果。因此，必须把遵守保密纪律，严格按保密制度办事，严守党和国家的机密，作为自己的神圣职责。

三、特别能吃苦

秉承"忠诚可靠、服务人民、竭诚奉献、英勇善战"的总要求，哪里最需要就出现在哪里，哪里最危险就冲向哪里，哪里最艰苦就战斗在哪里，以苦为荣，以苦为乐，在重重困难面前百折不挠，在道道难关面前决不退缩。以超强的意志、顽强的精神，在别人无法想象、无法承受、无法完成，超出一般人极限的时候，特殊勤务人员能够战胜各种难以想象的困难，并出色地完成任务。

四、特别能奉献

"困难之前让我来"，在党和人民最需要的关键时刻，敢于站得出来、冲得上去，冒着生命危险，以实际行动经受住了生存极限、生理极限和心理极限的严峻考验。无论担负什么工作、处于什么岗位，始终对党的事业高度负责，全心全意为人民服务，忠诚可靠，甘于奉献，献出青春年华，献出聪明才智，献出热血汗水，甚至献出宝贵生命。

五、特别能战斗

特勤队伍要完成特殊任务，必须具备特殊本领，有战而胜之的绝招，锻造超常的意志品质、心理素质和体能技能。树立"一切面向实战、一切为了实战"的理念，坚持战斗力标准，把确保勤务目标绝对安全、万无一失作为最基本的要求。

（一）培育履行使命的战斗精神

1. 坚持培育战斗精神融入经常性思想教育。开展"忠诚特殊勤务事业，甘当无名英雄"教育实践活动，培育默默无闻、以苦为乐、奉献为荣的崇高品质，以临战的姿态、实战的标准做好各项勤务准备工作。

2. 坚持培育战斗精神融入现实任务。开展"培育核心价值观，争当忠诚特战尖兵"实践活动，把岗位当战位，把执勤当战斗，把平时当战时，确保勤务常备不懈、万无一失。

3. 坚持培育战斗精神融入日常训练管理。坚持贴近实战组织训练，依法从严管理，锻造雷厉风行、令行禁止、迎难而上的战斗作风。

4. 坚持培育战斗精神融入心理服务工作。开展心理教育、心理疏导、心理训练，确保以昂扬健康的精神状态投入工作。

（二）培育特别顽强的作风

1. 学习作风。常修"慎始、慎微、慎欲、慎好、慎权、慎独、慎终"之德，常炼"自重、自省、自警、自励"之道，勤学苦练，学以致用，学以立德，学以明志，不断陶冶情操、锻炼品德，提高能力素质。

2. 战斗作风。始终保持不惧危险、迎难而上、用我必胜的战斗作风，敢于担当，攻无不克，敢打必胜，确保剑锋所指、所向披靡，做到打击更加有力，防范更加严密，应对更加有效。

3. 工作作风。始终保持雷厉风行、令行禁止、求真务实的工作作风，以强烈的事业心和责任感，谋其政、尽其责，依靠集体的智慧和力量完成任务。始终保持严谨细实的工作作风，树立"慎之又慎、万无一失"的安全理念，以一万的努力防止万一的工作标准，做到"零容忍、零借口、零差错"。

4. 生活作风。始终保持谦虚谨慎、艰苦奋斗的优良作风，面对重重困难勇往直前，面对各种诱惑不为所动，廉洁自律、艰苦朴素、勤俭节约、励精图治。杜绝铺张浪费，追求奢靡，贪图享受，追求安逸。

★ 思考与讨论

假如你是一名特警队员，谈谈在自己的岗位上如何践行特殊勤务人员职业精神？

学习任务二 特殊勤务人员的职业素质

 学习目标

掌握特殊勤务人员的职业素质要求

案例引入

为进一步提升巡特警打、防、管、控能力，全面提高巡特警的政治、业务素质及实战本领。2015年8月11日上午，沅陵县公安局巡特警大队队员们顶着炎炎烈日，在龙舟广场进行警棍盾牌、列队和擒敌拳等科目的训练。

沅陵巡特警大队共有队员48名，平均年龄24岁，许多都还是"90后"。他们的主要任务就是负责全县的巡逻防控、安全保卫及突发事件的应急处置工作。比起许多惊心动魄的场面，巡特警队员们的日常工作显得非常平凡，可就是在这平凡中，他们用无声的汗水守护着县城的平安，守护着百姓的安宁。他们每天的巡逻都分为若干组，通常以车巡和步巡相结合的方式对重点部位、农贸市场、车站码头、主要街道等进行不间断的巡逻，一旦遇到突发事件或重大警情就能在第一时间抵达现场。加入了巡特警大队就意味着放弃很多同龄人的娱乐和享受，接受单一枯燥的训练、生活和工作，其中的乏味与苦累不言而喻。今年25岁的"90后"男生王波说，自己2009年退伍后，于2010年进入巡特警大队工作，这一年多时间的工作以来，有快乐，有艰辛，更有一份巨大的责任在身上，就是要守护一方百姓。

思考：

基层特巡警大队为什么要加强队员的基本素质训练？

 **任务分析**

特殊勤务人员的基本素质是由其肩负的特殊使命决定的，一名合格的特殊勤务人员应具备的基本素质包括思想政治素质、科学文化素质、警务实战素质、心理健康素质。

一、思想政治素质

思想政治素质是人的综合素质的核心。思想素质主要包括思想认识、思想情感与思想方法等，政治素质主要包括政治信念、政治观点、政治立场、政治水平等。一个人思想政治素质的高低，决定了其组织能力、领导能力、工作能力以及外在形象的优劣。

牢固树立坚定的职业信仰，严格履行神圣的职业责任，严格遵守崇高的职业道德，自觉用党的理论创新成果武装头脑，不断提高思想理论水平，不断提高政治鉴别力和洞察力。

忠于党、忠于祖国、忠于人民、忠于法律，一切工作都要以党的要求和人民的利益为根本出发点；始终坚持全心全意为人民服务这一根本宗旨，把实现好、维护好、发展好最广大人民的根本利益作为一切工作的出发点和落脚点，以得到人民群众的衷心拥护和大力支持。

二、科学文化素质

科学文化素质是依法履行职责，出色完成各项任务必备的知识储量和知识结构。树立科学思想，崇尚科学精神，加强先进的科学技术知识、科学方法的学习和运用。强化文学、历史、哲学、艺术等人文知识的学习与领悟，善于运用人文方法思考和解决实际问题，培养高雅的审美情趣和人格魅力。精通宪法、刑法、刑事诉讼法等相关的法律法规，强化刑事侦查、治安管理、突发性事件处置专业知识的学习与运用，具有依法决策、科学决策、科学管理的能力。

三、警务实战素质

身体素质是其他素质赖以存在和发挥作用的物质载体。特殊勤务工作职责的特殊性，决定了特殊勤务人员必须具备健康的身体和强健的体魄，这是完成各项勤务任务，保护自己，克敌制胜的基本保证。灵敏素质是人体在各种突然变换的条件下，快速、协调、敏捷、准确地完成动作的能力，是集速度、力量、协调、柔韧等素质为一体的综合性运动素质。灵敏素质往往被看作是比力量、速度、耐力等基本素质更为重要的特殊勤务人员体能要素，良好的应变能力，快速的行动能力，克敌制胜的战斗能力，都与灵敏素质紧密相关，最能反映出警务实战技能水平。

警务实战技能由队列指挥、防卫与控制、警械具使用技能组成，从基本警务技能训练做起，可达到内强素质，外树形象的效果，是促进队伍正规化建设，提升队伍文明规范执法水平的重要保障。通过队列训练和队列活动，加强队伍纪律作风建设,改善队伍严谨工作态度、精神面貌,提高战斗力和凝聚力;通过擒拿、格斗、防卫与控制技能训练,强化实际抓捕、搏击对抗、翻越障碍、攀登楼房、速降和突入的擒敌能力;警械是人民警察按照规定装备的警棍、催泪弹、高压水枪、特种防暴枪、手铐、脚镣、警绳等警用器械,科学使用警械可以实现保护特殊勤务人员自身安全,有效控制犯罪嫌疑人的目的。

四、心理健康素质

每个人的行为都是由心理活动来支配和管理的,心理素质已经成为影响特殊勤务人员工作和生活的重要因素。能否出色完成勤务活动除了体能和基本的专业技能以外,关键还要看心理素质,如果心理素质不过关,再好的技能也会发挥失常。

心理健康的特殊勤务人员应该保持稳定的情绪、敏锐的智能、适应社会环境的行为,在完成工作任务时,需要面对复杂局面,沉着冷静、临危不乱;面对艰巨繁重的任务,保持稳定的心理状态,有条不紊、泰然不惊;面对沉重压力,保持稳定的情感和顽强的意志,能够经受得起各种考验。为此,特殊勤务人员应具有勇敢、坚定、大胆、果断、顽强、乐于奉献等心理素质特点。

特殊勤务人员的心理问题一般包括工作、人际、家庭和情感问题。心理健康状况不佳,将不良情绪带进工作中,会导致政治上的不坚定,对理想和事业的冷漠,人际关系不协调,采取"冷、硬、横"等简单粗暴方法处理问题,身体健康受损等不良现象产生。还会导致在面对复杂的社会矛盾问题时往往言行举止失当,少数人甚至心理失控、违法违纪,造成悲剧性的后果。

☆ **思考与讨论**

四川新闻网遂宁2016年10月11日讯(曾运运 蒲文平)日前,射洪县特警大队为着力提升队伍的综合素质,在全面分析和研究队伍现状的基础上,规范制度、落实细节,坚持以"素质提升"为导向,全面优化队伍结构,强化"四种意识"的培塑,努力打造一支作风优良、讲规矩、守纪律、乐于奉献的特警团队。

特巡警队伍建设为什么要以"素质提升"为导向?

学习任务三　特殊勤务人员的工作纪律

学习目标

掌握特殊勤务人员的"五条禁令""五个严禁""三项纪律"。

 案例引入

这是一次"没有掌声的会议"。2009年12月11日，在河南省公安厅召开的全省公安机关"五条禁令"警示座谈会上，通报了5起民警严重违反"五条禁令"的事件，5名涉及的公安局负责人在会议上作检讨发言。被通报的5起民警违反"五条禁令"的事件，都是公安部督察组在暗访中发现的：今年5月11日，安阳县公安局一派出所所长在工作日饮酒；5月8日，清丰县公安局交警大队一民警酒后欲驾警车；5月6日，辉县市公安局刑警大队一民警酒后欲驾警车；3月11日，陕县公安局一派出所职工工作日饮酒；3月9日，焦作市公安局马村分局一派出所民警酒后欲驾警车。省公安厅已分别对当事民警、职工作出记过处分，同时，对负有领导责任的上级主管领导也作出相应的处分。

为遏制民警违法违纪事件的发生，河南省公安厅出台《关于规范执法行为，遏制民警违法违纪事件发生的六条措施》，再设"高压线"。

思考：

特殊勤务人员为什么必须遵守"五条禁令"？

 **任务分析**

特殊勤务人员必须遵守"五条禁令""五个严禁""三项纪律"的规定，这是由特殊勤务人员队伍的政治本色所决定的。忠于党、忠于国家、忠于人民、忠于法律，是特殊勤务人员队伍的政治本色。

一、公安部"五条禁令"

（一）"五条禁令"出台的背景

公安部为贯彻落实依法整治、从严治警方针，维护公安队伍铁的纪律和良好形象，针对当前公安机关内部管理中突出存在的问题，出台了以枪、酒、车、赌四个方面为主要内容的"五条禁令"，自2003年2月1日起施行。

（二）"五条禁令"的具体内容

1. 严禁违反枪支管理使用规定，违者予以纪律处分；造成严重后果的，予以辞退或者开除。

2. 严禁携带枪支饮酒，违者予以辞退；造成严重后果的，予以开除。

3. 严禁酒后驾驶机动车，违者予以辞退；造成严重后果的，予以开除。

4. 严禁在工作时间饮酒，违者予以纪律处分；造成严重后果的，予以辞退或者开除。

5. 严禁参与赌博，违者予以辞退；情节严重的，予以开除。

民警违反上述禁令的，对所在单位直接领导、主要领导予以纪律处分。民警违反规定使用枪支致人死亡，或者持枪犯罪的，对所在单位直接领导、主要领导予以撤职；情节恶劣，后果严重的，上一级单位分管领导、主要领导引咎辞职或者对其予以撤职。

对违反上述禁令的行为，隐瞒不报、压案不查、包庇袒护的，一经发现，从严追究有关领导的责任。

二、公安部"五个严禁"

（一）"五个严禁"的出台背景和时间

为贯彻落实党的十七大精神和党中央、国务院关于领导干部廉洁从政的有关规定，加强公安机关领导干部队伍建设，公安部党委出台了《公安机关领导干部五个严禁》，自2009年3月起施行。

（二）"五个严禁"的具体内容

1. 严禁违规插手工程招标、政府采购、人事安排和案件查办，为本人或特定关系人谋取不正当利益。

2. 严禁近亲属在分管的业务范围内从事可能影响公正执行公务的经营活动。

3. 严禁出差、开展公务活动由企事业单位、个人接待，或者接受下级公安机关、企事业单位、个人安排，出入营业性娱乐场所。

4. 严禁违规收受现金、有价证券、支付凭证、干股。

5. 严禁违规相互请托为对方的特定关系人在投资入股、经商办企业等方面提供便利，谋取不正当利益。

本着"严下先严上，治警先治长"的原则，公安部颁布实施《公安机关领导干部五个严禁》，这是促进公安机关领导干部廉洁自律工作的重要举措，细化了公安机关领导干部在经济和社会交往方面的政策界限，充实完善了公安机关领导干部廉洁从政的行为规范。

"五个严禁"把主体定位到公安机关领导干部，体现了对领导干部的严格教育、严格要求、严格监督、严格管理。规定领导干部不能违反"五个严禁"，也并不意味着对普通民警放松要求，对于普通民警违反"五个严禁"的部分行为，相关法律和中央纪委有关文件也有专门规定，将按照这些法律规定对其进行严肃处理。

三、公安部"三项纪律"

（一）"三项纪律"的出台背景和时间

为进一步加强公安队伍纪律作风建设，2013年9月公安部出台了"三项纪律"，以更高的要求、更严的纪律，规范公安民警行为，建设过硬队伍。

（二）"三项纪律"的具体内容

1. 决不允许面对群众危难不勇为。
2. 决不允许酗酒滋事。
3. 决不允许进夜总会娱乐。

公安民警违反上述规定的，一律先予以禁闭，并视情况给予纪律处分。造成严重后果或者恶劣影响的，一律给予开除处分，并视情况追究有关领导责任。隐瞒不报、包庇袒护的，从严处理。构成犯罪的，依法追究刑事责任。

四、保密纪律

（一）《人民警察保密守则》的要求

特殊勤务人员必须遵守国家保密法律、法规，严守保密纪律，保守工作秘密。

（二）《人民警察保密守则》的内容

1. 不该说的秘密不说。
2. 不该知悉的秘密不问。
3. 不该看的秘密不看。
4. 不在私人交往或公开发表的作品中涉及秘密。
5. 不在非保密场所阅办、谈论秘密。

6. 不擅自记录、复制、拍摄、摘抄、收藏秘密。在执行任务过程中，非经允许，任何个人不得拍照、录像（音）。

7. 不擅自携带秘密载体去公共场所或探亲访友。

8. 不使用无保密措施的通信设备、普通邮政和计算机互联网络传递秘密。

思考与讨论

2016年8月，儋州市监察局对违反工作纪律的儋州市公安局特警支队特警大队科员何永才给予政纪处分。据了解，何永才擅自将内部警务视频资料通过手机微信进行转发扩散，违反工作纪律，在社会上造成了不良影响。儋州市监察局依据有关规定，给予何永才行政记过处分。另外，儋州市公安局党委依据相关规定，延长何永才预备党员预备期。

假如你是一名特巡警队员，从该案例中应吸取什么教训？

学习任务四　特殊勤务人员的行为规范

学习目标

掌握特殊勤务人员的仪容、举止规定和常用执勤执法用语规范

案例引入

自2015年以来，嘉善巡特警大队不断强化巡逻执勤和内务管理，凸显队伍规范化。大队认真贯彻县局《巡逻工作规范》，做到"三统一、三严整、三规范"，即统一着制式执勤服、统一配备巡逻装备、统一挂上岗证上岗；警容仪表严整、装备佩带严整、车容车貌严整；巡逻规范、接处警规范、言行举止规范。在平时执勤工作中做到"五个有"，即勤前有训示、勤中有督查、勤后有交接、勤务有记载、收岗有小结，并根据不同警情，开展处警现场的相关取证工作，及时收集、保全相关证据材料。在内务管理方面，大队在对内务硬件进行统一的基础上，对办公区、寝室秩序进行了规范，小到牙刷牙杯、寝室物品的摆放，办公桌物品的数量，大到生活区、办公区卫生的质量，都进行了严格的规定。通过一系列工作的落实，大队民警和保安队员的规范意识得到了极大的增强，办公区、寝室秩序实现了整洁统一，各项工作井然有序。

思考：

特巡警人员执法行为规范的内容有哪些？

任务分析

特殊勤务人员作为社会治安力量的重要组成部分,其仪容仪表、礼仪规范直接反映出我国特殊勤务队伍的精神面貌。

一、仪容与举止规定

《公安机关人民警察内务条令》对公安人民警察的警容风纪进行了严格规范。

(一) 着装规定

公安人民警察应当按照警察着装管理规定着警服,保持警容严整。

1. 除不宜或者不需要着装的情形外,在工作时间必须着警服。

2. 警服应当配套穿着、保持整洁,不同制式的警服不得混穿;不得在警服外罩便服;不得披衣、敞怀、挽袖、卷裤腿;着衬衣时,下摆扎于裤内;警服内着毛衣、绒衣、棉衣等内衣时,下摆不得外露;着春秋装、冬装时必须内着配发的衬衣,系配发的领带,内衣领不得高于制服领;女警怀孕期间应着便服。

3. 戴大檐帽、作训帽时,男警帽檐前缘与眉同高,女警帽檐稍向后倾。

4. 着警服时,只准穿黑、棕色鞋。鞋跟高度男警不超过 3 厘米,女警不超过 4 厘米。工作时间不得穿拖鞋和赤脚穿鞋。

5. 执勤、训练、检阅或者携带武器、警械具时,应扎外腰带。

6. 严格按照授予警衔的命令佩戴警衔标志,规范警号、胸徽、帽徽、领花、臂章等,不得佩戴其他与司法警察身份或者执行公务无关的标志。

7. 应当爱护和妥善保管警服、警衔标志、警号、胸徽、帽徽、领花、臂章等,不得变卖、擅自拆改或者借送给外人。退警时专用标志一律上交。

(二) 仪容规定

公安人民警察应当保持仪容整洁。

1. 公安人民警察应当保持头发整洁。不得染彩发,男警不得留长发、大鬓角、卷发(自然卷除外)、剃光头或者蓄胡须,女警发辫不得过肩。

2. 公安人民警察不得文身;不得染指甲、留长指甲;着警服时,不得化浓妆;不得围围巾;不得在外露的腰带上系挂钥匙或饰物;不得戴耳环、项链、戒指等首饰;除工作需要和眼疾外,不得戴有色眼镜。

(三) 举止规定

公安人民警察应当举止端庄,谈吐文明,精神振作,姿态良好。

1. 着警服时，不得边走边吃东西、扇扇子；不得在公共场所或者其他禁止吸烟的场所吸烟；不得背手、袖手、插兜、搭肩挽臂、揽腰；不得嬉笑打闹、高声喧哗；不得席地坐卧；非因公务不得进入歌厅等娱乐场所。

2. 不得酗酒、赌博和打架斗殴；不得参加宗教、迷信活动。

3. 两名以上公安人民警察着装徒步巡逻执勤或者外出时，应当两人成行、三人成列，威严有序。

4. 外出时，必须遵守公共秩序和交通规则，遵守社会公德，自觉维护公安人民警察的声誉。

（四）礼节规定

公安人民警察要自觉遵守警务礼仪，神态应严肃庄重，体态应威武挺拔，语态应和蔼可亲，通过公正执法、规范执勤、严格纪律、注重仪表、文明礼貌，维护公安机关的权威和法律的尊严，展示公安人民警察的风采，树立公安机关文明窗口形象。

1. 公安人民警察敬礼。公安人民警察敬礼分为举手礼、注目礼和持枪礼。通常情况下行举手礼；携带武器装备不便或在列队的情况下，一般行注目礼；持枪礼仅限于执行阅警和仪仗任务时使用。

（1）参加庆典、集会等重大活动升国旗时，着警服列队的公安人民警察应当自行立正，行注目礼，带队人员应当行举手礼；未列队的公安人民警察应当行注目礼。奏（唱）国歌时，应当自行立正。

（2）晋见或者遇见上级党政领导、公安机关领导时，着警服的公安人民警察应当行举手礼；因携带武器装备或者执行任务需要，不便行举手礼时，可以行注目礼。

（3）列队的公安人民警察在行进间遇见领导时，带队人员应当行举手礼，其他人员应当行注目礼。

（4）公安人民警察交接岗时，或不同单位的公安人民警察因公接触时，应当互相敬礼。

2. 公安人民警察之间的称呼。公安人民警察之间通常称职务，或者姓加职务，或者职务加同志。上级对下级以及同级间的称呼，可以称姓名或者姓名加同志；下级对上级，称职务，或者姓加职务，或者职务加同志。在不知道对方职务时，可以称警衔加同志或者同志。

3. 公安人民警察执勤执法礼节。

（1）听到上级呼唤时，应当立即答"到"；回答上级询问时，应当自动立正；领受上级命令后，应当回答"是"。

（2）公安人民警察进入上级室内前，应当喊"报告"或者敲门，得到允许后方可进入并向上级敬礼；进入同级或者他人室内前，应当先敲门，经允许后方可进入；上级进来时，应当自行起立。

（3）公安人民警察依法执行职务时，要履行告知程序，先敬礼，对当事人说明情况，并讲清权利和义务。

（4）公安人民警察依法执行职务进入居民住宅时，或因公与公民接触时，应当先敬礼并主动出示证件，说明来意。

（5）公安人民警察在外事活动场合与外宾接触时，应当主动致意。

二、常用执勤执法用语

（一）日常用语

1. 态度热情诚恳。自觉、主动、正确地使用礼貌用语，使用时态度要热情。

2. 表达准确通俗。言谈交流时用语通俗易懂，适合需要，语调平稳，吐字清晰。

3. 日常交谈或接听电话，要彬彬有礼，语气友好，客气文雅，吐字清楚。可使用"您好""有事请讲"等礼貌用语开头，"请""不要紧、慢慢讲"等穿插交流中，"谢谢""不客气""再见""有事再联系""有什么不清楚的再联系"等句结尾。

（二）接警用语

1. 值班民警接通报警电话时，首先应该说"您好，这里是某某派出所（或其他部门），请讲"，然后主动引导报警人讲清案由、时间、地点等要素。

2. 在报警人心情焦急、紧张的情况下，值班民警的语气要婉转，用"请不要着急，我们尽快赶赴现场"等语言。

3. 当报案人一时难以正确表述案情时，可用"您讲的情况我已大致了解，但还有几个情况请您再讲一下"。

4. 当报警人再次催促或重复报案时，则用"我们已经通知民警前往，我们再催促一下"。

5. 当接到群众（非当事人）的报警电话时，应主动说："谢谢您"。

6. 当接到群众紧急求助的电话时，应尽力为群众排忧解难，用"不要着急，我们马上来"来回答。如果是难以解决的求助问题，就说"很抱歉，这个问题难以解决，我们可以帮您联系一下，同时也请您向某个部门求援"。

7. 当接到群众咨询电话时，应当热情地为群众解答，如果一时无法解答时，用"对不起，我们不太了解，请您向某个部门去咨询"。

8. 当接到一些语言粗鲁、不礼貌的报警电话，应告诫对方，"请注意语言文明""这里工作繁忙，请不要妨碍我们的工作"。

（三）执勤（服务）用语

1. 礼貌介绍。可使用"你（们）好，我（们）是××局××所队的民警，我叫××，这是××"等。

2. 婉言相告。可使用"请你们冷静一下，我们是来处理问题的""您好！不要着急，慢慢讲""请你（们）不要激动，让他（们）先说完""不要担心，我们已经通知了有关部门"等。

3. 说话和气。可使用"您先休息一下，事情正在处理中""如有什么需要我们帮助的，请联系我们"等。

4. 晓之以理。可使用"您违反了××法规，现依据××条（款）对您进行处理，您明白了吗""请问您明白了吗"等。

5. 倾听意见。可使用"您觉得这样行吗""有什么事情请及时联系我们""谢谢您的配合"等。

6. 避免冲突。如果是因为公安民警自己的言行举止不当引起的矛盾，公安民警应诚恳检讨和道歉，可使用"对不起，是我们理解上出现了错误""刚才是我们的同志疏忽，请您谅解"等。

（四）巡逻、值勤用语

1. 接警求助。人民警察在巡逻执勤中接到群众报警求助，首先应向报警求助群众敬礼，并讲："您好，有什么事情需要帮忙"。在听完陈述后，根据不同情况按下列要求回答：

（1）需要采取紧急措施或马上能解决的，应讲："我们马上处理（或'请您带我们过去'）"。

（2）需要调查或能解决但不能当场解决的，应讲："请放心，我们会尽快处理的,请您留下姓名、地址,我们会跟主动和您联系"。

(3)属于本单位其他部门(派出所)管辖的案件,应讲:"对不起,您反映的情况,属于×××部门(派出所)管辖,联系电话是×××(或地址)"。

(4)不属于公安机关管辖或解决不了的,应讲:"对不起,您反映的情况属于×××单位管辖,请您与×××单位联系,请他们帮助解决"。

(5)当离开群众时应讲:"再见"。

2. 盘问、检查。人民警察在巡逻中,如发现违法犯罪嫌疑人的,应讲:"我们是×××市(县、区)公安(分)局的民警,这是我们证件"。然后根据需要再进行盘问。如需检查身份证时,应讲:"请出示你的身份证明"等。在盘查中遇到拒绝时,应讲:"我们是根据《人民警察法》第9条规定依法执行公务,请你配合"。

3. 继续盘问。经当场盘问不能消除嫌疑,经批准对其继续盘问,其规范用语有:"你因涉嫌×××(原因),根据《人民警察法》第9条的规定,现决定带你到×××单位继续盘问"。

(五)现场处置用语

人民警察在巡逻中,发现各种违法、犯罪、违章行为,应立即制止、纠正,规范用语首先应讲:"我们是×××市(县、区)公安(分)局的民警,这是我们证件"。然后视情况使用其他语言。

思考与讨论

为进一步规范民警的行为举止,培养民警优良的作风和严格的纪律,树立队伍举止端庄、行为规范、纪律严明的良好职业风范,2015年6月1日下午,资溪县公安局特巡警大队全体参训民警在大队长程建平、教导员王海勇的组织下,开展了基本队列训练,从基础抓起,点滴抓起,狠抓作风养成,促进队伍正规化建设。

讨论基层特巡警大队抓队伍规范化建设必要性。

学习单元三

特殊勤务装备的配备与使用

学习任务一　警械的配备与使用

学习目标

掌握驱逐性、制服性警械和约束性警械的种类，学会使用驱逐性、制服性警械和约束性警械的方法

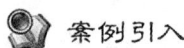 案例引入

2014年1月10日，在青岛市八大峡派出所，110民警邀请市民零距离参观了110警车，了解了神秘的警用装备，体验了110执勤民警的工作。110警车上配备了防毒面具、防化服、防暴叉、救生衣、救生绳索等警械装备20余件和急救箱、湿巾、创可贴等应急救援装备。民警向市民介绍录音录像装备，让市民体验手铐、警用枪支、防暴叉的使用，让市民试穿防刺服。民警还向市民讲述出警时的工作程序：市局指挥中心接到110报警后，在指派警车赶往现场的同时，将载有警情信息的接警单发送到110民警的对讲机；民警到达现场后，首先通过对讲机进行"一键定位"操作，回传警情地理坐标到系统平台，平台能够自动在地图上撒点标注显示，并将"确定警情位置"的时间，记录为110民警到场时间；随后，民警必须开启执法记录仪，向当事人表述执法口令："你好，我是××派出所民警，本次执法活动全程录音录像。"

思考：

警械装备在特勤特警队伍中的作用是什么？

 任务分析

警械装备的配备应当坚持保障必需、不断完善、实用高效、安全可靠的原则，主要包括驱逐性、制服性警械和约束性警械。正确使用警械装备是特勤特警队伍建设的重要组成部分，也是依法履行职责，保障顺利完成各项勤务任务和处

置各类突发事件的必要条件。

警械是指人民警察按照规定装备的警棍、催泪弹、高压水枪、特种防暴枪、手铐、脚镣、警绳等警用器械。

一、警械的配备

（一）驱逐性、制服性警械的配备

驱逐性、制服性警械包括警棍、催泪弹、高压水枪和特种防暴枪等警用械具。

1. 警棍。警棍是人民警察依法配备和使用的专用警戒具，是在执行公务或自卫时所使用的辅助性武器。按其功能分为打击型警棍和电击型警棍两种。

（1）打击型警棍。根据其性能及制作材料的不同，目前人民警察所配备的打击型警棍主要有如下几种类型：①橡胶警棍：其制作材料为全橡胶，质地坚硬，不易折断。②T型警棍：棍体由橡胶制成，手柄与棍体垂直，外观呈"T"形。③伸缩式警棍：棍体由2节钢管组成，并分别与2根弹簧相连，手柄后端有一块磁铁，用以固定棍体。使用时，按压手柄按钮释放弹簧，棍体即在弹簧的作用下伸出；不用时，将棍体头部向下，在硬物上轻轻一磕，棍体即可收回。该警棍使用灵活方便，便于携带。

（2）电击型警棍。电击型警棍通常由内外两层组成，内层为铝合金管，质量轻并且坚固，外层为全橡胶套，起绝缘作用，棍体前端有两个电极并绕有螺旋线。它是用直流换相方法，通过变压器将直流低压转换为4kV~8kV左右的直流高压，用它接触犯罪分子，可使他们产生紧张及畏惧心理，降低他们的抵抗能力。

电击型警棍有大电警棍、小电警棍之分。大电警棍主要以电击为主，同时也可以用于攻防格斗或打击。小电警棍则小巧灵活，便于隐藏，主要用于电击，使用时具有进攻突然和电击威力大等独特效果。

2. 催泪弹。催泪弹又叫催泪瓦斯，是一种可放出催泪气体的防暴警械。催泪弹中装有镁、铝、硝酸钠、硝酸钡及易挥发的液溴等物质，引爆后能释放出大量瓦斯气体，使人双目流泪而暂时失明，但不会造成实质性伤害。只要离开有毒区域，中毒症状一般在5~15分钟内自行消失；用清水冲洗眼睛、鼻腔或漱口等有助于症状缓解。催泪弹用于对付大规模的非法集会、游行、示威以及暴动等严重危害公共安全、社会秩序的行为，在不造成人员伤亡的情况下可起到快速驱散的作用。

3. 高压水枪。高压水枪是一种用气压原理制成的高性能扬水警械，通常需要装在特种防暴水车上，用于驱逐大规模的非法集会、游行、示威以及暴动等人群。

4. 强光手电。警用强光手电目前也是人民警察必备的警械之一，除具有电筒必备的功能外，同时还具有攻击与自卫的武器功能。它具有强、弱、爆闪三档光，照射距离可达100米，可视距离达5000米以上，其爆闪功能可以使人短时间内暂时失明眩晕，能在避免损伤的情况下协助制服犯罪分子。

5. 特种防暴枪。特种防暴枪是一种与普通的枪支构造无异而使用特种子弹的防暴戒具。其子弹的弹头材料为橡皮、木栓等非致命性软质弹头，可用于对暴乱活动的首要分子或公共场所的危险分子的制服。

6. 网枪。网枪是人民警察在执行任务时为防止犯罪分子或犯罪嫌疑人脱逃而配备使用的一种新型便携式安全防暴网。网枪可分为单发和三连发网枪，它外形似手枪，网为高强度尼龙丝编织而成，具有体积小、重量轻、携带方便、易操作、网可反复使用等特点，有效射程为10米左右。人民警察在追捕脱逃人犯时，将其对准目标，扣动扳机，击发弹点击后，形成巨大的推动力，将捕捉网发射出去，网体瞬间将目标罩住，使执法人员及时制服脱逃人犯，避免近距离接触，减少不必要的伤亡。

（二）约束性警械配备

约束性警械包括手铐、脚镣、警绳、约束带等警用戒具。

1. 手铐。手铐是用于锁扣犯罪嫌疑人或罪犯手腕的环形警用戒具，采用优质合金钢制作，坚固性强，防锈性能好，具有防拨保险功能。人民警察在执行公务时，应将手铐装在铐盒内，并佩戴在身体右后侧的制式腰带上。使用时，可采用前铐、后（背）铐、压铐等方法。为方便警察携带，有时警察也用指铐。指铐是用于锁扣犯罪嫌疑人或罪犯拇指指节的环形戒具，其功能、结构与手铐相似。

2. 脚镣。脚镣是一种用以束缚犯罪嫌疑人或罪犯小腿部的特制锁链。它采用经过防腐和淬火处理的优质钢材制作，具有防生锈、防破坏、防异物开启等功能，保险性强。

3. 警绳。警绳是用于临时看管或押解途中捆绑犯罪嫌疑人或罪犯的专用绳。它一般由棉纱线制成，柔韧性强，防滑效果好。人民警察在执行公务时，应将警绳装在特制的警绳盒内，并佩戴在身体左后侧的制式腰带上。警绳的捆绑方法有腕、指、关节捆绑法，臂颈捆绑法等。捆绑时必须注意是以制服犯罪嫌疑人或罪犯为前提，而且捆绑不宜过紧过死，以防血流不畅，导致伤害事故发生。

4. 约束带。警用约束带是一根皮质腰带，后面有两个可以将双手控制住的套环，是一种适用于警察执行任务时，对于违法人员限制其双手活动的警用器材。将约束带绑在腰间，双手约束在两边，坚固耐用，设计科学，结构合理，操作简单灵活。约束带具有既不像手铐等戒具那样"强硬"，又不会使被约束人受伤的特点。

二、警械的使用

（一）警棍的使用

1. 适合配备伸缩警棍的警种范围。伸缩警棍由于具有坚固、实用、隐蔽性能好、携带使用方便等特点，特殊勤务人员在不携带武器执行勤务时，如遇有突发性暴力事件，该警棍能有效保护执勤民警的人身安全，制止持械歹徒的暴力行为。因此，该警棍适合巡逻、防暴、派出所外勤、交通等警种的民警和相应的特殊勤务人员在勤务中佩戴使用。

2. 伸缩警棍的使用方法。

（1）执勤中，可将伸缩警棍佩戴在多功能腰带的警棍套中。

（2）伸缩警棍由橡胶握柄、后管、中管、前管、球头及卡簧等部件组成。使用时，右手握住橡胶握柄，左手握住球头将收缩在一起的警棍套管拉出；也可以手握橡胶握柄，警棍的球头向下，然后稍微用力向下甩动将警棍打开。收回时，手握橡胶握柄，将球头朝下对准地面稍加用力一墩，伸缩警棍即可收回。

（3）在使用过程中，应注意警棍伸缩部分的清洁，如遇有伸缩表面沾有泥土、沙石等可能擦划警棍表面，或沾有血液、水等液体物质时，应将粘附物清除，然后再收缩回套管内。

（二）手铐的使用

1. 防拨开手铐的技术特点。防拨开手铐对传统的手铐进行了结构上的改进，在齿轮与卡齿结合部位增加了防拨片，可有效防止异物透开；锁头的钥匙芯用滑动钢球做支点，在专用钥匙插入时，钥匙内力撑开钢球形成转动支点，方可转动钥匙打开手铐。在没有专用钥匙开启时，锁头无固定转动支点，故不易用其他工具打开手铐。

2. 防拨开手铐的使用。

（1）手铐扣锁方法。将手铐的扇齿对准手腕的适当部位，用力下压，扇齿会在惯性作用下转动，铐住手腕，然后用力握压扇齿直至铐紧手腕为止。

（2）手铐的反锁方法。如需对手铐进行定位反锁，可将钥匙插入锁芯，然后逆时针转动30度，手铐扇齿将被反锁固定。

（3）手铐的开启方法。将钥匙插入锁芯，顺时针转动，手铐扇齿处于开启状态，然后用手向外拉开扇齿，手铐即被打开。

（4）手铐备用状态。在使用手铐之前，手铐自动处于非反锁的备用状态。

3. 手铐的保养方法。手铐长期不用时，应对手铐进行必要的保养。保养的方法是注油后将手铐放在塑料袋内，但不要放在重物下，以免受重压变形；使用前，应检查手铐的扇齿有无损坏、变形，钥匙有无变形，锁孔内有无异物堵塞等情况。

（三）催泪喷射器的使用

1. 催泪喷射器的使用方法。首先取出喷射器，一般用右手紧握喷射器，然后用拇指向上掀开保险盖，将喷射器对准喷射目标，同时用拇指向下按压喷嘴阀，喷射剂可立即喷射出来，按压结束后喷射器停止喷射，根据实际情况的需要可一次性连续喷射，也可以用间隔按压的方法进行点射。使用结束后应盖好保险盖。

2. 催泪喷射器的使用指南。

（1）使用前应认真阅读喷射器使用说明书，或者参加使用培训。

（2）在使用时应注意风向，使用者应该站在喷射目标的上风方向。

（3）一旦使用者不慎将喷射剂喷射到自己的眼睛和皮肤上，不必惊慌，也不必用药治疗，可以用清水进行冲洗，十分钟后症状会自动消失，恢复正常。

（4）不同喷射剂的喷射器外观标志区分明显，各种喷射剂均无毒；使用时应了解使用的是装有哪一种喷射剂的喷射器。

（5）可在常温的库房中进行贮存，但应注意和易燃、易爆物品隔离存放。

3. 催泪喷射器使用注意事项。

（1）催泪喷射器的作用功能。催泪喷射器在 3～4m 的距离内，为最佳使用距离。催泪型喷射剂喷射到人体的面部、皮肤上后，将会对人体感官产生强烈的刺激作用，会迅速引起被喷射人流泪、流鼻涕、咳嗽、呼吸困难、皮肤灼痛等症状，并可能导致暂时性肢体功能障碍。

如果使用染色型喷射剂，将会在人体皮肤或衣服上留下 24 小时内难以除去的染色标记。

（2）使用催泪喷射器的安全范围。使用者必须了解和掌握催泪喷射器安全使用的范围，以便在安全的范围和条件下使用。可能引起催泪喷射器爆炸、自喷、泄漏或机件失灵的重要因素有高温、低温、挤压和落摔等情况。

高温因素。在高温条件下，压力容器易于引发爆炸、泄漏或自喷是其共同特征。催泪喷射器也是一种压力容器，因此，也存在此类安全隐患。经过技术检验测定，对喷射器在 45℃～145℃ 等不同温度间隔范围内进行试验，直到 110℃ 喷射器仍保持完好，喷射正常。到 145℃，4 小时后，喷射器开始泄漏，但不会爆炸。

低温因素。一般情况下，由于橡胶密封装置会在低温条件下老化变形，或因液体结冰，导致泄漏或喷射失灵。对喷射器在 -30℃ 低温条件下存放 144 小时后，检测结果表明喷射器能够保持良好工作状态，喷射正常。

挤压因素。喷射器在运输和民警勤务的过程中，因受到意外挤压可能导致机件失灵或自喷。在 LJ-500 型材料压力试验机上，对喷射器进行加压试验检测，检测结果表明，喷射器圆柱部分受挤压力达到 188kg 时，出现泄漏；尾部挤压力达到 510kg 时，只发生变形，未发生泄漏；头部受挤压力达到 172kg 时，出现泄漏。

落摔因素。喷射器在运输或使用过程中，因失手或其他原因可能导致机件失灵。将喷射器按照立式、倒式、横式三种姿势从 3m 高度，在水泥地面上进行落摔试验，没有发生泄漏，不会影响喷射器的正常工作。

（四）强光手电的使用

1. 强光手电的使用方法。

（1）电池的安装。拧开电筒的尾盖，在确认电池的正、负极的情况下，将电池的正极朝上放入筒身，然后拧上尾盖，电筒便处于待工作状态。

（2）开关电筒光源及点射照明。在电筒处于关闭状态时，按动电筒尾盖橡胶帽，当听见"咔吧"声响后，电筒光源被打开。重复上述动作可关闭光源。如需点射照明，可在电筒光源打开状态下轻轻点动电筒尾帽，即可实现点射照明。

2. 警用强光电筒保养注意事项。

（1）严格注意不要将光线直射人的眼睛，尤其是在近距离内，较强的光线会对人的眼睛造成永久性伤害。

（2）无必要时不要拆解灯头，以免造成反光杯或者灯泡损伤。

（3）每次使用之后，应用清洁的软布对电筒进行擦拭；当电筒沾染腐蚀性液体时应及时用清水清洗干净，并用电吹风吹干。

（4）当灯头和尾盖拧动不顺畅时，可在接口处涂抹少许硅脂。

（5）用专门充电器对NT18650电池进行充电，切勿将电池靠近火源或丢入火中，也不要将电池长时间暴露在高温下，因上述情况均有引起电池爆炸的危险。NT18650电池不能分解，电筒在不使用时请将电池取出，放在密封的袋内，在阴凉处保存。

（五）警用制式刀具的使用

1. 警用制式刀具的功能简介。警用制式刀具是多功能、复合型战术刀具，具有割、刺、砍、锯、剪、多功能螺丝刀等多种实用功能。在执行勤务活动中遇有需要抢先救助的紧急情况时，可使用警用制式刀具进行防身自卫、破坏玻璃、拆除障碍物等活动。

2. 警用制式刀具的使用方法。

（1）警用制式刀具的刺、砍、割、锯等操作方法与相应的专业工具操作方法完全相同。

（2）剪铁丝操作方法。将刀体前端的剪孔套在刀鞘刀口座部件的限位轴上，然后来回转动即可以剪断直径4mm的铁丝。

（3）击碎玻璃的方法。首先旋拧下刀具的尾帽以露出击针，双手握紧刀鞘，将击针垂直顶在玻璃上，缓慢用力顶压刀具，直至玻璃破碎，然后将尾帽归位旋紧。

（4）多功能螺丝刀的使用方法。首先打开刀鞘的按口，撕开工具固定带，按需要取出工具袋中的螺丝刀，并将其安装在剪口左前方的六角连接头上，即可使用。

（5）磨刀的方法。当刀变钝时，解开刀鞘背面的按扣，磨刀石露出，将刀在磨刀石上均匀地用力磨擦，直至刃口锋利为止。

3. 使用警用制式刀具的注意事项。

（1）刀具出鞘和入鞘时，应紧握刀柄，握刀柄的手不得突出刀柄的护手，谨防刀具滑脱。

（2）剪铁丝时，左手应紧握刀鞘上端，右手紧握刀柄，均匀用力，以免刀具脱离限位轴，造成伤害。

（3）破碎玻璃时，不得敲击玻璃，应缓慢施加压力，以防玻璃破碎后划伤手臂或碎片飞溅伤人，破碎玻璃用的击针仅用于破碎玻璃之用，不得用于击打其他物品，否则会对刀具造成不可修复的损伤。

（4）严禁将刀具当作撬压工具使用，以免损坏刀具。

（5）刀具出现损伤或丧失应有功能，应联系专业技术人员进行维修，非专业技术人员不得拆卸刀具。

4. 警用制式刀具的保养。

（1）不使用时，应将刀具插入刀鞘内，扣紧刀具固定带，以免刀具滑落，划伤自己或他人，或刀具滑落地面引起刃口损伤，影响使用效果。

（2）在锯割钢筋、铝板等金属物后，及时清除金属残渣，避免刀具锈蚀。

（3）定期用蘸有防锈油的柔软布料擦拭刀体剪口座，保持刀体的清洁，防止锈蚀。

思考与讨论

2014年9月9日晚10时许，山东来沪人员李杰酒后与某公共厕所管理员发生纠纷。某派出所民警王某某、金某某接110处警指令到场处置。李杰不听劝阻打了民警王某某一个耳光，并纠集了5名同乡将民警围住。民警在使用催泪瓦斯喷射器后才控制了现场局势。该所10余名增援警力到场后将滋事者带回派出所。经医院诊断，民警王某某脸部、颈部多处软组织挫伤。

公安民警使用催泪瓦斯喷射器的条件和方法是什么？

学习任务二 武器的配备与使用

学习目标

掌握手枪和长枪警用武器的使用方法

 案例引入

目前我国走私、贩毒、持刀抢劫、劫持人质等刑事犯罪不断出现，公安、武警维护社会治安与稳定的任务十分繁重。据不完全统计，每年有数百名公安干警在执行任务中牺牲。究其原因，有的是因为没有合适的武器装备，有的是因为武器装备落后，还有的是因为训练不足、军事素质差而造成不必要的伤亡。为了维护社会安全与稳定，减少不必要的伤亡，加强公安、武警的武器装备是十分必要的。

思考：

为什么要加强公安、武警的武器装备？

 **任务分析**

武器是指特勤特警队员按规定配备的枪支、弹药等致命性警用武器。特殊勤务人员配备武器，一方面是为了依法执行公务，及时有效地制止犯罪行为，保护国家和人民群众的生命、财产安全；另一方面是在必要时能够实施正当防卫，减少伤亡。

一、武器的配备

目前我国特殊勤务人员的武器装备主要有短武器（手枪）和长武器（长枪）两种。

（一）手枪

手枪是一种单（双）手发射的短枪，主要用于杀伤近距离内的有生目标。手枪具有轻便、射程远、准确度高、杀伤力强、外形美观等优点，是现代警察的理想武器装备之一。

（二）长枪

长枪主要用于杀伤远距离的有生目标，包括各种型号的冲锋枪、步枪，是以双手发射的武器，具有比短枪射程远、威力大、命中率高等特点。目前，我国警察配备的长枪主要有79式微型冲锋枪、85式轻型冲锋枪和85式狙击步枪等。

二、武器的使用

（一）警用手枪的使用

1. 警用手枪的使用方法。

（1）装弹。将转轮转出，枪口向下，将枪弹装入转轮弹膛中，然后将转轮转入就完成枪弹装填。使用装弹器装填弹药时，先将装弹器手柄旋到"开"的位置，将6发弹药弹底朝下放入装弹孔内，然后旋转手柄至"关"的位置，枪弹即被固定在装弹器内。装弹时，对准转轮弹膛，再将手柄旋转至"开"的位置，6发弹药被释放，装入枪支弹膛里。

（2）强制保险。该枪设有强制保险，在保险状态时，击锤打击不到击针，保证携行及训练的安全。扳动强制保险扳把，保险扳把指向红色圆点标志时，为击发状态，指向白色圆点标志时，为保险状态。

（3）单动射击。将击锤向后扳动到位（使击锤呈卡滞状态，非卡滞状态不得松开压下的击锤），然后扣动扳机即可进行单动射击。

（4）联动射击。直接扣动扳机即可实现联动射击。

（5）子弹的选择。警用手枪可使用主配实弹，也可以使用手枪橡皮弹。主配实弹主要用于制服50m内的目标；橡皮弹主要用于近距离内制止违法行为。使用橡皮弹对目标进行非致命射击时，在5m距离内严禁向头部等要害部位射击。

2. 警用手枪的保养与维护。

（1）新枪使用前要先除掉防锈油，然后正常涂枪油。

（2）手枪在使用和保存中，避免沾上污物及酸、碱、盐类物质，如沾上应及时清洗、擦拭干净。

（3）凡经过淋雨或浸水射击后，必须立即分解、擦拭、涂油，防止零件生锈。

（4）必要时可用专用工具清除残留在枪械上的附着物。

（5）手枪使用后，应擦拭干净，正常涂枪油以防锈蚀。

3. 警用手枪常见故障排除。

（1）转轮转不到位。措施：检查退壳轴是否拧紧到位。

（2）扳机扣不动。措施：检查转轮是否转动到位。

（3）单动射击时，压击锤向后，但松手后击锤释放，不能扣合击锤。措施：压击锤向后到位，直至松手后击锤被扣合。

（4）联动射击时，扣扳机未到正常击发位置时击锤释放，枪弹未被击发。措施：重新扣扳机再次击发。

（5）哑火。措施：射击时若出现哑火，还可以继续射击，确保弹膛内所有枪弹发射完毕后，将枪口对准安全方向，退出弹壳和未击发枪弹。

（6）射击声音异常，后坐力突然增大。措施：应立即停止射击，打开转轮，检查枪管内是否有弹头留膛，将故障排除后方可进行射击。

4. 枪弹储存。

（1）随身携带的零星枪弹要放入装弹器内妥善保管，以防丢失；雨水、汗水浸湿后的枪弹，应及时擦干，严禁在烈日下曝晒或用火烘烤；枪弹上的锈迹严禁用沙土或其他粗糙的物品擦拭；严禁摔打枪弹（尤其是底火部位）。

（2）箱枪弹应保存在阴凉、干燥、通风的库房内，库房温度以15℃~30℃，相对湿度40%~70%为宜，库房应有防火、防潮、防蛀措施，枪弹堆码高度不得超过3m，不能与易燃易爆物品堆码在一起。

（3）枪弹在装卸运输过程中应轻拿轻放，防止撞击、摔打、跌落。

（二）防暴枪支的使用

1. 常用防暴枪支的种类。

（1）长枪种类。包括：国产97式18.4毫米防暴枪，国产97-1式18.4毫米防暴枪，国产警用38毫米防暴长枪和英国38毫米多用途防暴枪。

（2）短枪种类。包括：国产警用38毫米防暴短枪和国产多功能红外瞄准防暴枪。

2. 防暴枪使用的注意事项。

（1）为了自己和他人的安全，非执行任务的情况下操枪时，枪口一定不要对着人。

（2）执行任务前应认真检查枪械状态是否完好，机构运动是否正常，枪膛、弹膛是否清洁、无异物，以免影响使用。

（3）必须使用规定的专用枪弹。

（4）向弹仓内压子弹时，拇指一定要推到位（即听到开关片簧过弹底圆的响声），否则子弹会自动弹出而影响压下一发子弹。

（5）左手握前握把向前、向后推拉枪机时，力量不宜过大或过小，应适中，否则会影响正常的退壳、供弹或闭锁的可靠性。

（6）使用时，没发现打击目标前，扳机保险应一直是关闭的，食指也应离开扳机位置，这样可以不出现无意中走火的现象。

（7）执行任务归来后，应先将枪膛、弹仓中的子弹退出，放回规定处保管，然后再行擦枪、涂油，将枪结合好，经仔细检查确认无故障后，方可放回保管处，以备下一次执行任务时使用，否则应由指定人员及时维修好。

（8）97式18.4mm防暴枪不能击发普通12号猎弹或运动弹，持枪者严禁使用上述两种子弹。

思考与讨论

某派出所副所长曾某和民警刘某前往某村委会传唤吸毒违法人员侯某时，遭到侯某的反抗，曾某的手背被侯某用匕首刺伤，侯某逃走。当天下午，有群众举报称，在本村的旧石场见到侯某在吸毒。接报后，曾某带领民警刘某等人前去抓捕。民警赶到时遭到侯某抗拒。在朝天鸣枪警告无效的情况下，民警刘某开了一枪将侯某击倒，侯某失去了反抗能力，之后，曾某又上前对着侯某连开两枪，致使侯某当场死亡。

上述案例中派出所副所长曾某和民警刘某使用武器是否符合法律的规定？警察使用武器的条件和程序是什么？

学习任务三　警用防护装备的配备与使用

学习目标

掌握警用头盔、警用背心、防割手套、防刺服、急救包、多功能腰带和警用装备包的功能和使用方法

 案例引入

江西省交警总队直属一支队对民警个人警用装备配备情况开展一次清理检查，及时对损坏或存在安全隐患的装备进行维修更换，确保各种警用装备齐全有

效。并为一线民警购置配齐反光背心、反光锥、反光标志、停车指示牌、警示灯、警戒带、夜间照明设备等安全防护装备,由所属各直属中队领导负责保管,分管领导强化日常监督,确保着装规范、执勤有序、执法安全。支队还要求民警熟练掌握警车的安全停放,警灯、警报器、警示标牌、标志、反光锥筒、反光背心的正确使用。每次出勤前,每位执勤民警必须检查是否带齐必需的安全防护装备。执勤、处理事故时必须严格按照着装规定,穿反光背心,设置反光锥筒和警戒带。进一步加强安全装备的督查和检查,定期对车辆状况、反光警示标志、照明灯具、锥筒等装备的使用情况进行检查。

思考:
警用防护装备的作用是什么?

 任务分析

　　警用防护装备是维护社会安全、加强特勤特警队员自我防护的重要保障,警用防护装备主要包括警用头盔、警用背心、防割手套、防刺服、急救包、多功能腰带和警用装备包。应了解警用防护装备的功能和掌握使用方法。

　　警用防护装备是指公安民警在处置各种违法犯罪活动,特别是追捕携带武器的逃犯,处置群体性骚乱、暴乱事件和其他突发事件时,用于有效维护自身免受枪弹、棍棒刀具、钝器及爆炸、核生化武器等侵袭,减少人员伤亡,由人体承载的具有特定防护功能的技术装备的总称。依照防护对象或功能用途,分为防弹、防暴力、防爆炸、防核生化等四大系列。

一、警用头盔

　　目前,特勤特警队员配备的警用头盔主要包括防弹头盔和防暴头盔两种。
　　防弹头盔是用于阻止弹丸或破片穿透,有效保护人体头部、眼、面部,且不影响人体视线和战术活动的防护装备,采用高强度铝合金、玻璃钢、铬刚玉和碳化硼等防弹材料制成,可有效地防止54式手枪、51式普通弹丸对人体头部的伤害。
　　防暴头盔是抵御头部及面部受到打击伤害或其他潜在的伤害的一种警用装具,采用PC合金制造,具有质轻、强度高、外形美观、线条流畅、面罩镜片透光率好、视野开阔、佩戴舒适、牢靠、穿脱简便等特点,是人民警察在反恐反暴

斗争中为保障自身安全而必备的防护用品。

二、警用背心

警用背心主要包括防弹背心和防刺背心两种：

（1）防弹背心是一种用于防护弹头或弹片对人体的伤害的防护衣。防弹背心主要由衣套和防弹层两部分组成。衣套常用化纤织品制作，防弹层是用金属（特种钢、铝合金、钛合金）、陶瓷（刚玉、碳化硼、碳化硅）、玻璃钢、尼龙、凯夫拉等材料，构成单一或复合型防护结构。防弹层可吸收弹头或弹片的动能，阻止穿透，有效保护人体受防护部位。

（2）警用防刺背心能有效地阻挡刀具、匕首等冷兵器的刺、割、砍的攻击，全面保护人体躯干和内脏免遭伤害，是人民警察在反恐反暴斗争中保障自身安全的必备防护装备。警用防刺背心分为软质防刺背心、硬质防刺背心和半软质防刺背心三种。软质防刺背心采用超高强度、超高密度的聚乙烯短切纱和芳纶短切纱混纺制造的防刺材料制成；硬质防刺背心内衬采用航空级铝板，鱼鳞状排列，达到最佳防护，铝板外双面有薄棉，穿着舒适。

三、防割手套

防割手套是民警在执行各种勤务活动中佩戴的具有防锐器割伤功能的防护性警用装备。

（一）防割手套的功能

防割手套采用高强度纤维及金属丝混纺材料加工制作而成，能有效抵御匕首、菜刀等带有利刃的锐器割伤。防割手套在 −40℃ ~ 60℃ 的环境温度范围内穿着使用，不会引起其性能的改变。防割手套因制作原料纤维的密度较强，在首次穿戴时可能会令人有不方便的感觉，穿戴使用一段时间后，不舒适的感觉将会减弱。

（二）防割手套的保管与使用

防割手套不具有防火、防腐蚀的功能。在使用中严禁直接与化学腐蚀性物品接触。防割手套假如受到匕首等利刃刀具的割伤，会降低其防护性能，故应停止使用。防割手套应在常温通风、干燥无毒、无腐蚀的条件下贮存。

四、防刺服

防刺服是警务人员在执行各种勤务活动中，随身穿戴的具有防锐器割、刺功能的防护性装备。

（一）防刺服的功能及使用方法

防刺服是采用高强度聚酯纤维加工制作而成，能抵御匕首、菜刀等锐器的刺扎和砍割攻击。同时可以加插防弹钢板，提升其防护功能。防刺服为背心式防护服，分为前胸和后背两大部分，其肩部和腰部使用超宽的、超强度的橡皮筋相连接，保证穿用者可以根据自己的体态自由调整松紧和大小。

（二）防刺服保养与贮存

在 $-40℃~60℃$ 的环境温度范围内，防刺服可以正常使用。防刺服的外套可清洗，晒干后将防刺服的内芯平整地放在防刺服的外套内，以免出现皱褶等不平整的情况。防刺服的内芯严禁在阳光下长时间暴晒，严禁淋雨、浸水。被匕首等带有利刃的锐器刺伤后的防刺服，建议不要再使用，因为受损伤的防刺服将会降低防刺性能。防刺服应贮存在常温通风、干燥无毒的室内仓库内，不能与具有腐蚀性的物质混合贮存，不能长期重压。

五、急救包

急救包是保证民警在执行勤务时，遇有自己或他人受伤或突发冠心病、心绞痛等伤病情况下的现场紧急救治的防护性装备。

（一）急救包中配备的器材和急救药品

有效期为2年的硝酸甘油药片5片；三合一大伤口专用型云南白药创可贴2贴；三合一止血、消炎、愈创型云南白药创可贴6贴；有效期为2年，$7.5×225$ cm规格的弹性医用止血绷带一卷；小型医用弯剪刀一把。

（二）急救包使用与保养的注意事项

1. 硝酸甘油适用的病症。硝酸甘油是治疗与预防冠心病、心绞痛的常见药物，同时可以降低血压或治疗充血性心力衰竭。

2. 硝酸甘油的用法用量。成年人每次服用半片或一片，将药片放置在舌下含服，每5分钟可重复含服1片，直至疼痛缓解；如果在15分钟内，服药达到3片后，疼痛仍然持续存在的，应立即就医。

3. 在病情严重或有严重外伤、创口过大等重大伤情的情况下，应在采用必要紧急救助措施的同时，拨打 120 救助电话。

4. 急救包应在防水、遮光、密封、阴凉的条件下贮存。

六、多功能腰带

多功能腰带是民警在执行各项勤务活动中，携带、佩挂各种单警装备的载体性装备。

（一）多功能腰带的性能及实用功能

多功能腰带能够保证各种佩挂部件的安全佩挂和执勤民警行动的灵活性。多功能腰带由腰带、右肩带两部分组成，可以同时佩挂手铐套、对讲机套、强光手电套、警用工作包、警用水壶套、警棍套、警用制式刀具鞘、手枪套、催泪喷射器套等 9 种配套装具。

多功能腰带采用内穿双扣式锁紧方式，共有 1050mm、1100mm、1150mm、1200mm、1250mm 等 5 种长度规格，供不同体态的民警选用。

（二）多功能腰带的使用方法

1. 多功能腰带配套装具的佩挂。在首次使用多功能腰带前，需要对各种配套装具进行佩挂装配，具体方法是：首先将腰带右侧的两个固定钉上的螺帽，按逆时针方向旋转打开，取下固定钉；然后由左向右，顺序装配右肩带的前背带、手铐套、对讲机套、强光手电套、警用工作包、右肩袋的后背带、警用水壶套、警棍套、警用制式刀具套、手枪套、催泪喷射器套等配套装具；装配结束后，将两个固定钉拧紧固定在腰带上。

2. 安放各种警用器具。腰带配套装具装配完毕后，按照顺序将各种警用器具装入对应的套具中，并确认警用器具与套具对应无误，同时将套具的按扣摁好。

3. 多功能腰带的佩戴方法。民警在执勤前佩戴多功能腰带时，首先用双手将腰带握紧，围在腰脊上穿扣腰带，用力勒紧锁扣腰带；然后将后背带从右肩章带下穿过，在调整适度后，与前背带上的带扣锁紧。

（三）腰带的保养方法

腰带为黄牛皮制作，易于吸潮发霉，不使用时应放在干燥通风处贮存，严禁暴晒和火烤；腰带如被雨淋湿，应及时用干布将其擦净，放在通风处晾干；腰带如果因受潮出现霉斑，请用干布或干刷子擦去霉斑，然后晾干。

七、警用装备包

警用装备包是装载警用装备的专用包具。在不执行勤务时，警用装备包可用于手铐、警棍、强光手电等多种警用器具的装载与保管。

（一）警用装备包的特点

警用装备包采用特种尼龙布为原料制作而成，具有阻燃、牢固耐磨等性能；警用装备包内分为底层和上层，底层可放置防刺服或警服，上层设计有若干独立的口袋，可放置手铐、警棍、催泪喷射器等多种警用器具；同时设计了多种携带方式，既可以双肩背，又可以立式拎提、横式拎提，既适合长途行军使用，又适合短距离的拎提。

（二）警用装备包的使用方法

1. 警用装备包的上层可以放置手铐、警棍、强光手电、催泪喷射器、急救包、防割手套、警用水壶、警用制式刀具、警用多功能腰带等9种警用装备；底层可以放置防刺服；透明兜可放置资料。

2. 警用装备包在使用中可以立式拎提、横式拎提和双肩背；在不使用双肩背时，可以将双肩背带放入后兜内存放。

3. 将警用装备包的后背加厚层打开，扩展警用装备包的空间，可以加装春秋警服。

（三）警用装备包的贮存要求

警用装备包在 -30℃～45℃的温度范围内存放；警用装备包应存放在通风干燥、避光的室内，放置在距离地面250mm以上的部位，不得与腐蚀性物品一起贮存；警用装备包可用清水漂洗。

思考与讨论

随着品种繁多的警用装备在如此短的时间内大量配备，基层执法部门警用装备管理工作中暴露出一些不容忽视的问题，影响和制约了装备的使用寿命以及使用效能。一方面基层民警警用装备使用意识不强，造成警用装备使用率低，影响了警用装备在实战中效能的发挥，成了摆设品；另一方面对现有警用装备普遍存在重用轻管现象，民警爱护警用装备意识淡薄，不能有效履行装备领取、返还、调用手续，不注重警用装备的日常保养维护工作，甚至随意放置，从而造成损毁、丢失现象严重。

警用防护性装备如何使用和管理？

学习任务四　警用通讯工具的配备与使用

学习目标

掌握警用通讯电话、对讲机、车载台、车载监控系统、卫星应急通信系统、应急救援指挥系统、传真机的功能和使用方法。

案例引入

奥运火炬传递期间，湖南省湘潭市公安局雨湖公安分局在执行任务中科学调度、指挥有序，较好地完成了任务。其中，对讲机的应用在这次安保指挥中发挥了有力的作用。对讲机通讯网具有安全保密、方便快捷、即时通话、协同联动等特点。为让对讲机得到充分的应用，该局从完善培训机制入手，通过集中培训、分期培训、层级培训等方式，保证了不同层面、不同层次的民警均熟练掌握对讲机的使用方法。为规范警用无线通讯设备的使用及管理，该局下发了《湘潭市公安局雨湖分局350兆警用无线通信网使用管理规定》，制定了《雨湖公安分局警用无线通讯设备配备表》，登记了对讲机呼号、持有人姓名、单位、职务、联系电话、领取人签名、发放日期等具体信息。奥运圣火传递和奥运会开赛安保期间，该局按照"定人、定岗、定责"原则，将负责的奥运圣火传递路段、奥运安保巡逻路段、辖区逐一分解到责任单位和具体民警，纪监室、办公室、巡防办组成联合督察组每天进行两次督察。对对讲机采用呼叫普检、现场抽检等方式进行督察，对呼叫不应的，视为缺勤，并对责任任务及巡逻工作定期进行情况通报。通过多措并举，加强了对对讲机的管理使用。

思考：警用通讯工具的种类有哪些？

任务分析

通讯装备是特勤特警队员之间相互联系、沟通信息、畅通指挥、及时反馈的重要工具，主要包括电话、对讲机、车载台、车载监控系统、卫星应急通信系统、应急救援指挥系统、传真机等。

一、警用通讯装备的配备

（一）电话的配备

电话是一种可以传送与接收声音的远程通信设备。电话通信是通过声能与电能相互转换，并利用"电"这个媒介来传输语言的一种通信技术。两个用户要进行通信，最简单的形式就是将两部电话机用一对线路连接起来。

（二）对讲机的配备

对讲机是一种双向移动通信工具，在不需要任何网络支持的情况下，就可以通话，没有话费产生，适用于相对固定且频繁通话的场合。

（三）车载台的配备

车载台是一种能安装在车辆、船舶、飞机等交通工具上，并直接由外部电源供电的，使用外部天线的无线电对讲机。

（四）车载监控系统的配备

车载监控系统是由车载终端、传输网络和监控中心组成的三层联网式综合监管系统，具有车辆防盗、反劫、行驶路线监控、车内外视频图像实时无线传输、事故快速响应、呼叫指挥等功能，以解决现有车辆的动态管理问题。

二、警用通讯装备的使用

（一）电话的使用

1. 有线电话。电话机具有将终端的音波转换为电子信号，通过电话线传送到远距离的对方，同时将对方传送来的电子信号再生为语音（音波），实现其通话的功能，以及发送可从多个对方中选择的信号（拨号脉冲），告知对方的呼叫音等功能。电话机由将语音转换为电流并发送到电话线的送话机，将对方传送来的电流还原为语音的受话机，呼叫对方的拨号或按钮，发送呼叫音的铃声，将这些连接在电话线上以执行其功能的线路网等组成。送话机内有装满碳素颗粒的小箱子，其前方有薄硬铝合金振动板。振动板根据语音振动，振动碳素颗粒，碳素颗粒传导电流，随着颗粒的接触程度，电阻发生变化，生成语音电流。受话机接受对方的语音电流后，在线圈上生成语音电流引起的磁力，振动铁振动板，发出声音。

2. 无线电话。主要有无线环路－无绳电话、模拟无绳电话、移动电话、小灵通（无线市话）等。

3. 电话的使用。

（1）新购一台无绳电话机时，应按说明书装好，将手机放在充电座上充电，充到足够长的时间，再对码使用。换用新电池时，也应如此。

（2）在无绳电话机中，座机和手机的通信是通过无线电波进行的，多数家用电器会产生干扰电波。因此，无绳电话的座机应安装在远离电视机和微型计算机的地方。无绳电话的交流电源也不能与有电动机的产品（如电冰箱、洗衣机、空调和微波炉等）共用一个电源插座。

（3）当使用无线手机通话，遇到噪音大时应注意：①当无线手机通话噪音大时，可以按手机的"频道"键，跳过当前的通话信道，系统自动选择一个空闲的信道进行通信。②将手机和座机的天线拉长。③座机的位置决定着手机的通话距离，应将座机置于远离干扰源（电脑、传真机、电视机等）的地方。手机和座机的远近影响着通话质量。要改善通话质量，座机应避免干扰源和屏蔽性很强的位置。

（4）在手机与座机通话过程中，若手机离座机太远或干扰太大而中断通信时，需走近座机关机。若座机已自动关机，需将手机拨出电池复位，重新对码后，才可使用。在干扰较大的情况下，有的机型可通过按"channel"键改变频道，接续中断的信号，继续进行通信。

（5）手机充不上电，一直显示"低电"状态，其原因之一是电池掉电到一定值后，电池放电过度，使电路不能充电。电池使用 2 年后，出现电充足后使用的时间不长就没电的现象，表明电池已老化，需更换电池。

（6）如果无绳电话机长期不用或要出远门时，应把座机电源拔掉，将手机的电池取下来。否则，手机长期不用，易使电池放电过度，导致电池充不进电。

（二）对讲机的使用

对讲机的英文名称是"two way radio"，它是一种双向移动的通信工具，在不需要任何网络支持的情况下，就可以通话，且没有话费产生，适用于相对固定且频繁通话的场合。

1. 对讲机的工作原理。

（1）对讲机包括发射部分和接收部分。其中，发射部分的工作原理为：

①发射部分。锁相环和压控振荡器（VCO）产生发射的射频载波信号，经过缓冲放大、激励放大、功放，产生额定的射频功率，经过天线低通滤波器，抑制谐波成分，然后通过天线发射出去。②接收部分。接收部分将来自射频的放大信号与来自锁相环频率合成器电路的第一本振信号在第一混频器处混频并生成第一中频信号。第一中频信号通过晶体滤波器进一步消除邻道的杂波信号。滤波后的第一中频信号进入中频处理芯片，与第二本振信号再次混频生成第二中频信号，第二中频信号通过一个陶瓷滤波器滤除无用杂散信号后，被放大和鉴频，产生音频信号。音频信号通过放大、带通滤波器、去加重等电路，进入音量控制电路和功率放大器放大，驱动扬声器，得到人们所需的信息。

（2）调制信号及调制电路。人的话音通过麦克风转换成音频的电信号。

（3）信令处理。CPU产生的CTCSS/CDCSS信号经过放大调整，进入压控振荡器进行调制。接收鉴频后得到的低频信号，一部分经过放大和亚音频的带通滤波器进行滤波整形，进入CPU，与预设值进行比较，将其结果控制音频功放和扬声器的输出。即如果与预置值相同，则打开扬声器，若不同，则关闭扬声器。

2. 影响对讲机使用的因素。

（1）系统参数。发射机输出的功率越强，发射信号的覆盖范围越大，通信距离也越远。但发射功率也不能过大，发射功率过大，不仅耗电，影响功放元件寿命，而且干扰性强，影响他人的通话效果，还会产生辐射污染。各国的无线电管理机构对通信设备的发射功率都有明确的规定。通信机的接收灵敏度越高，通信距离就越远。

（2）环境因素。环境因素主要有路径，树木的密度，环境的电磁干扰，建筑物，天气情况和地形差别等。这些因素和其他一些参数直接影响信号的场强和覆盖范围。

3. 对讲机的使用。使用对讲机时，应遵循通讯规定和通讯纪律，坚持"先听后发"的原则，网内无人通话时再发话，避免"插叫""对发"，从而造成网络堵塞和干扰。

（1）收话。收话时按顺时针方向转动对讲机的PWR/VOL控制钮，对讲机自动处于收话状态，用ENC/SQL（信道选择钮）选择对讲机的工作信道。

（2）发话。发话时先按住发射键（PPT），讲话时PPT键必须按紧、压实，话筒距嘴的距离约10cm，话筒倾斜45度左右，讲完话后随即松开，讲话要做到准确无误，平衡均匀，清楚流利，间隔分明。

数码的读法是：1 读"腰"；2 读"两"；3 读"三"；4 读"四"；5 读"五"；6 读"六"；7 读"拐"；8 读"八"；9 读"勾"；0 读"洞"。

（3）通话程序。通话程序包括呼叫程序和回答程序。呼叫程序为：叫对方电台呼号 3 次，报自己电台呼号 2 次，叫"请回答" 1 次。回答程序为：叫对方电台呼号 2 次，报自己电台呼号 2 次，叫"请回答" 1 次。

4. 警用无线通信网及对讲机应用应注意的事项。

（1）配置好对讲机的频率资源。对讲机的频率资源，要在上级分配好的资源内进行再配置，例如，在统一行动及大型安保活动时使用统一频率，在平时巡逻、特别行动等时候使用固定频率，尤其是规定的特别行动频率，不得被随意占用、使用，确保各类行动的指挥顺畅。各辖区派出所确保有一台对讲机 24 小时值班，值班巡逻民警巡逻前可先拨打该所值班室的呼号。在一般情况下，按重拨键→发射键进行点对点呼叫，以免占用信道，尤其是晚上，不会影响到其他民警工作；当需要值班领导指导或兄弟单位民警支援时，则直接按发射键进行呼叫。

（2）警用对讲机的使用一定要按规定操作。警用对讲机的维修等要严格按照规章制度操作，杜绝与民用对讲机串信，防止泄密。

（三）车载台的使用

车载台是一种能安装在车辆、船舶、飞机等交通工具上并直接由外部电源供电的，使用外部天线的无线电对讲机。

1. 用途。车载台安装在车上，并由车上电源供电和使用车上天线。其既可以安装在汽车上，又可以安装在室内，主要用于交通运输、生产调度、安保指挥等业务，体积较大。

2. 功率及通话距离。车载台功率不小于 10W，一般为 25W。最大功率中 VHF 为 56W、UHF 为 50W。还有个别车载台在某一频段的功率达到 75W。车载台的电源电压为 13.8V，因为车载对讲机发射功率较大，所以通话距离比常规手持对讲机要远很多，通信距离可达到 20 公里以上。在无线通信网络中，通过中转台的通信距离明显增大，可达数十公里。

3. 特点。车载台发射功率大，通话距离远。

4. 车载台的使用。

（1）使用车载台时，汽车应处于启动状态。当汽车熄火时，从保护电瓶的角度出发，长时间使用车载台通信，容易导致汽车电瓶电压过低，从而导致电瓶没有足够的电压供汽车启动。

(2) 防止因高温或电源线破损短路引起汽车自燃,故应选用高品质的电源线,纯铜横截面为 2.5cm² 内芯,采用耐高温硅胶套电源线。

(3) 当车载台使用大型车辆的 24V 电瓶时,应另安装电源适配器(即 DC_IN24V 转换 DC_OUT12V),不能单独接一组电瓶,否则容易造成电瓶损伤。

(4) 当车载台发射时,人身应尽量避免接触或者靠近天线,特别是眼睛、面部或者身体其他裸露部分不能接触天线,以防被电磁波灼伤。

(5) 在操作之前,应该仔细检查全部连接头,特别是天线与车载台之间的接头应该拧紧密封。

(6) 车载台应该良好地接地(机壳与汽车机身应良好接触)。

(四)车载监控系统的使用

车载监控系统是由车载终端、传输网络和监控中心组成的三层联网式综合监管系统,具有车辆防盗、反劫、行驶路线监控、车内车外视频图像实时无线传输、事故快速响应、呼叫指挥等功能,以解决现有车辆的动态管理问题。

1. 系统组成。车载监控系统的主要组成部分为:车载终端(包含车载 SD 卡录像机、车载 U 盘录像机、车载硬盘录像机、车载摄像机等),监控中心,传输网络等。

2. 车载终端。车载终端是车辆监控管理系统的前端设备,一般隐秘地安装在各种车辆内,车载终端设备主要由车载视频服务器、LCD 触摸屏、外接摄像机、通话手柄、汽车防盗器等各种外接设备组成。

3. 监控中心。监控中心是调度指挥系统的核心,是远程可视指挥和监控管理平台,对所有现场车辆实施监控,实现音视频双向交互指挥,在监控中心的电子地图上就可以显示车辆所在的直观位置,并通过无线网络对车辆进行监控设置,例如,通过配置云台,可以遥控车载前端摄像机。

监控中心同时可实现对可控范围的运营车辆进行实时、集中、直观地监控和调度指挥,并能与 110、119 接处警中心联动,以便能在发生警情时及时出动警力到达现场,保障应急处理的效率。

4. 传输网络。与采用有线网络的固定监控有所不同,车载终端依赖于卫星和基站对车辆进行监控。

思考与讨论

福建省公安厅对于全省的110报警服务台的技术装备提出新的要求：公安机关应为110报警服务台配置通讯工具、枪支、警械、防弹背心及绳索、急救包等警用装备和救援器材，装备能自动显示主叫号码等三字段信息的接警、录音系统，有线、无线指挥调度系统，相应的信息查询终端和必要的办公设备、交通工具，并配备专业技术人员，保证设备处于良好运行状态。有条件的地方，应装备图像监控系统、公安地理信息系统（电子地图）、移动目标卫星定位系统和移动指挥通信系统等现代化设备，不断提高接处警工作的科技含量。110专用警车应有统一标志，并标注所属单位。处警民警应按规定着装，保持警容严整，携带必要的武器、警械、通讯工具、救护设施等处警装备。

警用通讯工具在110报警服务台的作用有哪些？

学习单元四

巡逻勤务

学习任务一　巡逻勤务的实施

学习目标

了解巡逻勤务的内涵、分类、职权及巡逻警区的基本知识；掌握巡逻路线和队形的选定，巡逻的方法和程序；掌握巡逻勤务的具体实施方式和在巡逻中对犯罪嫌疑人和犯罪行为的识别

案例引入

2017年1月15日凌晨，临川公安分局上顿渡特巡警中队民警巡逻至上顿渡城区新城的群利网吧时，安排一名便衣民警进入网吧巡查。只见网吧内只有一名男子，便衣民警对其观察后发现，该男子虽看似瞌睡连连，但眼睛却一直没离开过熟睡的网吧收银台网管。为了不打草惊蛇，便衣民警随即来到网吧门外继续观察。没过多久，该男子便神色慌张地离开网吧。特巡警兵分两路，对该男子进行跟踪的同时，进入网吧唤醒沉睡的网管，询问是否丢失物品。经网管确认，网吧柜台内两百多元现金被盗。确认情况后，特巡警很快便与跟踪男子的队员会合，并于新城建材二区将该男子抓获，从其身上发现被盗钱财。嫌疑男子刘某对其盗窃群利网吧柜台内现金一事供认不讳。

抓获刘某之后，特巡警队员并未松懈，再次返回街面巡逻。凌晨2时30分许，特巡警队员巡逻至上顿渡老农贸市场时碰到一名男子，该男子看到特巡警队员后异常紧张，擦身而过后多次回头观察巡逻车辆。他的种种行为令特巡警队员感到十分可疑，于是特巡警在距离男子一定位置时关掉警灯并派出便衣队员跟踪该男子。最终，特巡警队员发现该男子正推着一辆电动车步行。经查，该嫌疑男子梁某对其盗窃电动车的行为供认不讳，且供述出其他多起盗窃案件。后特巡警队员将嫌疑男子刘某、梁某移交上顿渡派出所处理。

思考：
1. 巡逻勤务的作用有哪些？
2. 在巡逻勤务中，如何对犯罪嫌疑人进行识别？

 任务分析

巡逻勤务是对社会面进行动态控制的有效方式，其目的在于纠正和处置各种扰乱公共秩序、妨害公共安全的违法犯罪的行为。因此特巡警在巡逻过程中，要明确巡逻勤务的内涵、分类、任务，掌握巡逻路线和队形的选定，巡逻的方法和程序，巡逻勤务的具体实施方式和在巡逻过程中对犯罪嫌疑人和犯罪行为的识别，以实现"维护治安，服务社会"的基本职责。

 理论导航

一、巡逻勤务的内涵

（一）巡逻勤务的概念

巡逻，英文"Patrolling"一词，源于法语"Patrouiller"，原意是跋山涉水、披星戴月、沐雨栉风、随臭逐污、不避艰险、不眠不休。在中国古典文献中，"巡""逻"二字常常分开使用。据《辞海》载：巡，是指往来观察；逻，是指巡察。把"巡""逻"二字结合为一词，较早出现于宋代文献中。其中的"巡逻"有巡回侦察之意。

纵观古今中外，巡逻作为一种工作方法被广泛加以应用。例如，军事上的巡哨；王室、大户人家的仆人、家丁的护院；我国古代皇帝的巡幸；民间的巡更；等等。

作为警察部门的一种工作方法，巡逻勤务是指人民警察在一定范围或区域内巡回观察周围的各种治安情况，发现、纠正和处置各种扰乱公共秩序、妨害公共安全的违法犯罪的行为，对社会面进行动态控制的一种勤务方式。

（二）巡逻勤务的特点

巡逻的实践一再表明，巡逻勤务具有目标范围大，不确定因素多，动态管理明显等特点。

1. 目标范围大。巡逻勤务具有目标范围大的特点。巡逻所保护的目标和范

围比起其他勤务来要大得多,是多目标、大范围的运动式守卫。

2. 不确定因素多。由于巡逻的目标范围大,因此巡逻过程中会遇到许多复杂的情况,甚至有预想不到的突发性事件。这种不确定因素,时常出现在巡逻的过程中。这就需要特勤人员有选择、有重点地对治安情况复杂、容易发生问题的场所以及财物集中的要害部位进行巡查警戒。

3. 动态管理明显。巡逻是一种动态管理,它在较长的路线上,进行着全面了解被保护目标和范围的基本情况的细致工作,并针对有关问题加强实施各种安全措施。为了保证社会的安全,巡逻人员一般采用徒步或骑车的方式,围绕有关场所、部位、路段进行巡回游动。

4. 特定性。巡逻的范围是特定的,目的也是特定的。

5. 主动性。巡逻是"主动进攻式"的守卫,它通过巡逻观察,主动发现问题,消除不安全因素。

(三) 巡逻勤务制度

巡逻勤务制度是为了保证切实落实巡逻勤务而要求全体巡逻民警必须遵守的规则和准则。其主要包括:

1. 出巡制度。出巡制度是指巡逻民警在巡逻之前以及在巡逻过程中应当遵守的制度。其主要包括:一是参加派勤,明确巡逻任务和注意事项,检查警容风纪、警械装备和通讯器材等;二是接受巡逻任务后,按照一定的方式进行巡视。

2. 记事制度。记事制度是指要求巡逻民警记录巡逻情况的制度。记事内容主要包括:巡逻的起止时间,巡逻路线,巡逻范围内的治安情况,社会动态,预防和制止违法犯罪的情况,为民服务的情况,检查安全防范的情况,纠正警容风纪的情况等。记事制度既保证了公正考核巡逻民警工作,又保证了掌握社会动态、总结经验的资源。

3. 报告制度。报告制度是指巡逻民警在巡逻过程中,遇到情况尤其是重大情况时,应及时向上级报告的制度。对于其职权范围内的一般情况,巡逻民警应当积极处理,事后报告,逐级报告。如果发生超越其职权范围或自己无法控制的情况时,例如,非法游行、集会、上访、闹事以及重大灾害事故等,应当在先期处理的同时,向上级报告。如果是十分紧急的情况,可以越级报告。

4. 交接班制度。交接班制度包括巡逻民警应当在指定的地点、时间进行交接班;交接班时,上一班人员应当向下一班人员交待巡逻路段或区域的基本情况以及有关问题，并按照有关规定履行警械装备的交接。交接班时，应互相敬礼。

5. 查岗制度。查岗制度是为了监督巡逻民警的工作而实行的制度。检查内容包括：警容风纪，巡逻情况，履行职责情况等。查岗可以由专门的查岗部门进行，也可以是领导进行抽查等。

（四）巡逻勤务的任务

由于巡逻的范围和保护目标不尽相同，所以巡逻的侧重点也有所区别。但从实践情况看，其具体任务不外乎以下几个方面：

1. 维护巡逻区域内和保护目标周围的正常治安秩序。一般来说，之所以进行巡逻，是因为所辖地段、场所的治安情况复杂，公共秩序混乱，妨碍了正常的生活秩序。因此，巡逻的主要任务之一是维护巡逻区域内和保护目标周围的正常治安秩序。

2. 预防、发现、制止各种违法犯罪行为。巡逻作为一项专门业务活动，为了保证巡逻区域内的正常秩序和人、财、物的安全，必须充分利用巡逻对时空控制的有利条件，堵塞各种违法犯罪活动的空隙，提高预防、发现、制止各种违法犯罪行为的能力，防止各种危害的发生。

3. 及时发现各种可疑情况，抓获现行违法犯罪嫌疑人。执行巡逻任务的特勤人员，对一切可能影响巡逻区域和守护目标安全的可疑迹象，都应纳入视线，细心观察，提高警惕；对有违法犯罪嫌疑的人员都要进行必要的盘查，搞清其身份，查清疑点。

4. 现场保护。在巡逻的区域内，一旦发生案件或事故，要主动地、积极地配合有关方面做好案件或事故现场的保护工作，要根据现场保护的规定和要求，划定保护范围，布置警戒，维护秩序，不准无关人员进入现场，更不得随意触摸、移动现场的任何物品。例如，在现场发现犯罪嫌疑人尚未逃脱时，应及时抓获，或进行严密监视，防止其逃跑、行凶、自杀或毁灭证据；对于凶杀、爆炸、火灾等现场，在抢救生命财产，扑灭火灾、火险，排除交通障碍等过程中，要注意尽量使现场少受破坏。

5. 检查、发现防范方面的漏洞。执行巡逻任务的人员，一方面，要针对巡逻范围和保护目标的特点，认真负责，切实做好防火、防盗、防破坏等安全防范工作，保证巡逻范围内的人、财、物的安全，维护良好的治安秩序；另一方面，要针对不同场所、不同部位在防范方面存在的某些漏洞，认真检查，及时发现。

6. 在巡逻范围内，一旦发生突发性事件或意外事故，巡逻人员要全力维护好现场秩序，协助有关方面做好人员、物资抢救工作，并对群众进行劝导、教育、疏散等平息事态的工作，同时应注意发现故意煽动闹事的人。

（五）巡逻勤务的作用

1. 预防违法犯罪行为的发生。预防违法犯罪行为的发生是警察巡逻的主要作用。最初的警政专家在设计警察巡逻制度时，均认准一个道理：警务工作的重点在于预防犯罪，并消除其于无形。各类违法犯罪行为，均为违法意图与违法机会结合而成。因此，消灭两种因素，实为警察人员的基本职责。不过，无论警察如何努力，均不能消灭犯罪意图。但巡逻警察可以通过全天候的时空控制，客观上造成一种警察无所不在的印象，尽可能消除违法机会，从而预防和减少各类违法犯罪行为的发生。

2. 维护公共安全和社会秩序，增强公众安全感。警察进行全时空巡逻，对整个社会面进行控制，对一切危害国家、社会与人民安全的活动均进行取缔和打击，以维护社会的安宁。同时，巡逻使守法者心目中产生了警察无所不在的印象，使他们感到警方在致力于制止违法犯罪，并可随时随地提供援救，无形中增强了公众的安全感及对警方的满意度。

3. 提供服务，促进警民关系，便于公众监督。由于巡逻警察的"办公室"就在街面上，置身于群众之中，使得他们有更多的机会与奔走、困乏于街头寻求帮助的公民相遇，加上社区居民均能"开门见警"，其为群众办好事、办实事，为群众排忧解难，提供服务，因此，均较之其他勤务方式发挥得更为充分。这既树立了人民警察的高大形象，也提高了警民关系的质量。同时，其一言一行都要受到公众监督，较之"办公室中的勤务"监督面宽，透明度高，因此，更能促进警察队伍职业道德风貌的建设。

4. 协助其他行政工作。巡逻警察除完成本职工作外，常常由于其标志明显，而被市民看成是政府的"巡回大使"。他们有更多的机会听取不幸市民的申诉，接听不满意的电话呼叫，或接收控告与检举。政府也往往令巡警负本职工作以外之职责，以协助工商、税务、市政、市容等部门的行政工作，这在我国被称为"巡警综合执法"。这一作用是当前各国警察巡逻勤务的又一发展趋势。虽然有人以有悖巡警职责为由提出非议，但无论如何，这不失为政府改变政出多门之现象、提高效率的一种有效方法。

5. 及时了解和掌握社会动态。由于巡逻警察能深入街头巷尾，对人员往来、集会结社、群众聚散、流氓滋事等事件、事故以及群众对党的路线、方针、政策的各种反应均能及时了解、收集，获得第一手资料。巡逻警察对了解、收集以及获得的资料经过去粗取精、去伪存真后，及时报告给有关部门，以供领导机关研究处理。

6. 是培养警员的"课堂"。巡逻的工作对象十分广泛，它既能锻炼警员的各方面能力，丰富和积累必要的警察工作经验，又能磨练警员的艰苦意志，培养敬业精神。

二、巡逻勤务的分类

（一）根据巡逻所使用的交通工具的不同进行划分

1. 步巡，即徒步巡逻，是世界上最古老、最普遍、最重要、最简单的巡逻方式，且日益受到一些国家警察机关的重视。

步巡的主要优点是：①巡行地区普遍，不受天气、地形的限制，大街小巷、崎岖偏僻地区，巡逻人员都能走到；②巡逻人员的精神和注意力比较集中，行动自如，能清楚地观察人、地、物、事、时的状态和变化，又能听到各种声音，便于处理治安问题，增加群众安全感；③便于联系群众，了解群众，服务群众，指导群众，密切警民关系；④便于更多地了解、搜集社会情况，成为警察机关的重要信息来源；⑤消耗经费较少，任何警察机关都能实施。

步巡的缺点是：①巡逻人员体力容易疲劳，影响巡逻效能；②速度迟缓，视野狭小，活动范围有限，遇事处理慢，影响巡逻进程；③缺乏机动性，不便于调遣，降低了其处理紧急事件和从事勤务支援的能力；④占用巡逻人员较多。

虽然步巡存在以上缺点，但其在预防犯罪、维护社会治安、服务群众方面的作用是巨大的，不可轻易取消。步巡一般在繁华街道、复杂公共场所、重点地区使用。在通常情况下，徒步巡逻组由2～4人组成。步巡时，巡警之间应保持一定队形和距离。巡逻队形应保持一前一后或一前二后为宜；队员间的距离应以动作方便、不易走散为原则。步巡速度不宜太快，否则既易疲劳，又不易发现问题。在巡逻中应注意接近群众，并可找一些公共场所的工作人员或其他执勤人员了解情况，以利工作。

2. 自行车或电动车巡逻。近年来，美国一些城市的警察机关认为寻找到了一种既不增加开支，又能加强巡逻效果的巡逻方式——自行车或电动车巡逻。与其他巡逻方式相比，自行车或电动车巡逻具有以下优点：①速度快、路线长、范围广；②行动敏捷，无声音，无光亮；③转弯迅速，停放方便，操作自如，任何地方均可到达；④经济实用，易于保养与维修，能大量地节省经费；⑤能真正做到"招手即停，一呼即应"，广泛接触群众，融洽警民关系。其缺点在于，面对犯罪工具的现代化、机动化，自行车或电动车巡逻在追捕逃犯方面显得力不从心；同时，在车辆行人拥挤路段、崎岖的道路，自行车或电动车巡逻的优势难以得到较好地发挥。

自行车或电动车巡逻组一般为 2~3 人，巡逻时保持纵向队形。相互距离不可过远也不宜过近。巡逻速度视巡逻区域情况而定，路宽人稀处，速度可稍快；路窄人多处，速度则应相应减缓；人多拥挤处，还应下车推行。

3. 摩托车巡逻。摩托车巡逻用于巡逻城市交通干线、城郊结合部、郊区新村及随护贵宾等勤务。

摩托车巡逻的优点主要表现在：①速度快，适宜于追击违章车辆，追捕人犯；②灵活，能进入街头小巷，以及边远地区；③可携带较多的通讯设备，便于传达与通讯；④便于快速赶赴现场，制止犯罪，平息事件，具有较强的威慑力；⑤能保持较好的精力与体力，树警容，立形象；⑥较之汽车巡逻费用少。

摩托车巡逻的缺点主要表现在：①由于要集中精力驾驶，对外界事物的观察、注意力不能集中；②噪音较大；③车辆购置、使用、维修费用较大。

4. 汽车巡逻汽车巡逻是警察巡逻勤务现代化的一个主要标志。它是本世纪初汽车工业发展这个外部条件，以及警察机关寻找节省人力、提高巡逻速度这个内部动因，两者结合的必然产物。在美、英等发达国家，汽车巡逻已经被广泛运用。

汽车巡逻的优点主要体现在：①速度快，巡逻范围大，活动力强，可快速赶赴现场，便于捕获人犯；②通讯便利，因安装无线电话于车上，便于与指挥中心和其他有关部门、人员联系；③车身容量大，乘坐人数多，可携带一切应勤工具，起到流动派出所的作用，便于处理问题；④巡逻人员精力集中，不易疲劳；⑤可以节省人力，震慑性、机动性很大。

汽车巡逻的缺点主要表现在：①走马观花，难以仔细地观察周围情况，发现问题；②易受天气、道路、地形等条件的限制，容易形成巡逻不到的"死角"；③不便于联系群众，服务群众；④经费开支较大。

在通常情况下，摩托车巡逻组为 3～4 人，摩托车 1～3 辆；汽车巡逻组为 4～8 人，汽车 1～2 辆。在巡逻时，车辆应坚持中、慢速度行驶；行进中应经常与指挥部保持联系，以便及时掌握全面情况，迅速赶赴现场，处置问题。乘坐机动车的巡逻队员应密切注意车外动向，及时捕捉情况。

5. 舟巡。舟巡是指警察驾驶船、艇等水上交通工具在江、河、湖、海等水域上进行巡视检查。

在水域上进行检查，应坚持中速行驶，除了陆上巡逻所使用的器械外，还必须配备高音喇叭和手持话筒，以便宣传和喊话。艇上除了一名驾驶员外，还必须配备机修工等艇上必需的专业人员，巡逻组的人员一般为 3～5 人。

在舟巡中发现可疑船只时，首先要求其减速靠边接受检查。待巡逻艇靠近后，或上船进行检查，或叫船上负责人到巡逻艇上接受调查。

6. 空巡、骑巡。美国纽约市警察局于 1946 年开世界都市警察以飞机巡逻之先河。当时的飞机巡逻担负下列勤务：①紧急服务；②公路巡逻；③救护危难中的人；④追踪重要案犯。现在飞机巡逻已被越来越多地运用于侦察草原、森林火情，大型活动保卫，追捕重要案犯等工作上，这种大范围地了解情况是任何交通工具都很难做到的。

骑巡早期盛行于欧美各国，现在英国还较为盛行。其活动范围较广，速度较快，在追捕人犯、处置案件中发挥的作用较为明显。在我国，目前其在草原、沙漠、边疆等地运用较为普遍。

（二）根据巡逻路线的不同进行分类

巡逻民警由于所巡逻区域情况的不同，需要采取不同的巡逻路线，其主要有下列巡逻方式：

1. 直线巡逻，即巡逻民警沿着巡逻路段，做直线式巡逻。这种巡逻方式便于观察路段的情况，接受公众的报案和求助。美国纽约市大多采用这种方式。

2. 环形巡逻，即在包括横直路段的巡逻区域，进行环绕式的巡逻。这种方式使得民警无法观察到拐弯路段和平行路段的治安情况，但巡逻范围较直线巡逻宽。

3. 直线、环形交错巡逻，是一种盛行于英国的巡逻方式（In and Out Type），是指在一条主要街道，两侧分布若干环形巡逻区，巡逻民警按一定方向进行全面巡逻的形式。

根据巡逻民警在一定时期内,是否以固定路线进行巡逻,分为定线巡逻、乱线巡逻。定线巡逻有利于督促巡逻民警周到诚恳地完成巡逻任务,但容易让歹徒掌握规律乘虚而入;乱线巡逻则没有规律可循,能起到普遍的警戒作用,但如果巡逻民警漏勤或偷懒,则不宜监督。

(三) 根据巡逻的参加人员进行分类

我国警察巡逻体制是以设立一个专司巡逻的新警种——巡警为基础的,而派出所治安警察、交通警察等其他警种又有自己的巡逻任务,所以可以根据参与巡逻的人员进行如下分类:

1. 巡警巡逻,就是由专司巡逻的巡警进行的社会面的巡逻。

2. 派出所民警巡逻,通常是由派出所民警或由其带领保安或群众性治安联防组织进行的本辖区内社区或居民区的巡逻。

3. 交通民警巡逻,是指交通民警为及时纠正违章行为,预防事故发生,以保证交通安全有序、迅速地进行所组织的巡逻。

4. 由防暴民警、治安民警、交通民警、武警等组成相对固定的联合执法队伍巡逻。

由于各警种具有不同的职责和权力,所以在巡逻时,一方面,往往是各管一摊,只注意自己的职责范围,从而造成警力的浪费;另一方面,存在职权交叉时,会产生互相推诿或争相管理的情况。

(四) 根据巡逻人员是否着装进行分类

1. 着装巡逻。通常的巡逻都是着装的,着装巡逻更能起到震慑作用,更能让公众产生安全感,也便于公众在人来人往中发现警察,进行求助或报案。

2. 便衣巡逻。便衣巡逻也是公安机关经常采用的巡逻方式,有利于发现和抓获现行违法犯罪。在执行便衣巡逻时,要随身携带工作证件;若携带警械、武器等装备,则要进行隐蔽和伪装,防止暴露身份。采取便衣巡逻必须报经公安派出所所长批准并进行备案。

三、巡逻勤务的职权

(一) 巡逻勤务的职责

"维护治安,服务社会"是执行巡逻勤务时应该履行的基本职责。"维护治安"是指通过巡逻及时地发现并打击违法犯罪,加强动态环境下对社会治安的控制，同时震慑违法犯罪，维护社会治安秩序；"服务社会"是指在巡逻过程中，及时地为社会服务。由于我国的治安巡逻勤务主要由巡警和派出所民警分别承担，所以，对他们的具体职责有不同的规定。根据《城市人民警察巡逻规定》的规定，在执行巡逻勤务的过程中，巡警应当履行以下具体职责：

1. 维护警区内的治安秩序。巡警要及时收集本警区内的治安信息，了解与掌握本警区内的社会治安动态；及时发现和消除可能引发治安问题的苗头；及时处理正在发生的治安问题，确保警区内的良好治安秩序。

2. 预防和制止违反治安管理的行为。巡警应根据本警区治安问题的特点，加强宣传，采取预防措施，减少违反治安管理行为的发生；对正在发生的违反治安管理的行为，要及时制止，以防止事态进一步扩大，造成严重后果和不良影响。

3. 预防和制止犯罪行为。巡逻要造成警察"无时不在、无处不在"的效果，以对犯罪分子起到震慑作用。同时，要对警区内的沿街摊位、商店、单位进行安全防范宣传，督促防范措施的落实，以减少警区内犯罪行为的发生。对正在发生的犯罪行为，要做到闻警而动，快速反应，快速出击，及时抓获现行犯罪分子，打击各种犯罪活动。

4. 警戒突发性治安事件现场。对警区内发生的突发性治安事件，巡警应及时赶到现场进行先期处置，控制事态，防止其进一步发展。同时，应划定警戒区域，制止无关人员进入，及时疏导交通和行人，维护好现场秩序，并协助有关部门进行处置。

5. 参加处理非法集会、游行、示威活动。遇有非法集会、游行、示威活动时，巡警要及时进行劝阻和制止，对参加非法集会、游行、示威活动的人员进行宣传教育，控制事态发展。此外，要迅速向上级部门报告。

6. 参加处置灾害事故，维持秩序，抢救人员和财物。巡警应根据不同的灾害事故情况，采取相应的措施，把灾害事故的损失降到最低程度。迅速组织人员抢险救灾，救护伤员，疏散群众，同时及时通知有关部门处理事故。

7. 维护交通秩序。巡警要积极协助交通民警纠正和处罚违章者，保护交通事故现场，疏导车辆行人，维护良好的交通秩序。

8. 制止妨碍国家工作人员依法执行职务的行为。当其他有关部门，如工商、税务、环卫、城管等部门的国家工作人员及其他民警在依法执行职务，受到妨碍或不法侵害时，巡警应立即制止这种行为的发生和发展，协助他们依法执行公务。

9. 接受公民报警。巡警要认真受理公民报警，接警后要做到快速反应，及时赶赴现场，进行先期处置。

10. 劝解、制止在公共场所发生的民间纠纷。巡警对发生在公共场所的民间纠纷，应主动进行调解、疏导和制止，防止民间纠纷进一步扩大成治安案件甚至刑事案件，消除影响社会治安秩序的隐患。

11. 制止精神病人、醉酒人的肇事行为。当发现精神病人、醉酒的人对其本人造成危险或对他人的人身或财产构成威胁时，巡警要及时采取强制性约束措施，制止其肇事行为。对于精神病人，要通知其亲属或监护人带走，并加强看管监护，或者收容治疗、收容遣送。对醉酒的人可视情况采取约束措施，待其酒醒后再对其进行教育；如其有违法行为的，根据有关规定予以处罚。

12. 为行人指路，救助突然受伤、患病、遇险等处于无援状态的人，帮助遇到困难的残疾人、老人和儿童。巡警在巡逻中，遇有上述情况时，要主动热情地提供帮助，及时为上述人员排忧解难，以进一步密切警民关系，树立人民警察的良好形象。

13. 受理拾遗物品，设法送还失主或送交拾物招领部门。巡警对遗失物品要认真进行登记，并及时寻找线索送还失主。如一时找不到失主的，要送交拾物招领部门处理。

14. 巡察警区安全防范情况，提示沿街有关单位、居民消除隐患。巡警在巡逻的同时，要向警区内的有关单位、居民进行宣传，增强其安全防范意识，发动群众共同采取安全防范措施。同时，对于这些措施的落实情况要进行督查，以及时发现和消除隐患，预防和减少警区内治安问题和各类案件、事故的发生。

15. 纠察人民警察警容风纪。巡警作为公安机关的一个重要窗口，除自身要保持良好的警容风纪外，对于在巡逻中发现违反警容风纪的人民警察的行为，要及时予以纠正，对严重违反警容风纪的，要报有关部门给予处分。

16. 执行法律、法规规定由人民警察执行的其他任务。

（二）警察巡逻的权限

巡逻的权限是指国家根据巡警的任务和职责，以法律、法规的形式赋予巡警在巡逻中行使的一定的权力范围。巡逻的任务、职责决定了巡警的权限，而巡警的权限又是实现巡警基本任务，履行具体职责的前提和保证。根据《城市人民警察巡逻规定》的规定，人民警察在巡逻执勤中依法行使以下权限：

1. 盘查有违法犯罪嫌疑的人员，检查涉嫌车辆、物品。

2. 查验居民身份证。在巡逻执勤中，有权根据《中华人民共和国居民身份证法》的有关规定查验公民的居民身份证，以便发现违法犯罪分子和核实有关情况。

3. 对现行犯罪人员、重大犯罪嫌疑人员或者在逃的案犯，可以依法先行拘留或者采取其他强制措施，以制止犯罪，抓获现行犯罪的人员、犯罪嫌疑人员和在逃的案犯。采取的强制措施不得超过必要的限度，以免造成不应有的损害。

4. 纠正违反道路交通管理的行为，并依法进行处理。

5. 对违反治安管理的人，可以依照《中华人民共和国治安管理处罚法》的规定，执行处罚。对不适宜进行当场处罚的，应将行为人移送当地派出所进行处理。

6. 征用非警用交通、通讯工具。在追捕、救护、抢险等紧急情况下，经出示证件，可以优先使用机关、团体和企业、事业单位以及公民个人的交通、通讯工具。用后应当及时归还，并支付适当费用，造成损坏的，应当赔偿。

7. 行使法律、法规规定的其他职权。如在紧急情况下使用武器、警械的权力，以及根据一些地方规定行使综合执法的权力等。

四、巡逻警区

（一）巡逻警区的概念

巡逻警区是巡逻执行机构为了便于巡逻，依照一定的原则和方式，将其辖区划分为若干个小的执勤区域，同时根据勤务规划，将警员安排到这些执勤区域执行勤务，并明确警员的责任。这些小的勤务区域便是巡逻警区。

在各国警察的巡逻勤务中，尽管其巡逻基本区域单位的称谓不同，但巡逻警区这一概念，在各国警政制度中是普遍存在的。任何国家的警察机构都必须将其管区依次划分为若干小管区（市局、分局、派出所等），每一个小管区又被划分为若干个巡逻区域，只有将巡逻落实到各个小的基本区域当中，才能体现政府对整个社会的全面控制，以保证警察的触角延伸到社会治安的方方面面。

（二）巡逻警区的划分方法

1. 人口划分法。警察巡逻任务的繁重与否与人口的多寡有着密切的关系。在通常情况下，人口多的区域，警察巡逻业务复杂；人口少的区域，警察巡逻业务简单。因此，人口集中的地方（如城市、商区），巡逻警区的范围就小，人口稀疏的地方（如乡村、旷野），巡逻警区的范围就大。在重视人口管理的警政体系中，多依据人口标准对巡逻警区进行划分。

2. 面积划分法。面积划分法与警区巡逻所采用的交通工具密切相关。确定巡逻警区面积应遵循如下公式：$S = V \times T$（S = 巡逻警区面积，V = 巡逻速度，T = 每次巡逻时间）。警察采用徒步巡逻时，考虑到徒步巡逻警员的体力及视力所及，一般规定 2 小时为一巡逻班次，徒步巡行正常的速度一般为 4～5km/h，则巡逻警员巡行一圈最大周长为 8～10km，那么，巡逻警区的面积为 2～3 平方公里较为适宜；如采用自行车或马匹巡逻，自行车或马匹的行程速度如按 11～14km/h 计算，则巡逻警区面积应适当扩大至 7～8 平方公里；如用汽车或直升机巡逻，其面积可达数十或数百平方公里。

3. 业务量划分法。以巡逻业务的分量来划分巡逻警区的大小，是较为科学合理的划分方法，也是目前世界各国警界普遍采用的方法之一。确定警察业务量多少的主要方法是进行"警察工作量统计"。警察机关应按地区对过去 5 年来警察业务的数量进行详细统计，并将该地区每日可能处理各种业务的平均数量与每种业务处理的平均时间计算出来。

（三）巡逻警区的种类与巡逻方式的选择

我国幅员辽阔，人文、地貌、治安状况等地区特性各异，因此，划分巡逻警区的依据不可能是单一的，由此带来巡逻警区的种类必然是多种多样，不同类别的巡逻警区对应的巡逻方式与巡区工作内容也是有差别的。概括起来，主要有以下四种：

1. 居民区或社区的巡逻方式。应以步巡为主，注重对居民的入户拜访调查。通过户口管理、人口调查、查验居民身份证等业务活动，掌握居民情况，对常住人口、暂住人口和流动人口进行了解，重点管理暂住人口、流动人口，掌握其中有违法犯罪嫌疑的人的动向，预防犯罪。警员应及时了解居民的需求，大力开展警民合作、警民共建等活动，积极为居民排忧解难。运用民间的治安力量，开展以治安保卫委员会为主体的多层次的群防群治工作。

2. 公共复杂场所或繁华商业区的巡逻方式。以巡查、访查、检查为主要执勤方式，步巡、自行车或电动车巡为主，车巡为辅。巡逻工作以治安方面的监控为主，通过特种行业管理等手段布建治安信息情报网，掌握治安动态，加强接处警工作，包括接受110的指令和接受群众举报的处警。按照快速反应的整体要求，根据警情的不同性质和程度进行处置或前期处置；根据相应的运作方式和规范，接警后快速到达现场。

3. 重点单位、要害部位、地段的巡逻方式。应注重加强巡逻守望，对辖区进行严密控制，合理地设置巡逻治安岗亭，实行属地治安管理，协助辖区内的重点单位搞好保卫工作，预防、减少犯罪和治安灾害事故。加强辖区整体防控网络建设，动员组织群众开展多种形式的安全防范工作，建立起转群结合，人防、技防、物防结合，社会面和内部单位结合的防范机制。

4. 乡村、空旷地带、交通干线的巡逻方式。以车巡为主，有条件的地方，可以结合直升机进行空中巡逻，这种巡逻方式的特点是覆盖面广，应急反应速度快，可及时处置突发性事件。

工作流程

一、制订巡逻勤务方案

（一）巡逻勤务方案的实施原则

1. 分块包干，确保重点的原则。巡逻警察应针对本地区的实际情况，治安情况复杂程度及违法犯罪活动的特点，合理布局，分成若干个小区域。一般可将重点地段的巡逻区域划得略小一些，对一般地段划得略大一些。要明确各巡逻点的责任区，分片包干，定地段、定警力、定任务，各负其责。

在巡逻过程中，应以辖区内的复杂地段为重点，尤其是对易发案的车站、码头、偏僻区段、露天仓库等地点，更要适当多安排警力，加强防范。要加强巡区的联系与合作，互通情报信息，加强管理。

2. 点、线、面相结合的原则。"点"是指巡逻小组设置的治安岗亭、哨卡和观察点，它们是整个巡逻网络结构的支撑。应从全局战略的高度出发，选择辖区的政治、经济、文化活动中心、易发案的"热点部位"和主要交通要道口予以布建。这些点不仅要作为巡逻小组的基地，而且要成为整个社会治安动态管理中的有机组成部分，负责一定范围内的巡察、守望工作。"线"是指联络各个点的巡逻线路。必须组织巡逻力量，在联结点的交通干线上进行游动巡察。若干点联结并辐射出的线互相交织，就构成了治安巡逻的"面"。"面"是根据不同的治安情况、交通状况和巡逻警力的控制能力，划分为范围不同的巡逻区域，由巡逻队包干负责。

在实际工作中，大、中城市巡逻警察主要负责重要干线、重点地区的机动巡逻；分（县）局巡逻警察主要负责各辖区内的"面"上巡逻；派出所主要负责"点"上的巡察、守望。应注意的是，不管是"点""线"还是"面"的巡逻都不能单一，"线"与"面"的巡逻必须同"点"结合起来，主动配合，防止疏漏，并服从市公安局指挥中心的统一指挥与调度。

3. 以公开巡逻为主，公开巡逻与秘密巡逻相结合的原则。巡逻的主要任务从总体上讲就是"维护治安，服务群众"。巡警通过在街面上进行巡逻，及时发现犯罪、打击犯罪，加强动态环境下对社会治安的控制能力，对违法犯罪起震慑作用，以维护社会治安秩序；及时为群众排忧解难，履行人民警察为人民服务的宗旨。要实现这个任务，主要应当采取公开巡逻的方式：身着警服，携带警械，设立明显标志。只有这样，才能震慑犯罪，方便群众报案和求助。但公开巡逻有其自身的不足之处，主要表现在目标明显，标志醒目，虽对违法犯罪有震慑作用，但对抓获现行犯、通缉在逃犯和重大犯罪嫌疑人员难以发挥作用。这就要求采取秘密巡逻的方法，在大部分巡逻警察采取公开巡逻方式的同时，由部分巡逻警察身着便衣深入人多复杂或违法犯罪分子经常出没活动的地段，观察、掌握和了解违法犯罪分子的作案方法、手段和活动特征，获取违法犯罪的证据，然后伺机抓获。

4. 积极防范、教育疏导的原则。所谓积极防范，是指巡警在履行职责的过程中，要立足于防范，树立"防患于未然"的指导思想，注意随时发现和掌握各种危害社会治安的苗头，力争把违法犯罪、灾害事故、民间纠纷、群体性治安事件和各种肇事苗头制止、消灭在发生之前。这就要求巡警把主要精力放在预防工作上，勤于调查研究与安全防范检查，对警区内特别是容易发生问题的重点地段和部位，更要深入了解，做到心中有数，有备无患。要做到既突出重点，又照顾全面，发现影响社会治安的各种苗头就要及时解决，减少发案率。

所谓教育疏导，是指巡警在履行职责过程中，无论是处理违法犯罪人员或劝解和制止民间纠纷，还是处置群体性治安事件等，都要着眼于疏通思想，说服教育，缓解矛盾，妥善处理好各种社会治安问题。因此，要求巡警在警务活动中，不断提高处理能力。

（二）巡逻方法

巡逻的范围一般不是很大，所以安保人员是以徒步巡逻为主要巡逻方式。个别区域较大、道路条件较好，完全靠步巡还有一定困难的，可以采用驾车巡逻与步巡相结合的方法。不管是车巡，还是步巡，巡逻主要采用以下两种方法：

1. 定线巡逻与乱线巡逻相结合的方法。定线巡逻是指巡逻人员在一定时间内，按指定路线，实施有规律的巡回警戒、检查；乱线巡逻是指巡逻人员在其负责巡逻的范围内，根据巡逻任务的需要，自由选定巡逻路线，往返曲折地进行巡逻。定线巡逻的优点是便于联络，缺点是易被违法犯罪人员发现规律，乘机作案；而乱线巡逻则弥补了定线巡逻的不足，且有利于调动巡逻人员的积极性和主动性，能更好地预防、打击各种违法犯罪行为，做好全方位的控制。所以在巡逻过程中，要根据具体情况，选择定线巡逻，乱线巡逻或定线与乱线巡逻相结合的方法。

2. 采取点线结合的方法。所谓点就是在巡逻范围内的重点要害部位或容易出现问题的薄弱环节，确定专门力量对其予以警戒、保护，或在小范围内采取巡回的方法，有重点地对其予以巡查、警戒。在此基础上，同时采取定线与乱线巡逻相结合的方法，做到点线结合，这样既可以突出对重点、要害部位的保护，又可以兼顾一般部位，达到确保安全的目的。根据各地的实践经验，在巡逻过程中，在巡逻方法上应注意以下几个问题：①确保重点，加强协作，确保安全。②在时空控制上应注意系统管理。在巡逻过程中，要恰当地使用人力，明确巡逻的重点时间和重点部位，安排好路线和时间，做到时空上不断档，使整个保护目标始终置于巡逻人员的控制之下。③经常结合敌情和治安方面的新动向，研究一个时期内巡逻中应注意的问题和应加强的方面，并及时调整力量和改变巡逻方法。④经常教育巡逻人员增强敌情观念，要求每个巡逻人员在巡逻中全神贯注，细心观察，不忽视一点可疑迹象，不放过任何应该解决、处理的问题；夜间巡逻要更加注意行人、车辆的可疑点以及不正常的烟气、火光等。

（三）路线选择

路线选择是指巡警队为贯彻上级的巡逻部署或执行专门的巡察任务，需要根据警力、交通工具及巡区地理、社会治安等实际情况，确定巡逻线路及其次序。巡逻路线的选择应当考虑以下因素：

1. 最大限度地发挥现有警力与交通工具的效能，采取最佳配比形式。
2. 有效控制巡区，特别是重点的道路、区域、卡口。
3. 保证专门任务或临时任务的完成或目的的实现。
4. 紧急情况下，相邻线路、警区能够及时提供支援。

巡逻路线确定后，可在一定的时间内保持相对稳定，但要根据治安形势、巡逻效果、警力变化以及上级要求和临时任务的变化，不断作出调整。

（四）警力配置

警力配置即将同一班次的警员进行合理搭配，使之优势互补，以发挥巡逻中对人、事、物观察的最大效绩。为使警力达到最佳组合状态，必须考虑以下因素：

1. 经验。即从警多年、富有经验的警员与参警时间不长、经验较少的警员或新警员搭配。
2. 能力。即处理问题能力强、业务水平较高的警员与能力较弱、业务水平较低的警员搭配。
3. 年龄。即年龄较大的警员与年轻警员搭配。
4. 性格。即情绪偏急躁、外向性格的警员与态度温和、有耐心、性格内向的警员搭配。
5. 性别。有条件时，可考虑男女警员混合编组，尤其是在一些特定区域。
6. 如果有市局、分局的巡警队或武警与派出所民警共同执行巡逻勤务时，可以考虑巡警队员与派出所警员，武警战士与地方民警混合编组。

此外，还应考虑到警员间平时的私人关系，相互关系过于密切的不便于彼此监督；平时彼此有隔阂的则不利于值勤时协同。

警力配置的编组在一定时间内应固定，以有利于彼此熟悉和配合。

（五）巡逻的队形

巡逻要恰当使用人力，讲究巡逻队形，明确巡逻的重点时间、重点部位，安排好线路和时间，做到在时空上不断档，使整个保护目标始终在巡逻队员的控制之下。

二人以上同时实施巡逻勤务，要相互支援，以发挥集体力量的优势。执行巡逻任务时，对巡逻队伍要有严格的要求。白天要昂首阔步，自然大方，威武雄壮；夜间要保持警惕，注意行人、车辆表现出来的可疑点以及不正常的烟气、火光等，做到眼明、耳灵、脚轻，仔细判明各种声响、气味、光亮和可疑征兆。

巡逻队伍要全神贯注，细心观察，不可忽视一点可疑迹象，也不可放过任何应该解决的问题。通过墙角时要特别提高警惕，夜间行至拐角处时，应该放慢脚步，稍作停顿，先在墙角暗处观察动静，确无可疑情况再拐弯通过，以防犯罪分子突然袭击。

巡逻队伍沿墙边或树木阴影处行进，应当注意避开灯光，以便隐蔽自己，达到我先见敌，敌难见我的目的。一般情况下，巡逻安保人员不应在居民住所的楼下、门前逗留窃听，以避其嫌。巡逻必须采用走停结合，耳、目、鼻并用，时快时慢和突然改变进行方向的办法。

（六）巡逻的程序

1. 班前教育。班前教育一般在接班、出勤前20～30分钟，将全班巡警集中于警务集散处所，由带班长负责进行。其内容一般包括：①传达上级指示、通缉通报；②分析最新治安动态；③布置巡逻任务，交待要求、方法；④强调纪律、作风；⑤检查、整理警容、装备；⑥交流其他情况。

班前教育的形式以带班长训导为主，也可以根据情况组织警员讨论。班前教育是巡逻警察教育的重要形式之一，是保证巡逻任务完成并取得优良效果的前提条件。

2. 值勤联系、报告。值勤联系、报告是巡逻勤务的一项重要制度，它有助于巡逻组之间保持密切联络，使上级随时掌握社会治安动态，并有利于勤务监督。

巡逻警察当班值勤时，要经常保持与上级和相邻巡逻组的联系，互通情况、信息。对于需要请示处理、协助支援等情况，应及时报告；遇有紧急事件时，可以越权向指挥部门报告。

3. 值勤记录。值勤记录即由巡逻警察将当班值勤情况作文字记载。值勤记录既是考核巡警工作的主要内容，又是总结经验的最有价值的资料积累，还是核实有关情况的重要原始依据。

值勤记录由当班巡警在巡逻中随时记载在专用值勤簿上，收班时交领导审阅。值勤记录应当记载下列内容：①预防、查处违法犯罪的情况；②巡视、检查安全防范的情况；③处置其他妨害治安人员、事件的情况；④调解纠纷和为群众提供服务的情况；⑤重点人口活动的情况；⑥有关社情和治安信息；⑦其他治安动态;⑧纠察警容风纪的情况。对当班来不及处理的问题,以及经请示领导交由本班办理的事务,应当及时调查处理,并在事情办结后在值勤簿上加以补记。

4. 交接班。交接班制度是保证警察对巡区进行时空连续控制的有效勤务制度。交接班时应当注意的事项有:

(1) 下班巡逻组未到,上班值勤警察不得离岗,并应继续履行职责,听候指令。

(2) 上班交班时,应将该查未查之场所、区域、住户等,以及值勤中发现的需要监控的可疑之处,向下班警察交待清楚,并在值勤簿上记载;下班对上班交待的需要继续观察、监控的可疑处所须认真对待,尽职尽责。

(3) 下班巡逻组一般提前5~10分钟到达接班岗位,以便交接有关情况。除专门规定在警务集散处所交接班外,均以下班巡逻组前往上班值勤地接班为宜,特别是距离较远的值勤岗位和繁华、要害地点,这样可以避免由于巡警往返于路途而使警勤区失控。

在巡逻值勤时间,当班警察除存在以下情形并同时向上级报告外,不得擅自离开勤务区:①接到上级指令执行其他紧急勤务;②相邻巡逻组请求支援;③发现重大可疑人员、车辆需要跟踪控制或有现行违法犯罪分子逃跑必须追捕;④公民突然患病和因意外事故受伤等需要立即送医院抢救、治疗等。

5. 班后总结。班后总结一般在巡逻值勤结束交班后,集中到巡警队部,由带班长主持进行,时间一般20~30分钟。班后总结的内容主要包括:①各巡逻组汇报当班值勤情况;②交流有关信息;③总结当班工作,表扬先进,批评不足,提出改进措施。

班后总结既是警察巡逻勤务的一项制度,也是警员之间相互学习的机会和方式。通过班后总结,可以交流经验,取长补短,并及时发现问题,改进工作。

三、巡逻勤务中对犯罪嫌疑人的识别、发现和抓获

识别、发现、抓获犯罪的能力是巡逻警察的基本功。随着科技强警战略的实施,识别、发现犯罪虽然可借助电子眼、视频监控、痕迹物证检验等高科技手段,但在目前情况下,高科技不可能每时每刻跟随每一名普通民警。因此,更重要的是,基层巡警自身具有识别、发现犯罪的必备能力。

(一) 识别犯罪嫌疑人

在茫茫人海中,识别出各类可疑人员,确非易事。巡警要有强烈的事业心、

责任感，要带着敌情，满怀强烈的擒敌欲望去"看"。使心里"装"着的东西与现实发现的东西在头脑中快速碰撞，在碰撞中产生"灵感"，从而捕捉到目标。

1. 看相同之点。犯罪嫌疑人作案，不可能在真空中进行，总会留下蛛丝马迹。其体态、口音、衣着、长相乃至携带物品、交通工具、盗抢赃物特征等，都是巡逻民警捕捉犯罪目标时可利用的条件。所谓看相同之处，就是要看与本地近期多发性犯罪相同、相近、相似的上述各方面情况，从中发现可疑现象，抓获犯罪分子。

2. 看不同之处。人们在社会生活中，有其合乎规律的普遍特征，其衣着、携带物品也大都相符身份职业。"姑娘带上毡帽，老头坐上花轿"，人们对此一定觉得荒唐可笑，但对挤公共客车的人挤来挤去不上车或来回挤来挤去，在繁华商业场所滞留不购物，在车辆存放点转悠不取车，进出银行不取存款等不正常现象，作为警察就不能一笑了之了。看不同之处，就是要在巡控中善于捕捉与正常人不同的地方，进而锁定目标，发现嫌疑人。

3. 看反常之举。犯罪嫌疑人在作案前要选择目标，作案后要尽可能快速地逃离现场。由于心理状态失衡，或紧张，或急迫，或愉悦，其神态、行为举止多有反常之举。看不同之处，是一个过程；看反常之举，捕捉的是瞬间。抓住了这个瞬间，距离锁定目标抓获犯罪分子就不远了。

（二）跟踪犯罪嫌疑人

识别犯罪嫌疑人，目的是发现可疑之人，锁定目标。但被锁定的目标，有的可能尚在预备犯罪之中，有的可能并非真正的嫌疑人。此时盲目上前盘问检查，除非此前已实施犯罪，赃物尚未转移或带有专用作案工具等少数情况，效果不可能十分理想。这时，需要的是沉着冷静，跟踪犯罪嫌疑人，这是一个识别犯罪、印证犯罪的过程。

1. 距离要适当。犯罪嫌疑人在作案前，警惕性极高。特别是曾被打击处理的人员，反侦查意识更强。巡逻民警在锁定嫌疑人后进行跟踪，要防止被可疑人员发现，一定要讲究距离。太近了，可能引起怀疑，使嫌疑人暂时放弃犯罪；太远了，又可能跟丢了目标，前功尽弃。

2. 方式要灵活。对犯罪嫌疑人的跟踪要十分讲究方式方法，决不能以"同一面貌"出现。实践中，步行跟踪与机动车跟踪结合，后边跟踪与前方接应衔接，原始方法与现代手段相互补充，跟踪人员巧妙更换等方式方法都被灵活运

用,取得了很好的效果

3. 伪装要巧妙。在跟踪阶段,不被嫌疑人发现、怀疑是应当特别注意的问题。在此种情形下,必要的伪装是必须的。便衣巡警的衣着包括鞋帽不可带一点"警"的色彩、痕迹;行为举止尽可能与周围人协调;嫌疑人进了商店,有时我们自己也要来一点"破费",并尽可能不要和熟人打招呼;如此等等。实现"发现了对方而不被对方发现,跟着对方而不叫对方怀疑",就成功了一半。

(三) 抓获犯罪嫌疑人

抓获犯罪嫌疑人是识别、发现犯罪,减少社会危害的终极目标。如何抓,怎样抓,在什么场合抓,选择什么时机抓,都是工作中应该正确把握的问题。实践中,除了确保抓捕的成功,尽量避免造成伤害等大的原则外,抓捕时机的选择也十分重要。

1. 作案时当场抓。对已开始实施犯罪的嫌疑人,必须快速反应,将其抓获。这样做的好处在于:一是便于搜集证据,使犯罪嫌疑人"有口难辩";二是减少抓捕的风险。特别是盗窃机动车等犯罪,若等到其作案成功,嫌疑人驾驶机动车快速逃离时抓,不仅增大了抓捕的难度,极可能造成人身伤亡事故,还可能造成嫌疑人脱逃。

2. 预离时快速"抓"。经过跟踪,一些犯罪嫌疑人由于尚未选准作案目标或因客观条件制约不便下手,当场没有实施犯罪,意欲转移"战场"。由于超出管界和其他原因,继续跟踪并等到获取犯罪证据后下手抓已不可能时,为减少社会危害,应依法果断实施盘问检查,进而抓获犯罪。

3. 嫌疑骤增及时抓。发现、识别、抓获犯罪是一个动态过程。巡控中锁定的目标,一些人被排除后,一些人的作案嫌疑会越来越大。当嫌疑骤增时,应立即采取措施,依法将其抓获。

四、巡逻勤务中对犯罪行为的识别

(一) 对被劫持出租汽车的观察识别

城市中经常发生出租汽车被抢劫或劫持的案件。犯罪嫌疑人侵害的对象主要是司机和随车乘客,且多持械相逼,使司机拿出钱财或按照劫匪的意图行驶。此时,车上常有搏斗扭打等反抗之举或发出报警信号期待救援之迹。在这种情况下,汽车行驶极不正常,出现明显摆头,或时走时停、时快时促,类似于酒后驾驶等现象；有时从车窗中抛甩衣物、拎兜等物，或者通过交通岗、治安岗以及遇有公安民警和安保人员巡逻时，司机不顾交通标志、指挥信号，采取错打方向灯、前进信号、曲线行驶、违章等方式发出报警信号。若发现上述类似报警的异常现象时，应立即上前干预、查问，并及时报告，以截获被劫车辆，救援被劫司机，捕获劫车歹徒。

（二）对暗中兜售违禁物品的观察识别

在车站、码头、商业闹市区常有兜售违禁物品的不法分子。违禁物品是指国家行政机关明令禁止私自制造、销售、购买、使用、持有、储存、运输及违章携带的物品。违法犯罪嫌疑人销售违禁品的方法一般有两种：一是暗中挂钩，另择时间、地点交货。这种方法多系批发性质，销售量大。二是暗中叫卖，直接出售，当场成交。这种方法的成交量一般不大，违禁品随身携带。在公众场合，上述人员总是躲着巡逻人员，甚至目光都不敢正视巡逻人员。因此，在巡逻中比较容易发现这种情况，容易获取证据。他们一旦遇到盘查，就会表现出紧张，脸色异常的状态。有时他们将违禁品藏在胸、腹部或绑在大、小腿上，巡逻人员凭经验用肉眼即能观察出来。

（三）对卖淫嫖娼的观察识别

大中城市和经济发达地区的一些公共场所，如舞厅、茶座、影剧院、酒楼、饭店、歌厅、录放厅、浴池以及车站、码头等处所，常有一些卖淫妇女混在其间，进行"三陪"活动，勾引嫖客。这些街头接客的卖淫人员，打扮妖艳，穿着入时，作风轻挑，卖弄风骚，以色情勾引嫖客。不论是卖淫者还是嫖娼者，互相不讲真实姓名、地址，本不认识，却一拍即合。一旦对其审查，尤其是分开盘问时，即矛盾百出，胡编姓名、单位等，牛头不对马嘴。

（四）对劫持妇女、拐卖妇女儿童的观察识别

犯罪嫌疑人劫持妇女的方法一是"诱"，二是"遏"，两者在巡逻中都不难被发现。一些妇女见人过往时大声呼救，也有些妇女惧于犯罪分子的淫威而不敢出声，但衣着不整，惊恐不安，泪痕可见，虽不敢明言，但渴望被援救。犯罪嫌疑人拐卖妇女，多以招工、做生意、赚大钱为诱饵，被拐的多数为农村妇女，在不明自己的处境前，他们甚至会和人贩子一起制造谎言，给识别工作带来一定的难度，但随着盘查的深入，犯罪嫌疑人就不能自圆其说，逐步露出马脚。

被拐儿童多系学前幼儿，和人贩子大都非亲非故，短时间内难以和幼儿建立

类似亲情的情感关系,因此常常表现为哭泣、不顺从的状态,甚至拒绝吃饭喝水等。巡逻人员如发现有幼儿与所陪护的成人在较长时间中表现出上述不和谐的情况时,可注意大人、小孩的表情,再加以判断。

(五)对场外销售赃物的观察识别

犯罪嫌疑人销赃的场所和方式,通常有两种:一是场内销赃,即到旧货店、寄卖店、委托行等处变卖、寄卖赃物;二是场外销赃,即在公共场所、车站码头和建筑工地等处销售赃物。场内销赃一般控制较严,易暴露马脚,犯罪嫌疑人对这一点比较清楚,也比较谨慎。场外销赃由于它的特殊性,控制相对较松,一些狡猾的、有经验的犯罪嫌疑人往往较多采取场外销赃的方法,变卖的赃物多是衣物、自行车、摩托车、通讯工具以及黄金饰品等。兜售对象多是过往行人、旅客或进城做工的农民,一般都要价不高,成交后即逃离,或者先物色好买主,再移地交货。巡逻人员若发现有类似的销赃嫌疑者,应严加审查,一般规律是他们说不清物品的来源和特征,没有票据,且隐瞒真实姓名、住址。

(六)对正在实施的违法犯罪行为的观察识别

在巡逻过程中查获的犯罪嫌疑人,有实施完毕犯罪行为后逃离的,也有刚刚实施完毕犯罪行为的。在巡逻中,识别正在作案的直接反社会"常态模式"的反常行为并不困难,关键是要对由犯罪嫌疑人精心掩饰的反"常态模式"行为做出准确的识别。为了准确地识别,对嫌疑人的行为一要观察,二要思考,透过复杂现象,去发现识别和揭露正在实施不轨行为者。

思考与讨论

2016年11月23日15点30分许,滨城区特巡警大队市西巡逻组巡逻至长江二路时发现,渤海九路小梅家方向浓烟滚滚,带队民警立即带领巡逻组第一时间赶到现场。现场火势较大,且成蔓延趋势,带队民警迅速拨打119火警电话,同时安排队员紧急疏散围观群众,并在外围拉起警戒带,维护现场秩序。消防人员到达后,巡逻组积极与其配合,迅速将火情扑灭。经了解,火情发生地为弘安置业有限公司工程指挥部,火情原因在进一步调查中。通过大队民警、队员的先期有效处置,控制了火情,防止了其进一步扩大,避免了更严重的危害和损失,充分体现了滨城特巡警临危不乱、训练有素等基本素质,其过硬的技能和优良的作风赢得了围观群众的广泛赞誉。

在巡逻过程中发现灾害性事故如何处置?

知识链接

公安局巡逻民警勤务工作指导规范

第一章 总 则

第一条 为进一步规范巡逻民警的执勤行为，建立健全巡逻勤务长效管理机制，树立巡逻民警的良好形象，根据《中华人民共和国人民警察法》等有关法律、法规，特制定本规范。

第二条 适用的对象：巡警、特警、交警、派出所民警以及参加街面巡逻的公安民警。

第三条 巡逻民警执勤时，应严格履行工作职责，密切注视街面治安情况，切实提高见警率、管事率和防控率。

第四条 人民警察在巡逻执勤中履行以下职责：

1. 负责巡逻警区治安管理，维护街面治安秩序、交通秩序和公共安全；

2. 预防、制止、处罚违反治安管理的行为；

3. 预防和制止犯罪行为，协助刑侦部门保护现场，及时抓获犯罪嫌疑人；

4. 密切掌握社会动态，及时请示、报告；

5. 先期处置突发性治安事件，警戒现场，疏导群众，维护秩序；

6. 参加处置灾害事故，维护秩序，抢救人员和财物；

7. 接受指挥中心的指令和群众报警，迅速赶赴现场，进行先期处置；

8. 制止、调解在公共场所发生的可能或正在转化为治安案件的民间纠纷；

9. 制止和协助有关部门处理精神病人、醉酒人的肇事行为；

10. 救助受伤、患病、遇险等处于无援状态的人，帮助遇到困难的残疾人、老人和儿童；

11. 受理拾遗物品，设法送还失主或交给本执勤单位，设法查找归还；

12. 巡查警区安全防范情况，提示沿街的有关单位、居民消除隐患，督促整改；

13. 执行国家法律、法规和公安内部规定的由巡逻民警执行的其他任务。

第五条 巡逻民警当接到110指挥中心的出警指令时，必须无条件立即执行。

第二章 巡逻着装

第六条 巡逻民警必须佩戴"六小件"，即：警用电台、手铐、伸缩警棍、

强光电筒、辣椒水等必备装备,并按规定携带整齐,有序放置,不得自行取消或挪作他用。

第七条 巡逻民警在执勤时:

1. 夏季着夏执勤服(夹克式);

2. 春、秋季着制式春秋服装,着单件衬衣时,必须着有领花的长袖制式衬衣,系领带;

3. 冬季着冬常服或冬执勤服或多功能服;

4. 遇下雨天时,统一着制式警用雨衣;

5. 按规定缀钉、佩戴警衔标志、警号、胸徽、领花、臂章等;

6. 遇有特殊警情时,巡逻民警应佩带武器,穿防弹背心或防刺服。

第八条 巡逻民警着长袖制式衬衣时必须扎领带并将衬衣下摆扎入裤内;天气炎热时,可不打领带,但只能打开上衣第一个衣扣;着春秋服、冬常服时,要内着无领花制式衬衣,扎领带。

第九条 巡逻民警接处警时,必须着装整齐,仪表端正,戴警用大檐帽;夜间执行盘查任务时,必须着反光背心。

第三章 执勤程序

第十条 盘查:

1. 接近盘查对象,亮明身份并敬礼后进行盘问;

2. 查验身份证件,检查携带物品,盘查时,一人主盘查,其他人员警戒策应;

3. 发现无牌、无证、遮盖号牌的机动车辆要及时检查,盘问清楚;

4. 发现犯罪嫌疑人的,及时向上级请示,并按上级要求执行;

5. 对确系无犯罪嫌疑的,向当事人解释、感谢,及时予以放行。

第十一条 接处警。平时110巡逻车和特警武装巡逻车要按市局规定实行定点停放。

巡逻民警接到指挥中心调警或群众报警后:

1. 问清警情基本内容;

2. 迅速赶赴现场并向上级报告,车巡民警要保证行车安全;

3. 根据不同警情准备好处置警情的相关装备;

4. 巡逻民警赶赴现场后,走访了解、核实警情,登记现场情况,迅速向上级报告。

5. 根据警情类别按相应程序进行先期处置：

一般治安、刑事类警情：及时控制违法犯罪嫌疑人，收缴赃物；维护现场秩序，进一步核实警情；登记、收集证人证言等有关证据；请示上级后移交有关部门，并办理好移交手续。

严重暴力案件警情：按要求佩带装备赶赴现场，设置警戒线，控制、保护现场；迅速判明案件性质，问清犯罪嫌疑人是否在现场及犯罪嫌疑人数量、体貌特征、逃跑线路、方式及携带凶器等基本情况，并立即向上级报告请求增援；并按规定开展工作，随时与上级保持通讯联络。

重大灾害事故或交通事故：组织抢救人员、财物，了解、核实现场情况，并及时向上级报告；划定现场保护范围，布置现场警戒，维护现场秩序；收集群众反映、现场动态等情况。

群体性事件：了解判明事件起因，迅速向指挥中心报告；按《处置群体性事件预案》要求，疏导交通，维护现场秩序；配合有关部门做好规劝工作；按照上级指示开展工作。

群众求助：了解有关情况，并向上级报告；属于职责范围内的求助应热情予以帮助；超出职责范围、现场难以解决的，请示上级后按指示要求办理。

6. 先期处置完毕后，请示指挥中心后按要求移交，并办理好移交手续。

7. 处置完毕，清点装备，做好处警登记工作，返点巡逻。

第四章　工作制度

第十二条　台账登记。执勤民警对当班巡逻工作情况进行登记：

1. 交接班时间、人员、装备等情况；
2. 接处警情况和盘查、检查犯罪嫌疑人、涉嫌车辆、物品等工作情况；
3. 上级通缉令和指挥中心、区、县指挥室警情通报；
4. 责任路段内治安信息情况。

第十三条　收岗讲评：

1. 清点整理装备后收勤归队；
2. 下勤民警到内勤室归还领用的装备并签字登记；
3. 值班内勤清点、查看装备有无消耗、损坏、丢失情况，详细登记后入库；
4. 车巡队组长向带班领导汇报当班工作情况，包括车辆、装备使用、责任路段治安状况等基本情况；
5. 由当班领导检查工作台账并小结讲评本班次工作。

第五章　规范用语

第十四条　电台规范用语

1. 部署工作任务："110"呼叫"×××（台号）"时，被点车组应答："110"，我是"×××"，请讲；接收通报或工作指示后应答："×××"明白或不清楚，请重复；处置完毕应立即向调度单位报告结果。

2. 报告情况："×××（台号）"，我是"×××"，有情况汇报；接受报告一方听完汇报后要回答"明白"或"不清楚"，不清楚的，按要求复述；要求报告方位时，直呼"×××（台号）"，我是"×××（台号）"，请报方位；回答时使用"×××"，我在"××××"（主要道口、重要场所名称）。报告情况时，吐字清楚，速度、节奏稍慢。

第十五条　检查规范用语

1. 请出示您的证件。

2. 请您把证件拿好。

3. 请打开您的行李，协助我们检查。

4. 对不起，我们正在执行任务，请您配合我们的检查。

5. 谢谢您的合作。

6. 对不起，耽误了您的宝贵时间。

7. 您走好，再见。

8. 您好，请问有什么事？

9. 请问您有什么需要我们帮助的？

10. 不用谢，这是我们应该做的。

学习单元四 巡逻勤务

学习任务二　巡逻勤务中报警的处置

学习目标

了解报警处置的要求、基本方法和出警力量调度的原则，掌握报警处置的程序。

 案例引入

2014年4月18日晚，某市公安分局派出所巡警人员在松白路巡逻。20时40分，巡警人员接到分局指挥中心指令：某派出所民警在塘尾莲塘工业区内配合新区市场监管局查处制售假酒行动期间，遭遇多名不明身份男子阻挠，严重影响正常执法行动，要求机动巡逻队迅速前往支援。接到指令后，公安巡逻人员立即赶赴现场，在增援途中，与行动现场民警取得了联系，在了解现场情况、确定具体地点之后，提前做好处置准备。同时，巡警人员通过对讲机信息得知，在马田收费站路段进行查车勤务的另一组机动巡逻队也过来增援。两组巡逻人员一前一后，不到10分钟就先后赶到行动现场。到达现场后，在同派出所现场处置民警和市场监管部门执法人员了解行动情况之后，指挥两组人员联合派出所民警、巡防队员按照现场处置规范立即开展处置。全体人员迅速分隔控制多名阻挠执法人员，疏散周边几十名围观群众，设置查处行动警戒区域，保护现场证据物品。市场监管部门执法人员随即进行查处行动，查出假啤酒1397箱、"青岛啤酒"纸皮箱860套。随后，巡警人员协助派出所民警将4名涉案人员带回调查，现场处置结束。在整个现场处置过程中，巡警人员不断将整个处置情况及时反馈报告给分局值班领导及指挥中心。

思考：

1. 面对报警的情形对被指控人如何处理？
2. 在巡逻中面对报警的情形，出警力量的调度原则有哪些？

 **任务分析**

在巡逻过程中，面对群众的报警，严格按照处置报警的要求、原则和程序进行有效的处置，是全力维护社会面良好治安秩序，提升群众安全感和满意度重要方式。

 理论导航

一、处置报警的要求

在日常的巡逻勤务中，对报警人要热情接待，认真受理报警，迅速了解情况，及时果断地进行处置。对"110"的处置指令要坚决服从，迅速行动，果断处置。接受报警要求做到"三快"：

（一）了解案情快

接到报警时，应以了解基本案情，判明案件性质，确定违法犯罪现场位置和违法犯罪对象为目的。对报警人的询问要简明扼要，抓住重点情况，尽快决策行动，以防贻误战机。

（二）赶赴现场快

在接受报警后，应迅速赶赴现场，力争在现场抓获违法犯罪分子或制止违法犯罪活动。同时，应抓住现场的犯罪痕迹、物证比较完整清晰，现场群众记忆犹新等良好条件，迅速采取有效措施，避免现场的犯罪痕迹和罪证流失，保障有关部门对现场的勘查和调查取证能顺利圆满地完成。

（三）追缉堵截快

违法犯罪人员逃离现场的，巡警可以根据报警人提供的违法犯罪人员的体貌特征、衣着打扮、携带物品、逃跑路线、时间以及所使用的工具的种类、颜色、特征、车辆的牌号等情况，立即组织追缉，必要时可以通过指挥中心联络有关部门协同配合，设卡，布网，堵截违法犯罪人员。

二、处警的基本方法

（一）迅速赶赴现场

对群众报告的案件特别是重大的治安、刑事案件，应当迅速到达现场，并及时将情况报告给指挥中心。

（二）立即了解情况，作出先期处置

1. 处置正在发生的一般违法侵害行为所造成的治安案件、轻微刑事案件，应采取措施平息和控制事态发展，抓获案犯或肇事者，移交就近公安部门处理；

对违法行为人和肇事者的行为可依法给予当场处罚的，可进行当场处罚。

2. 处置正在发生的暴力性、突发性案件，应迅速制止犯罪和侵害行为，排除险情，防止事态扩大，抢救受伤人员，并及时报告上级部门。

3. 根据实际情况确定现场保护范围。用警戒带或其他可利用的物品圈定现场保护范围，不许无关人员进入，严防围观人群抚摸、移动现场物品，以免破坏现场痕迹、物品。同时，对现场的痕迹、物品的位置作好定位标记。

4. 维护现场秩序。对各类现场，一般会有围观的群众，因此很有可能引起秩序混乱而导致交通阻塞。因此，巡警要立即疏散围观群众和与案件无关的滞留车辆。

（三）及时请示汇报

在先期处置中，如遇有下列情况，应当及时请示汇报：

1. 对重大报警案件，如不立即制止将会产生重大人身伤亡和危及公共安全、公共秩序的严重后果的。

2. 已经发生了严重后果的重大案（事）件以及案（事）件现场的基本情况。

3. 正在进行的严重暴力性刑事犯罪行为或流氓、骚扰、斗殴等重大治安案件。

4. 正在发生的严重治安灾害事故和自然灾害。

5. 案（事）件的基本情况以及现场处置的过程、处置结果。

6. 违法犯罪分子的基本情况，逃离现场的犯罪分子的情况和逃离现场的肇事者的情况以及逃跑时的方向和路线。

7. 先期处置人员明显力量薄弱，警力不足需要增援的。

三、处警力量的调度原则

在处置报警时，对处置警力的调度应遵循以下原则：

（一）就近原则

根据案发地点的位置，调动现场附近的巡警、特警或派出所、交警队的警力赶赴现场处警。

（二）管辖原则

根据业务分工和对案件的管辖范围，调动有关区、县警力和市局的警力赶赴现场处警。

（三）先期处置原则

对一些紧急情况，到达现场的人员应采取先期处置措施，控制和平息事态的发展，然后按案（事）件的管辖范围移交有关部门处理。

工作流程

接受报警是一项严肃的工作，必须按一定的规范和程序进行。其主要程序为：受理，询问与讯问，审查判断，分别处理。

一、受理

受理是指巡警对报警的内容进行登记，了解基本情况并采取先期处置措施的行为。

巡警在日常勤务中，对群众的报警应认真接待、及时受理，不得以任何借口拒绝受理或推托不管。受理报警时应认真做好受理记录，记录的内容包括报警人的姓名、住址、单位、职业，报警的时间、地点及案件的基本情况。对群众的报警陈述，应当制作书面材料，由报警人签名，做到查有实据，并应妥善保管。如果群众报警时，违法犯罪行为正在进行之中，应立即组织力量赶赴现场，制止事态的发展；巡警赶赴现场后，应迅速查获违法犯罪人员和嫌疑人员，收缴其携带的犯罪工具和其他罪证物品，以防其继续行凶或毁灭罪证。

二、初步询问与讯问

在受理报警时，采取询问与讯问的方法，其目的是揭露和证实违法犯罪行为。在询问报警人、证人、知情人时，要了解案件发生和发现的经过。要围绕案情的重点，了解违法犯罪分子实施违法犯罪行为的时间、地点，作案的手段、方法，造成的危害后果以及有关违法犯罪分子的人身特征等情况。对报警群众进行询问时要热情耐心，切忌语言失当，伤害群众的积极性。询问证人、知情人，切不可简单粗暴，一般应尽量让其就所知的情况陈述完以后，再提出问题让其回答。

在讯问违法犯罪人员或犯罪嫌疑人员时，要注意审查清楚其身份、姓名、年龄、籍贯、住址及工作单位，有无犯罪前科等情况。重点要审查清楚违法犯罪的动机、目的、手段、方法和危害的结果，犯罪工具的藏匿处和有关罪证的收藏处。在讯问时要注意提高警惕，保持高度戒备状态，既要防止其脱逃，又要防止其行凶。讯问时要明确分工，既要有讯问人员，也要有警戒人员。

三、审查判断

审查判断是巡警通过对报警人的陈述和收集到的其他有关案件事实的证据材料，进行综合分析研究，找出报案陈述与案件事实之间的疑点与矛盾，从而对报警事实作出结论的一种证明活动。审查判断要从以下几个方面来进行：

（一）审查陈述人与被控告人的关系，尤其是有无利害关系

通常情况下，如果陈述人与被控告人没有利害关系，陈述人的陈述一般比较可靠。如果陈述人和被控告人之间有一定的利害关系，就应审查被害人的陈述有无夸大事实和错告、诬告的情况。

（二）审查被害人的政治觉悟、思想品德和一贯表现

真正的被害人一般不会故意捏造或夸大事实，而思想品德不好的人在陈述时就有可能言过其实，甚至捏造事实。

（三）审查被害人的控告、检举是在什么情况下提出的

巡警应当审查被害人是案发后立即揭发的，还是事隔很久才报警的。如系后一种情况，应弄清为什么没有及时控告、揭发。因为不同的情况，陈述的真实性就不一样。

（四）审查陈述内容的来源

陈述的内容如果是被害人在受害时直接感受到的，应弄清楚是在什么情况下听到或看到的；陈述的内容如果不是自己的直接感受而是听别人说的，应弄清楚是在什么情况下听到的或听什么人说的，并应向直接了解情况的人核实。

（五）审查陈述人的陈述内容前后是否有矛盾

如果受害人的陈述内容前后不一致或不近情理，就可能有虚假的成分，因此需作进一步的调查核实。

根据上述审查判断的方法，在接受报警时，对报警人的陈述如果发现矛盾和疑点的，应当认真分析陈述人的陈述内容，仔细观察陈述人的神色以及陈述人自身的可疑之处，认真审查判断陈述人陈述内容的真伪，揭露其虚假报案的违法行为。

四、分别处理

（一）对报案人的处理

报案人大多是敢于同违法犯罪作斗争的具有正义感的人，他们是公安机关依靠的力量。巡警在受理报案的过程中，既要及时给予报警人热情接待和表扬鼓励，也要注意对他们的保护，防止他们受违法犯罪分子的打击报复，以致挫伤他们的积极性。对报假案的人，由于他们虚构事实、制造谎言以及对他人进行诬告陷害的违法行为，不但扰乱了公安机关的正常办公秩序，且对社会治安秩序带来了一定程度的危害，侵犯了公民的合法权益，因此办案人员要严厉指出其违法行为所应承担的法律责任，并根据其情节和造成的后果的轻重程度，按照法律规定给予相应的处罚。

（二）对投案人的处理

对违法犯罪人员的投案自首，要认真对待，妥善处理。对投案人的处理表现为以下几个方面：①巡警对投案人应问清违法犯罪行为发生的时间、地点及主要事实情节，确认投案人陈述的违法犯罪事实是否存在；②责令投案人交出违法犯罪工具，以防再发生行凶伤人事件；③责令其交出赃物罪证，以防其毁灭罪证，然后将投案自首者以及收缴的凶器、罪证同有关材料一并移交刑侦部门或治安部门处理。

（三）对被指控人的处理

在日常巡逻勤务中，遇有指控他人有违法犯罪行为和违法犯罪嫌疑的情形时，应迅速将被指控的人抓获，并及时对被指控人进行盘查，同时立即向报案群众了解被指控人的违法犯罪行为的基本事实和有关证据情况，以确认违法犯罪事实是否存在。经盘问检查后，如确认被指控人有违法犯罪行为或重大犯罪嫌疑的，要及时移交公安派出所或刑侦部门审查处理；如排除其有违法犯罪嫌疑的，应立即恢复被指控人的自由。如经证实是误会的，应平息和稳定双方当事人的情绪，说服教育双方，帮助解除误会。

（四）对被扭送人的处理

遇到群众扭送的现行违法犯罪分子，应立即对被扭送人进行人身搜查，收缴、扣押其随身携带的凶器、违禁物品、赃款赃物和其他可疑物品。要询问被害人、事主、知情人，了解案情的基本情况，获取被害人、证人、知情人的证言；

讯问违法犯罪分子，查清违法犯罪的基本事实，尤其要查明其本人的基本情况，是否有同伙及同伙的下落去向。同时，要注意收集证据，保护现场的痕迹物证，以取得充分的证据或线索，然后将案件移交治安或刑事侦查部门。

思考与讨论

2016年4月22日，江西省铜鼓县特巡警队员巡逻至县城三八路柳林街路段时，接到卖电动车老板邓某的求助，称自己在其店中被一青年殴打。特巡警队员跟随邓老板来到店中。了解情况得知，打人青年兰某，因今年1月份自己的电动车电瓶被人盗走，今天在柳林街邓某经营的电动车维修店中发现了一个疑似自己前段时间被盗的电瓶，便找邓某理论。一番口角后，兰某无法控制情绪，便对邓某大打出手。后经特巡警队员调查证实，此电瓶为住温泉镇的帅女士于昨天放在邓某处维修，由于下雨就没来取回电瓶。鉴于特巡警队员的调查结果，兰某表示非常抱歉，并愿意赔偿邓某的一切治疗费用。得到邓某的原谅后，兰某为此紧握特巡警队员的双手称赞道："铜鼓人民的好警察"。

在巡逻过程中，特巡警队员接到报警后如何处理？

 **知识链接**

世界警务巡逻制度

我国香港地区警务巡逻制度

我国香港地区的巡逻警务机制实战、高效的特点非常明显，对其总体印象是覆盖面好，控制力强，贴近实战。香港警察巡逻呈立体状覆盖，主要是由警署巡逻队、总区冲锋队和驻总区机动部队来担负。这三支队伍统归各总区最高指挥官调遣，日常警务行动由各总区的指挥及控制中心负责协调。其共划分成三个层面：第一层面为各个警署的巡逻警察。香港警方大部分的日常行动及管理的事宜均由各总区独立处理。总区又分为区和分区，而在若干情形下，警务管辖范围是以警署为单位。第二层面为冲锋队。总区冲锋队是负责总区内机动巡逻任务的骨干力量。冲锋队与我们的防暴警类似。第三层面是警察机动部队。警察机动部队作为警务处长的后备人员，警力有1190人，分6个大队，分驻五个陆上总区，每个大队170人。

美国警务巡逻制度

美国是一个高度城市化的国家，城市的居民人口占据了美国总人口的绝大多数，因此城市的市区往往是治安状况最复杂的区域。警察局下设巡逻处、侦查处等部门，巡逻处是规模最大的部门。治安巡逻是美国城市警察警务工作的核心。美国警察机关首先必须设置巡逻部，巡警能够胜任的基础警务，就不必另设其他部门；只有巡警的技术、时间或能力不能有效地执行某些警务时，才有必要设置专业部门辅助其执行。

美国的大多数城市警察局都作出规定，凡是从社会上录用的高中毕业生，经过警校短期培训的新警察，都必须先从巡警干起，通过巡逻勤务工作来获得实践经验。美国的警察局坚持把警力最大限度地布置到街头和社区巡逻，以提高重点部位和场所的见警率；各个城市也可根据实际情况，自由调度和摆布巡逻格局，以增强巡逻的针对性和灵活性。

日本警务巡逻制度

在日本，除了派出所、驻在所（即乡村派出所）的警察担负巡逻任务外，还有专门的警察部门和警察力量负责巡逻工作。日本的警察巡逻力量由两部分构成：一是地方各级警察机构——部、道、府、县警察局和分局（即"警察署"）"巡警部（课）"直辖的巡警队；二是警察局、分局下属的派出所、驻在所的外勤警察。

日本巡警以自然巡逻为主要工作方式。同时进行守望警戒、值班和在居民区走访居民、店铺等"巡回联络"任务。同大多数西方国家的警察一样，日本警察的巡逻也分徒步巡逻和乘坐交通工具巡逻，后者包括自行车、马匹、摩托车、汽车以及船艇和直升机等。

为了保证巡逻机制的有效运作和巡逻效果的充分发挥，派出所还派有警官在警察岗亭间巡视，及时对新警员给予指导，同时对巡逻进行督促和协调。

日本巡警实行24小时勤务制度。但在分班时间安排上，不同地区和不同勤务机构又有所不同。通讯指令中心、巡警队、派出所的警察实行轮班制。派出所每班至少有3人执勤。勤务制度大致有三种：四班轮勤制、三班轮换制、正常班勤务制。

课后训练

校园巡逻勤务的实施训练

【训练目的】

掌握校园巡逻勤务实施的操作规程

【训练内容】

一、校园巡逻服务内容

1. 通过对特定区域、地段和目标进行巡视检查、警戒，保护目标安全。

2. 通过巡逻，震慑不法分子，有效防范可能造成的不法侵害。

3. 通过巡逻，发现可疑人员，对有违法犯罪嫌疑的，依法扭送有关部门处理。

4. 对正在发生的不法侵害行为，应采取相应措施予以制止，将不法行为人及时扭送公安机关或有关部门处理。

5. 检查、发现、报告并及时消除各种安全隐患。防止火灾、爆炸等事故或抢劫、盗窃等不法侵害的发生。

6. 在巡逻过程中，对已经发生的不法侵害案件或治安灾害事故，应及时报告公安机关或有关部门，并采取相应措施保护现场。

二、校园巡逻服务操作规程

1. 徒步巡逻。徒步巡逻是保安员实施巡逻勤务的基本形式，主要有单行巡逻、往返巡逻、交叉巡逻和循环巡逻四种形式。要根据时间、气候、地形等具体情况，选择上述形式予以实施。

徒步巡逻应两人以上进行；巡逻人员之间应保持能目视联系和相互支援的距离；夜间巡逻可用约定的方法做联系信号。保安员在巡逻中发现可疑情况时，应认真观察，严密监视，视情况采取守候、跟随等方法，将其控制在视线之内。必要时，对可疑人员进行询问，并及时送交校园民警或有关部门处理。在夜间巡逻时，要提高警惕，保护自身安全。

2. 紧急情况的处置。遇有正在实施的不法侵害行为时，应迅速报告校园民警，并依法采取必要措施予以制止，将不法行为人扭送至公安机关。途中要防止其行凶、自杀或逃跑。遇有火灾、爆炸等事故，应立即报警，并及时通知校园民警或有关部门，采取措施以防止事态扩大。同时，要积极协助抢救受伤人员，并做好保护现场的工作。

【训练案例】

某大学坐落在济南市文化路中心繁华地段，为开放式校园，在校生 2 万余人，除教师和学生外，社会其他人员进出频繁，成分复杂，为此学校成立护卫队昼夜巡逻。

学习单元五

守望和堵截勤务

学习任务一 守望勤务

学习目标

了解守望勤务的任务与职责,掌握守望勤务的具体实施方法

 案例引入

为强化社会管控面,打击犯罪,增强群众安全感,南城县公安局特巡警大队在执行网格化巡逻的同时,布置警力在各居民小区、医院、菜市场等地秘密守望,力抓现行。10月29日凌晨2时30分,在安居工程住宅区,一名男子正在撬盗一辆摩托车,在此秘密守望的两名特巡警队员发现后,立即上前制止并对其进行盘问,该男子试图反抗,但被特巡警制服。队员随后呼叫在此路段巡逻的民警,并将嫌疑人带回大队进一步调查。

思考:

1. 守望勤务的任务有哪些?
2. 如何实施秘密守望勤务?

 **任务分析**

守望是掌握有关治安动态,分析、预测治安趋势或事态发展,预防和打击违法犯罪活动重要的勤务方式。特巡警队员在实施守望勤务时,要明确守望职责,同时掌握公开守望和秘密守望的方法和注意事项。

 理论导航

一、守望勤务的概念

守望,即护守瞭望。守望勤务是指为掌握、控制某些与治安秩序相关的特定

区域、特定目标的局势、动态，依法采取的定点、定位瞭望、监督方式。守望勤务是一种最原始的警察勤务方式，世界各地的警察机关均普遍采用这种勤务方式。

二、守望勤务的任务

守望勤务的任务就是对视野区域的社会治安秩序负责，它通过了解守望目标或对象的形态，掌握有关治安动态，分析、预测治安趋势或事态发展，预防和打击违法犯罪活动，确保守望区域的公共安全。

三、守望勤务的职责

1. 严密注视社会动向，防范政治性突发事件和群体性事件。
2. 防范暴力性犯罪活动。
3. 制止和取缔扰乱公共秩序和妨害公共安全的行为，防止其他治安案件的发生。
4. 根据通报、协查报告、通缉令，查缉和盘诘可疑人员，抓捕现行犯、流窜犯和逃犯。
5. 对作案嫌疑人或可能危害公共安全的人员、重点人口实行监视、控制，为侦查破案和维护治安服务。
6. 对乞丐、醉酒闹事和精神病人进行临时处置，净化守望区域的环境。
7. 观察发现事故或险情，支持救灾和救援工作。
8. 协助维护交通秩序，疏导行人、车辆。
9. 为群众排忧解难，做一些群众需要的事情。

工作流程

守望勤务是治安秩序管理的一项重要内容，它分为公开守望和秘密守望两种勤务形式。

一、公开守望

公开守望是由着装警察在固定的位置、场合或岗亭进行的守望。它具有值勤据点的性质，一般设在繁华的街口、商贸业集中地段、电汽车枢纽站、大市场和一些人员成分复杂的住宅区。

（一）公开守望岗的类型

1. 事故性守望岗。事故性守望岗是指在特定地区，由于事故繁多，非经常或定时派警留守不足以维持其秩序而所设的守望岗。此种守望岗多设在人口众多、商业繁华或交通复杂而未设交通岗的地点，或虽有交通岗设置，但基于实际需要，仍需要定时派遣守望人员以资辅助。

2. 据点式守望岗。据点式守望岗是指地处冲要，为确保整个辖区的安全及便于应付非常事件的交通封锁，应经常或定时派警留守服勤的守望岗。此种岗亭多设在辖区的边境地区或交通要道，如交叉路口、桥头、隧道口等，以便监视社会动态及盘查车辆行人。

3. 特定处所的守望岗。特定处所的守望岗是指基于治安理由，于特定地点应经常或定时派警留守服勤所设的守望岗。此种守望岗多设在重要机关、重要首长住宅、外侨居住区、使领馆附近，以期加强安全维护。

（二）公开守望的注意事项

执行公开守望勤务时，要合理设置守望岗点，配备良好的装备，注意研究守望区域治安情况的规律特点，注意"守""巡"结合，对岗区周围的重点人口要注意加强了解，做到心中有数。

二、秘密守望

秘密守望就是平常所说的"蹲坑守候"，借用对侦查对象所采用的定点监视的秘密侦查手段为治安秩序管理服务，是在违法犯罪分子经常出没或易于出现的地方和场所，设置临时性的隐蔽值勤岗位，秘密观察、发现、监视、控制乃至缉捕违法犯罪分子的一种措施。

（一）秘密守望常用方式

1. 定点。定点是对固定地点、目标的守望，即在守望对象的住所、落脚点以及其他有关场所周围建立守望监视点，对守望对象进行监控。这种方式可以帮助发现新的证据和新的关系人，扩大线索。守望人员可以某种身份作为掩护，监视守望对象的活动、携带物品及交往关系等情况。

2. 伏击。伏击是指在嫌疑人可能出现的地点或连续发生同类违法犯罪行为的地点建立守候点，对拘捕缉拿对象架网捕捉。这种方式是在根据案件的特点，对嫌疑人的活动已经掌握或进行了预测的情况下采用的。若采用这种方式，伏击圈要适当，并要统一指挥，协调行动，使嫌疑人落网。

3. 寻查。寻查是指为寻找案件线索而在一些交通要道口和场所布置隐蔽力量进行观察、搜索。它是在嫌疑人可能作案或警察触摸的场所进行巡查，以发现并捕捉嫌疑人的流动方式。这种方式一般用于不宜建立固定守望点的区域，也可配合定点守望和伏击守望使用。守望人员可以化装成商贩或维修、运输、收购废品的人，在一定区域内进行巡查，从而发现嫌疑人并将其捕获。

（二）秘密守望勤务的准备

1. 秘密守望是一项艰苦和战斗性很强的工作，要求周密、谨慎地组织和实施。

2. 组织好精干力量：要选择机智灵活、随机应变、行事果断的干警担任。

3. 选择好守望哨位：守望前，必须充分调查守望地点的场地构造、周围环境等实际情况，因地制宜地选好守望地点。守望地点的选择首先要能够隐蔽自己，其次要能够有效监视嫌疑人的活动，最后要有利于采取下一步行动和处置突变情况。守望点可以选在居民住宅、单位或店铺的房间中，也可以设在有条件隐蔽自己的街面，如小商贩摊点聚集处、车站等地，或者埋伏在草丛、土坑等有利地形处。根据对控制范围的要求，可以设立地面点，也可以设立高层点。根据案情的需要，可以设立独立点，也可以设立线状系列点或网状全面控制点。

4. 掌握好案情和有关情况：参战人员要重点掌握守望对象的体貌特征、衣着打扮、携带物品、所持凶器、行为规律，根据嫌疑人的行为习惯找出其心理、性格特点，还应掌握守望地违法犯罪规律、特定环境等情况。

5. 确定好通讯联系的方法和暗语。

6. 备好各种物资：要充分估计守望的艰巨性、变化性和持久性，做好有关设备、物品的准备。

（三）秘密守望中应注意的问题

1. 秘密守望以能够控制守望目标而又不暴露自己为主要原则。

2. 自然：守望人员上岗后要动作大方，所着服装要随时就俗，所扮职业要随行就市，行为举止要自若，并与角色神形一致。

3. 安全：要提高警惕，充分估计到可能发生的各种突然情况，防止对象或守望目标行凶、拒捕、脱逃。

4. 稳妥：守望人员与对象或守望目标要保持合理的距离，以可控制对象的行动为准，不可过于近前观望。

5. 可靠：要根据情况确定守望岗位。案情复杂或地形复杂的，可设多个岗位。

6. 果断：遇有情况必须坚定沉着、迅速决断，机动灵活地采取行动。

7. 积极：守望人员要能吃苦，有耐心，斗志旺盛，严守纪律。要防止麻痹和厌战情绪，克服困难，坚持到底。

思考与讨论

竹北分局六家派出所警员刘某某，于2015年2月10日12至14时许担任金融守望勤务，于13时50分许在辖内六家邮局守望时，发现一名男子骑乘机车，见警方于邮局前守望，神色异常。刘某某直觉有异，即上前盘查该男子。该受拦查民众自称田某某，面对警方询问，眼神闪烁，含糊其辞，显然有可疑之处。经警员求证再三，反复追问之下，田某某终于坦承，其系逃逸已久的毒品通缉犯。

作为民警，在实施守望勤务时应注意哪些问题？

学习任务二　堵截勤务

学习目标

了解堵截勤务的含义、分类和堵截勤务的任务，掌握堵截勤务实施的前提条件和方法

案例引入

2016年1月7日，某矿务局公安处公安科科长向某在公安处办公大楼将公安处处长李某、公安处刑侦科科长韩某及其8岁的女儿枪杀，向某随即携枪畏罪潜逃。在公安部、省公安厅的指挥下，渭南市各级公安机关连夜布控追踪，在交通要道上设卡堵截。大荔县公安局接到协查指令后，火速调集108国道沿线和黄河沿岸派出所民警100多名，就地布控搜查。案发后有线索得知：向某8日早上曾在大荔县华原乡附近登上一辆发往大荔县的中巴车。大荔县公安局派出20名公路巡逻民警和8名武警重点控制许庄和高明两处收费站，并设关卡严加盘查。8日上午8点20分，大荔县公安局在许庄收费站设卡堵截时，一辆中巴车缓缓开进收费站，武警遂上车检查。就在此时，中巴车内突然传出一声枪响，中巴车后座有一男子自杀。经查，该自杀男子系向某，身旁放着一支六四手枪。

思考：
1. 设卡堵截的前提条件是什么？
2. 对驾车逃逸的嫌疑人如何实施堵截？

 任务分析

堵截是公安机关加强社会治安，维护治安秩序，打击各种违法犯罪活动的一项有效措施。堵截勤务有不同的分类，明确堵截勤务的任务和实施的前提条件是实施堵截勤务的重要保证。

 理论导航

一、堵截勤务的概念

堵截是治安部门依法通过对进出关卡的可疑车辆、行人进行必要的盘问、检查，以发现和截获违禁品、赃物和犯罪分子的勤务。它是公安机关对社会进行点、线、面控制的重要环节，其目的是发挥以静制动、阵地控制的作用，与动态控制一起形成动静结合的社会面控制，并在发现情况时及时截获现行、流窜的违法犯罪嫌疑人和物证。

二、堵截勤务的分类

（一）根据不同的治安工作目的，可以将堵截勤务分为经常性堵截和临时性堵截

1. 经常性堵截，即"固定堵卡"。经常性堵截是指即在大城市的出入口、重点路段以及省际交界处等重要道口和重要界区，治安部门设置一些固定性的卡、站，形成层层关防，派员昼夜值勤，进行盘查和拦截。

2. 临时性堵截，即"临时堵卡"。临时性堵截是指即根据公安机关追捕犯罪嫌疑人或专项工作的需要，在犯罪嫌疑人可能逃窜的方向、线路上或重点区域内，治安部门采取应急行动，临时布防，组织力量拦截逃犯或截获有关物品。

（二）根据堵截勤务实施方式的不同，又可分为公开堵截和秘密堵截

1. 公开堵截。公开堵截是指在案情明确、清查对象和范围确定的基础上，公开设立堵截卡点，对犯罪嫌疑人及其携带物品进行正面的审查、辨认和识别。公开堵截时，应当分工明确，有负责盘查的，也有专门负责警戒监视的。对于重

大嫌疑人员，尤其是携带凶器、危险物品等的人员，应当先搜身后盘查。

2. 秘密堵截。秘密堵截是指在治安乱点，违法犯罪行为经常发生或犯罪嫌疑人经常出没、可能落脚的地方，由民警秘密或化装后进行守候、堵截。秘密堵截时要注意隐蔽性以及化装的逼真性。

（三）根据堵截时采取的方法的不同，可以分为设卡堵截、巡查堵截、定点堵截、伏击堵截、围捕堵截、监视堵截

1. 设卡堵截。设卡堵截是指在犯罪嫌疑人逃跑方向和路线上布置力量，设置关卡进行堵截。

2. 巡查堵截。巡查堵截是指在违法犯罪活动容易发生的区域和场所，或犯罪嫌疑人可能出没、藏身的地方，布置警力，以游动的方式主动寻找、发现、查获违法犯罪之人。

3. 定点堵截。定点堵截是指在犯罪嫌疑人可能落脚的地点，布置警力，进行守候堵截。定点堵截要求切实掌握犯罪嫌疑人的特征，识别要正确。另外，进行定点堵截时，可以化装成小商小贩等人员进行守候。

4. 伏击堵截。伏击堵截是指在违法犯罪活动频繁或连续发生同类案件的地区，选择隐蔽地点，埋伏警力，发现、堵截违法犯罪行为人。

5. 围捕堵截。围捕堵截是指在追缉犯罪嫌疑人的过程中，发现其已逃至某建筑物或田地、山林时，应该抢占有利地形地物，将犯罪嫌疑人先包围起来，然后进行围剿、搜查和缉捕。

6. 监视堵截。监视堵截是指在容易发生违法犯罪行为的地区或场所，例如，商场、车站、码头等，进行监视控制，发现、堵截和捕获违法犯罪之人。

三、堵截勤务的任务

堵截是公安机关加强社会点、线、面控制的重要一环，因此各个堵卡点的执勤人员必须要充分发挥堵截阵地的控制作用，坚守岗位，保持警惕，严把关口，确保完成堵截任务。堵截勤务的主要任务包括：

（一）及时发现、捕获在逃犯和犯罪嫌疑人

要熟悉敌情、各地发布的通缉通报以及各时期治安工作的重点，保证能及时发现、捕获在逃犯和犯罪嫌疑人。

（二）截获赃款赃物，查禁违禁品

积极截获赃款赃物，减少国家和公民的损失；查禁违禁品，打击走私贩私活

动，保障社会主义的经济秩序。

（三）协助查破各类刑事案件

要协助查破各类刑事案件，同时要确保人民警察的自身安全和人民群众不遭受无谓的伤亡。

四、实施堵截的前提条件

实施堵截勤务时应当考虑以下条件：

（一）特征条件

在已经获取了犯罪嫌疑人或重大嫌疑人的人身、体貌、衣着或其携带物品的明显特征后，就可以实施堵截勤务。例如，嫌疑人身上的血迹、携带的体积较大的物品、行为反常等，都属于明显的特征。

（二）时间条件

要考虑从发生案件到发现案件间隔时间的长短，如果太长，则不利于堵截的实施，尤其是在白天发生的案件；如果是在夜间发生的案件，间隔可以相对较长一些。

（三）空间条件

如果逃犯、嫌疑人的特征条件良好，而且时间间隔也较短，则堵截的实施不受空间条件的制约；如果特征条件不太好时，应当考虑具体的空间条件，例如，白天在群众集中的城市里，就不太适宜；若是在乡村，则仍然有堵截的条件。

（四）人员流量条件

掌握了基本的特征条件但不太明显时，是否实施堵截，应当考虑现场人员成分和人员流量大小。若现场人员成分单一，都是本地人，而嫌疑人是外地人或现场人员流量较少或很少时，就适宜实施堵截。

（五）交通工具条件

如果已明确逃犯或嫌疑人有交通工具，或是盗窃、抢劫机动车辆等案件，在掌握这些交通工具的标志和特征之后，就应当实施堵截。

（六）痕迹条件

如果现场遗留有表明嫌疑人行踪的痕迹物证时，也可以实施堵截。例如，可以根据现场足迹，断定嫌疑人的逃跑方向等。

> 工作流程

一、堵截勤务的实施方法

在治安秩序管理中,堵截是经常被运用的一项警察勤务,要搞好这项勤务,必须做到以下几点:

(一)制定预案,时刻准备

预案是预先制定的实施堵截的各种行动方案,是快速反应并形成一定区域内的包围网的保证。当发生违法犯罪行为时,嫌疑人在暗处,警察在明处。在这种情况下,要保证以快制快,就必须制定预案,以防打无准备之战,造成工作的被动和不必要的损失。

制定预案时,应当遵循党委领导、依靠群众、与各部门协同作战的原则。在此原则的指导下,根据不同案件的特点,依据当地的环境、社情、敌情等具体情况,制定不同级别、不同范围、不同层次的行动方案。各个级别、范围、层次的预案应当既能独立施行,又能互相衔接、合作。

预案的内容应当包括:①上至各级领导人员,下至各个具体参战人员的分工、职责和权限;②堵截卡点的分布和设置;③各种交通工具、通讯工具及其他必要设施的使用和保障;④出现紧急情况时的应急措施以及预案的实战模拟等。具体而言,包括组织指挥、警力部署、处置方法、通讯联络、后勤保障、事后处理、纪律作风、器材装备和预案演练等方面。

(二)充分准备,积极应变

在有限的警力、物力等条件下,既要保证公安机关各个部门日常工作的运转,又要保证在需要实施堵截勤务时,能够积极灵活地应变。固定卡点应当坚持昼夜值班,按照有关要求保持临战状态,随时做好应付紧急情况的准备。在固定卡点的日常工作中,还应注意掌握有关敌情、社情、各地发布的通缉通报以及各时期公安工作的重点,保持信息渠道的畅通,以发挥固定卡点的作用。

公安机关要组织一支训练有素的机动队伍,每名成员不但要有良好的政治素质、高度的责任感、较好的身体素质,还应具有良好的专业素质,如擒敌技能、机动车辆的驾驶技术和通讯联络工具的使用技能等。同时还应准备好必须的器材设备,包括交通工具、通讯器材和武器等。

（三）多措并举，设法缉捕

协调各种力量，建立公开和秘密相结合，固定点与临时卡点相结合，集中与分散相结合的卡点网络，充分运用各种堵截的方法，甚至采取追缉与堵截相结合的措施，形成"关门打狗"之势，保证堵截任务的胜利完成。

1. 对驾车逃跑的嫌疑人的堵截。堵截卡点应尽量避开人群，选在远离树林、育苗、民宅区等便于对象藏匿区域的光线明亮的开阔地。为确保对犯罪嫌疑人所乘车辆的有效拦截，一般设立三道卡：观察识别卡、盘查缉捕卡、强行阻截卡。

第一道卡：观察识别卡。一般由2~3人组成，主要目的不是拦截嫌疑人车辆或直接缉捕嫌疑目标，而是利用各种借口拦截嫌疑车辆，观察、识别及发现嫌疑目标。可利用的借口有交通检查、货物检查、道路稽查等。另外还可以道路维修或砍伐路边树木为由，在路面摆放限速缓行、边路行驶等警示牌。

第二道卡：盘查缉捕卡。视情况设在离第一道卡的200~300米处。第二道卡是拦截盘查的重点卡点，警力配备要相对集中，分为盘查组、警戒组、机动组等。盘查组由指挥员和3名警察组成。指挥员负责上车指挥盘查，主要通过喊话、手势等进行，同时也担负一定的警戒任务。1名警察担负盘问、检查任务，并注意发现制服暴力犯罪嫌疑人；另2名警察担负车内警戒任务，观察动向，掩护盘查，控制局势，积极观察，发现并及时制服暴力犯罪嫌疑人。警戒组由2~3名警察组成，担负外围警戒任务，也担负拦截其他车辆等协助任务。机动组由1~2名警察组成，位于警车车轮后侧，主要担负狙击暴力犯罪嫌疑人，配合警戒，增援盘查组，押解嫌犯，下车盘查等任务。拦截的方法可分为直接和间接两种。直接拦截的方法包括设置障碍拦截、包围强行拦截等。这种方法可用于强闯第一道卡的嫌疑车辆；间接拦截的方法包括伪装查交通肇事车辆拦截、伪装查走私车拦截、伪装查违章运输车拦截等以查违法犯罪活动为由进行拦截。

第三道卡：强行阻截卡，应视具体情况安排在第二道卡后50~100米处，以能够直接目视为准，可配2人，应配备具有一定破坏性的防闯卡器具，或配备大火力枪支用以击破汽车轮胎，这样可以防止径行闯关。

2. 根据实际情况，采取追缉堵截。追缉堵截应根据嫌疑人逃跑的方向以及当地的地理环境、交通状况等条件来决定追缉堵截的方法。这些方法归纳起来有以下几种：

（1）尾随追缉，迎面堵截。根据嫌疑人逃跑的路线和踪迹，一方面组织力量尾随其后进行追缉，另一方面在其逃跑的前方布置力量，设卡堵截，使其成为瓮中之鳖。这种方法主要适用于嫌疑人逃跑的路线比较明确，改变逃跑路线的可能性较小，地理环境及交通条件不复杂的情况。这种方法可以节省人力、物力，提高工作效率。

（2）多路迂回。嫌疑人逃跑的方向明确，但逃跑的具体路线无法准确判断，并有多种可能逃跑的路线时，一方面有重点地布置力量进行多路追缉，另一方面组织力量快速迂回到行为人逃跑的前方可能经过的关卡，伏击堵截。这种方法主要适用于道路交叉纵横，嫌疑人逃跑方向或目的较为明确的情况。分兵多路追缉，既要有重点，又要照顾一般，以防犯罪嫌疑人途中藏匿或绕卡。采用这种方法进行追堵，可以防止顾此失彼，贻误战机的情况发生。

（3）合围包剿。这种方法是指已发现嫌疑人隐藏在某一地点，或被逼入一个较小的区域范围内时，公安干警迅速四散分开，抢占有利地形，堵住进出通道，将犯罪嫌疑人包围起来，逐步缩小包围圈，步步紧逼，将其擒获或迫使其自动放弃反抗，停止逃跑。运用这种方法时，应特别注意根据不同的地理环境情况迅速严密合围，及时疏散圈内及周围群众、机动车辆，转移贵重财物和危险物品，以免造成人员伤亡和财产损失，避免嫌疑人劫持人质，闯网突围。

（4）立体追堵。使用现代化的水、陆、空交通工具，使地面、水面的追缉堵截与空中的观察控制及指挥高度紧密结合起来，把嫌疑人控制在一个特定的空间范围内，或者始终将嫌疑人的行踪纳入追捕人员的视线内，最后将其擒获。

3. 在确认是犯罪分子后，一般采取下列方法将其缉获：

（1）便衣贴靠，出其不意，一举捕获。

（2）政策心理攻心，迫使嫌疑人自动缴械。

（3）使用麻醉枪、水枪、瓦斯弹等非杀伤性武器打击嫌疑人，使其失去抵抗能力，予以缉获。

（4）使用警犬扑咬。

（5）利用狙击手射击其要害部位，使其失去抵抗和逃跑能力。

（6）对持枪或携带爆炸物的顽抗分子，为减少损失，可予以当场歼灭。

（四）统一指挥，协同作战

追缉堵截通常是多警种、多方面力量的联合行动，行动的机动性强，且具有紧迫性甚至危险性。缉捕人员既要分头行动，又要彼此呼应，行动上必须保持协同一致，因此必须做好组织指挥工作。在追缉堵截的过程中，要实行统一指挥、统一部署、统一行动，不能受行业、部门间的权限限制，一经接到紧急通报，即应就近组织力量进行追缉堵截，而不应层层请示，或坐等上级出面协调。另外，在追缉堵截过程中，若发现了新情况，指挥人员应及时通报有关人员，并针对出现的新情况作出相应的对策，将追缉堵截的主动权始终掌握在公安机关手中。同时要注意发挥地区之间、部门之间协同作战的作用，防止失控漏堵事件的发生。

（五）群众配合，动静结合

堵截在逃人员，要注意取得车站、码头、旅店、饭店等单位职工群众的密切配合，如果发现可疑人员，应立即报告。堵截也不能成为一味被动的静守，其范围也并非一成不变，根据案情的变化，堵截卡点不仅应相应地及时调整，堵截范围也可以做局部的延伸。堵截的同时，还应派出一定的力量组成机动巡逻队、流动观察暗哨，以便发现关卡前有隐蔽藏身、绕道回避、乔装打扮或隐藏物品的可疑人员。

二、实施堵截勤务应注意的事项

（一）要部署快，行动神速

追缉堵截的战斗性强，尤其是临时性堵截，要求领导下令快，采取措施快，部署警力和出击快，不给嫌疑人以喘息的机会。

（二）要搞准追堵方向和嫌疑人特征

在追堵过程中，要注意访问沿途群众，弄清嫌疑人逃跑的方向及体貌特征，不能没有方向地盲目追堵。

（三）要警惕嫌疑人行凶和拒捕

对于携带凶器、枪支和爆炸物品的逃跑人员，在追堵和擒拿时，要警惕其行凶和拒捕，避免造成不必要的伤亡。

思考与讨论

2013年3月26日凌晨4时18分，汕头市局110报警服务台接到报警，称一辆白色佳美2.2排量的车被盗。警方随即迅速调动各警种上路追缉堵截，并紧急启动粤东七市联动协作机制，一场围捕被盗车的战役打响了。经过22分钟的围堵，警方成功缴获被盗车辆。随后，涉嫌作案车辆也被揭阳警方查获。

对驾车逃跑的犯罪嫌疑人如何实施堵截?

课后训练

训练一 守望勤务的训练

【训练目的】

掌握守望勤务的实施方法

【训练内容】

对居民区实施秘密守望

【训练案例】

某居民小区经常发生入室盗窃案件,某巡警大队布置警力在小区附近进行秘密守望。某日,一男子拎一个大手提袋神色慌张地从一单元楼走出,守望的民警立即上前进行盘问。

训练二 堵截勤务的训练

【训练目的】

掌握堵截勤务的实施方法

【训练内容】

对驾车嫌疑人进行设卡堵截

【训练案例】

某年某月某日,某地发生一起抢劫案件。犯罪嫌疑人,男,20岁左右,身高1.75m左右,体态偏瘦,留平头,驾驶一辆银灰色现代轿车向东逃窜。其随身携带自制猎枪一把,子弹数发,人身危险性较大。根据犯罪嫌疑人逃跑的路线,警方在其前方设卡进行堵截,并成功将其抓捕。

学习单元六

盘查勤务

学习任务一　盘查勤务的实施

学习目标

了解盘查勤务的含义、特点，理解盘查勤务的要求，掌握盘查勤务的实施程序和盘查后的情况处理，具备实施盘查勤务的技能

 案例引入

2015年1月10日4时许，唐山市路北区公安分局机场路派出所民警巡逻至建设路与裕华道交叉口西北角时，发现一男子东张西望，形迹十分可疑，遂对其进行盘查。该男子见到民警，撒腿就跑。民警立即在后追赶，并通过对讲机集结附近巡逻警力进行堵截。最终，民警将该男子成功抓获，并从其身上搜出大量现金以及一块手表。该男子神色慌张、言语支吾，无法说出现金及手表的来源。经进一步调查，犯罪嫌疑人莫某某（男，19岁，四川省越西县人）对其刚刚在路北区某小区盗窃上述财物的违法事实供认不讳。

思考：

1. 什么是盘查勤务？
2. 盘查勤务如何实施？

 **任务分析**

盘查勤务是公安机关人民警察发现或确认嫌疑人是否有违法、犯罪行为或是否具有重大犯罪嫌疑的一种行之有效的手段。在侦查、清查、巡逻、堵卡以及处理治安事件等许多情况下，民警恰当地运用盘查方法，能够及时、有效地发现犯罪嫌疑人，并及时予以缉捕，盘查勤务是公安机关人民警察维护社会治安秩序的重要保证。

 理论导航

一、盘查勤务的概念

盘查勤务，是指公安机关人民警察在执行职务过程中，依法对可能具有违法或犯罪行为的嫌疑人进行盘问和检查，以发现或确认其是否有违法、犯罪行为或具有重大犯罪嫌疑的警务活动。它直接指向公民的人身权利和自由，具有明显的强制性，它的实现是以法律和国家强制力作保障的，是公安机关人民警察维护社会治安秩序，执行警察勤务的具体体现。

二、盘查勤务的特点

（一）较强的目的性

盘查勤务是公安民警依法对可能具有违法或犯罪行为的嫌疑人进行盘问和检查的警务活动。盘查警务的实施，实质上是针对有明显违法犯罪迹象的犯罪嫌疑人的。对"有明显的违法犯罪迹象"的判断具有很大的主观性，这种判断是否准确，有赖于通过依法盘问和检查进行验证。因此，盘查勤务的目的性十分明确。

（二）嫌疑人身份和行为的不明确性

经过群众举报并进行了解，民警对有些嫌疑人的盘查是具有比较明确的指向性的。但在实际警务活动中，民警只能通过观察，抓住表现在某些嫌疑人身上的蛛丝马迹，以此来发现疑点，确定盘查对象。

（三）嫌疑人反抗行为具有突发性

由于被盘查人的身份和行为的不明确，一些企图逃避打击的犯罪嫌疑人可能会采取反抗行动，其反抗时间、空间的主动权不在民警手里，反抗的行为如拳打、脚踢、掏取凶器行凶、抢夺警察的武器、捡拾地上的物件攻击警察，或者转身逃跑等也具有突发性质，不易被事先察觉。

（四）盘查勤务的强制性

民警在对嫌疑人进行盘查时，各种指令都具有强制、不可违抗的特点。这就要求执行盘查勤务的公安民警针对各种嫌疑人、嫌疑事和嫌疑物，依照有关法律规定发布指令，实施盘查。被盘查人不得拒绝，对于违抗指令的嫌疑人或者以暴

力行为抗拒盘查的嫌疑人，民警可以采取有效的强制措施加以处置。

三、盘查勤务的要求

（一）依法实施的要求

盘查勤务是一项警务活动，是一种执法行为。因此，民警在盘查时，要严格遵守法律法规，依法办事，严禁违法、违规盘查。民警应当始终坚持理性、平和、文明、规范的原则，因情施策，确保安全。在盘查过程中出现突发情况时，民警应参照公安机关人民警察现场制止违法犯罪行为的操作规程执行，即民警现场采取处置措施，应当以制止违法犯罪行为为限度，尽量避免和减少人员伤亡、财产损失；使用较轻的处置措施足以制止违法犯罪行为的，应当尽量避免使用较重的处置措施。民警现场制止违法犯罪行为，应当注意方式、方法，避免激化矛盾；民警发现事态有进一步扩大可能的，应当及时采取相应措施进行妥善处置。

一般的现场处置措施由轻到重依次为：口头制止、徒手制止、使用警械制止、使用武器制止。

对正在以非暴力方式实施违法犯罪行为的嫌疑人，警察可以口头制止。口头制止可能导致违法犯罪行为人逃跑、毁灭证据或者其他严重危害后果的，人民警察可以采取徒手制止措施。当违法犯罪行为人停止实施违法犯罪行为时，人民警察应当立即停止可能造成人身伤害的徒手制止动作，并依法使用手铐、警绳等约束性警械将其约束。使用以上处置措施仍未能制止违法犯罪行为，若有《中华人民共和国人民警察使用警械和武器条例》第 9 条规定的紧急情形之一的，经警告无效的，人民警察可以使用武器；来不及警告或者警告后可能导致更为严重的危害后果的，人民警察可以直接使用武器。违法犯罪行为人停止实施违法犯罪行为，服从人民警察命令，或者失去继续实施违法犯罪能力的，人民警察应当立即停止射击，在未确定危险消除前，人民警察应当继续保持持枪戒备的状态；确认危险消除后，人民警察应当关闭枪支保险，收回枪支。

（二）保持警力优势的要求

执行盘查任务的民警应当携带单警装备，为保障安全，执行盘查任务的民警必须以小组（至少 2 名警员组成）的形式进行盘查，时刻保持相对的警力优势，防止出现袭警事件，每个小组应当携带手持电台及手持身份证识别仪器。各地可根据实际情况，为盘查民警配备现场执法录音、录像设备。

盘查多名可疑人员时，民警应当责令所有嫌疑人背对开阔场地，并在实施控制后，分别进行盘查。当盘查警力不足以有效控制嫌疑人时，应当维持控制状态，立即报告，请求支援。

（三）表明身份的要求

盘查中要公开民警身份。公开身份有 2 个作用：一是可以起到威慑作用；二是可以得到人民群众的理解和帮助。

（四）警员间保持沟通联络的要求

在盘查过程中，要分工明确并保持高度警惕。对嫌疑人的盘查，在保持警力优势的情况下，执勤民警仍要进行明确的分工并保持高度警惕。在盘查过程中，保持警员间的沟通联络，随时控制嫌疑人的各种不利于盘查的动作，对确有违法犯罪行为或者确有重大犯罪嫌疑的盘查对象实施现场抓捕。

工作流程

一、实施盘查前的准备

（一）观察、确定盘查目标

在盘查勤务中，被盘查人的情况很复杂，民警在与被盘查人接触前，要对被盘查人进行观察，收集被盘查人的信息、情报，确定盘查目标。

观察是一种有目的地、比较系统地感知事物的过程。通过观察，可以发现特定人员或物品的异常现象，发现或确认疑点，并为盘问、检查奠定良好基础。认真细致、全面地观察是发现可疑人员或犯罪嫌疑人的前提，是确认盘查目标与自己已获知情况是否一致的首要条件，不论是通过哪种途径获知和发现的盘查目标，不论是白天还是夜间，不论是公开还是秘密地对盘查目标进行观察，都要把重点放在其形象和行为特征上。观察时应注意：

1. 盘查目标的步伐、姿态、面貌特征、衣着服饰、体形体态是否正常，是否与自己已获知情况相近似或相一致。

2. 盘查目标身上有无血痕、擦痕或其他可能是作案留下的重要痕迹特征。

3. 盘查目标人数多少，相互间距离大小，一起行动时的关系有无异常。

4. 盘查目标面部神情及行为动作是否慌张，有无敏感地躲避警察的心理和行为表现，其紧张程度与行为动作，特别是双手的动作有无遮盖或异常举动。

5. 盘查目标携带何种物品，大小、形状、特征如何，是否可能装有凶器，是否可能为赃物。

6. 盘查目标所用交通工具种类、特征，所载物品的性质、性状，其有无见到警察就加速逃窜或不顾警察拦截强行冲卡的行为。

观察过程中应重点把握两点：一是观察盘查对象的特征是否与通缉、通报协查、群众举报等所获情况近似或一致；二是观察盘查目标是否具备身份可疑、行为可疑、体貌特征与面部表情可疑的特征；是否具备携带物品可疑、交通工具可疑、盘查目标同行人相互之间关系可疑及其他违反常规、常态、常情的可疑现象。把握了这2点对盘问、检查至关重要。若能提前观察、发现，就能提前作好盘查方法的选择和准备，就可大大提高盘查的效率和效益，对减少盘查中的失误，减少不必要的盘查工作量，减少盘查中的伤亡损失具有重大的意义和直接的作用。

（二）明确组员分工，确定沟通方式

1. 在执行盘查任务时，应由2名以上民警进行盘查。盘查行动开始前，应由1名民警作为主盘问及检查人员，其余民警为警戒人员并协助主盘问人员进行检查工作。

2. 在进行盘查行动前，民警要检查自己携带的装备，保证任务的完成。盘查行动所需的装备有交通工具、武器、警械、通信器材和照明设备等。

3. 在进行盘查时，组员间应确定好沟通联络的方法，特别是发生被盘查人不配合民警工作，需要对其采取强制处置措施时，民警间的沟通方法。

（三）制订接近与截停盘查目标的方案

1. 选择截停地点。虽然发现违法犯罪嫌疑人或形迹可疑人是随机的，但对其实施盘查的地点却是可以由警察进行选择的。在进行盘查地点的选择时，应把握"宜明不宜暗、宜宽不宜窄、宜直不宜弯、有依托或容易得到支援的地点和道路"这一原则，具体有以下几点要求：

（1）选择视野开阔，地貌简单之处。选择视野开阔之处，有利于观察周围的情况和变化；选择地形地物简单，道路宽敞、平直、少弯，周围无复杂多出入口的建筑物或小巷，无丛林、高秆作物等地方，有利于控制盘查对象，使其不易脱逃。

（2）选择光线明亮之处。选择光线明亮的地方，尤其是在夜间尽可能选择有路灯等照明条件好的地方，有利于观察和检查，也便于看清盘查对象的体貌特征、面部表情变化、携带的物品等，以便掌握盘查情况的变化。

（3）选择安静、人流较少之处。盘查应尽量避免人群围观、起哄，防止发生意外，并保证盘查时听得清、问得明，所以盘查应当避开人群，选择人流较少的地方。

（4）选择易获得援助之处。尽可能在附近有行人、车辆来往的地点进行盘查，以防止处于孤立无援之境。

2. 选择接近嫌疑人的方式。选择接近嫌疑人的方式，是关系到制敌取胜的大问题。接近嫌疑人的方法多种多样，究竟采用何种方法更恰当、更适宜，必须根据可疑情况的性质、嫌疑人的特点、周围环境、地形以及时间等相关因素来确定，采取有针对性的、灵活机动的、有效的接近方法，防止打草惊蛇，防止犯罪嫌疑人逃跑、藏匿、毁灭罪证或行凶、自杀等。通常采取接近的方式有：

（1）正面接近，迅速出击。当犯罪嫌疑人人数较少，年龄较大，携物较多，行动不便，或尚未发现警察，毫无逃跑等迹象时，可以采取正面接近的方式，迅速及时地接近犯罪嫌疑人，使其感到震撼、害怕、措手不及而束手就擒。

（2）迂回包围，隐蔽接近。当犯罪嫌疑人人数较多，年轻力壮，手中可能持有手枪、凶器，东张西望，有逃跑企图时，人民警察可采取正面牵制，侧后迂回，左、右两侧迂回包围的方法，秘密、隐蔽地接近，而后突然袭击，四面包围，不使其漏网。

（3）化装尾随，秘密跟进。当犯罪嫌疑人处在人群聚集的场所，如在闹市区，夹杂在人流中，或乘坐飞机、汽车、轮船等交通工具时，或在电影院、会场内等场所，不便采取公开行动时，为防止嫌疑人乘机作乱，或有嫌疑人混杂在人流中潜逃，或穷凶极恶地挟持人质、杀害无辜等情况的发生，人民警察可采取穿便衣，化装成普通群众的方法，秘密接近，待时机成熟时，将其擒获。

（4）公秘与内外相结合，协同制敌。当犯罪嫌疑人人数较多，高度分散，周围环境较复杂，且分布在群众聚集场所内，不便辨认、掌握和控制时，可由部分人民警察提前着便衣深入现场，掌握和摸清犯罪嫌疑人的基本情况，并秘密对其加以控制，以时间或口令为号，秘密力量在内，公开力量在外，对其形成包围之势，突然出击，一网打尽。这种公秘与内外相结合的行动方法，对取缔和打击各种犯罪团伙及有组织犯罪效果更好。

总之，接近犯罪嫌疑人的方式多种多样，但民警绝不能随心所欲、脱离实际，根据自己的爱好，主观臆断地决定选用某种方法，民警必须对当时的可疑情况、嫌疑人情况、周围环境、地形地物等相关因素进行综合分析、研究，反复对照比较，因时制宜、因地制宜，才能选择正确的接敌方法，做到主观愿望与客观实际相符，接近方法与可疑情况的相关因素相适应，这样才能达到灵活、恰当、有效的制敌效果。

二、盘查勤务的实施

（一）表明身份

执勤民警在执行盘查任务时，拦截嫌疑人后，应立即表明身份，告知民警的权力以及嫌疑人的义务。

距离盘查对象大约1.5~2米处，由一名警察左手臂向前平直伸平，手掌竖起，指尖朝上，示意相对人停下来。这个距离既能将盘查对象纳入控制范围，又在对方发力范围之外，而且不会引起普通人的反感。敬礼，表明警察身份。告知词是："我是警察，现依据《人民警察法》第9条的规定对你进行盘查，请予以配合。"

（二）选择盘查站立姿势和站位形式

当执勤民警截停嫌疑人后，在表明身份的同时，应当采取相应的站立姿势和站位形式，达到既能有效控制嫌疑人，又能在受到嫌疑人突然攻击时进行躲闪和打击的效果，防止意外事件的发生。

1. 站立姿势。警察应当侧身站立，使身体携带武器的一侧远离嫌疑人。双腿自然微曲，双脚自然开立，使身体保持一种随时可以向任何方向快速移动的积极状态，严禁双腿僵直地站立。警察（以右手是"强手"为例）的左手微微抬起，置于腰腹前，右手放在枪套或警棍握把附近，严禁袖手、抄手或背手。警察应随时密切注意盘查对象双手的动作，不能为了观察对方的眼神而不看其双手。

2. 站位的基本形式。

（1）侧应站位。一名民警当主盘问，另一名民警站在主盘问民警右侧（或左侧），负责控制或监视被盘查人和周边环境，防止被盘问人或者同伙的袭击。对被盘查人的监视关键是注意对象的眼和手。对象有所图谋时，往往会用目光扫视目标，一旦出现这种情形，民警应当眼疾手快，争取主动。2名民警相互之间的安全距离应视情况而定，一般情况下保持1.5~3米的距离。

（2）前后站位。负责盘问的民警在盘查对象左侧前方站立，负责警戒的民警在盘查对象右侧后方站立，2名民警距盘查对象1.5~2米，并形成错线，使2名民警的火力线不重叠。盘问中要制止盘查对象回头观望的举动。

（3）三角站位。3名警察盘问1名可疑人时，在开阔的环境中应采取"三角站位"，即3名警察的位置略成等腰三角形，负责盘问的警察位于等腰三角形的顶点，负责控制的两名警察分别位于等腰三角形底边的两个顶点，即盘查对象的侧面略偏后的位置，与盘查对象距离1.5~2米。

（4）弧形站位。在半封闭空间内，3名警察盘问1名可疑人时，应当成"弧形站位"，即3名警察的位置以盘查对象为圆心略成弧形，负责盘问的警察位于扇形弧线的中点附近，负责控制的2名警察分别位于扇形弧线两端，即盘查对象的侧面略前的位置，负责监控。

（三）人物分离

执行盘查任务时，对携带包裹的嫌疑人，应立即责令其将包裹放在适当的位置，让嫌疑人远离包裹，不得让其自行翻拿。遵循"先人后物"原则，先对嫌疑人进行盘问和检查，防止嫌疑人趁机使用装在包内的武器行凶顽抗，再对其所携带的包裹进行检查。

（四）盘问

盘问，即仔细地的查问。盘问通常在巡逻民警确定盘查对象，选择恰当的盘查时机和地点，并以适当的接近方式控制盘查对象之后与检查同时进行。

盘问时应重点查清4个方面的情况：

1. 查清盘查对象的身份。包括：姓名、年龄、住址等能确认身份的基本情况。

2. 查清盘查对象的携带物品。包括：物品种类、数量、来源、用途等情况。

3. 查清同行人关系。包括：夫妻、子女、同事、朋友等情况。

4. 查清可疑情况。包括：可疑行为、可疑事件、可疑神情、可疑痕迹、可疑迹象等主要可疑情况。

盘问提问，应先从了解对方身份、住址、职业等情况入手，从交谈对话中发现或澄清疑点、然后逐步过渡，提问其携带物品情况，同行人关系情况，警察认为可疑的行为、神情、事件、痕迹等情况。一边发问，一边进行检查，盘问与检查相互印证。在盘问中注意其表情、动作、语言逻辑等，善于运用技巧，如"十看十对"：看证件对年龄；看面貌对年龄；看原籍对口音；看举止对职业；看言行对学历；看衣着对身份；看物品对来源；看同伴对关系；看去向对方位；看神情对心态。

盘问中发现回答前后矛盾，内容明显夹杂谎言，回答笼统、情节不清，含糊其辞、不作肯定回答的，有意答非所问、回避回答，自己无法解释或闭口不予回答等情况时，要进行细致地追问。可以指出其矛盾，要求解释；抓住细节，逐一提问；针对疑点，不断追问，务必使盘问达到查清问题的目的。若不能查清或越查疑点越多，应果断将嫌疑人带回公安机关继续盘问。

盘问中若发现被盘问对象确系文化程度低下，不能理解盘查提问，或因过度紧张出现反常而回答不清，或颠三倒四，或发生紧张性遗忘，或本身有聋、哑、弱智等表现，应及时调整盘问语气，变换提问角度，缓解紧张气氛，讲明工作任务，避免误会误解，逐步搞清情况。

盘问中情况被搞清、疑点被排除的，应及时致歉，予以放行；疑点不能排除或疑点越来越多，可带回巡逻岗亭、派出所或公安机关留置盘查；发现重大犯罪嫌疑人或现行犯罪人应采取缉捕措施予以先行拘留。

盘问应注意恰当、适时，以法服人，避免群众围观。遇有需带回公安机关继续盘问的，应注意控制方式。

（五）检查

检查，通常是指对嫌疑人的证件、人身、行李物品以及其所处环境、地点的检查。检查的基本顺序是：证、人、物。

1. 证件检查。证件是证明被盘查人身份的重要依据，证件检查的目的就是判定证件本身的真伪、证件内容的真伪、证件内容与持有者关系的真伪，从而确定盘查对象身份的真伪。

（1）证件检查的种类和内容。证件检查的种类主要有：居民身份证、护照与签证、其他证件。其他证件包括：工作证、学生证、机动车驾驶证、证明信、介绍信及特殊通行证等。证件检查的内容在于：确认人证相符；核对证件内容；判定证件真伪；发现违法犯罪嫌疑；收缴非法证件；依法追究当事人责任。

（2）证件检查的程序。首先，令嫌疑人掏出证件，密切注视其动作。一般口令是："请您用左手从……（所放证件部位）慢慢掏出，交予右手。"其次，接过证件时，应由民警主动接近嫌疑人，接拿证件后应退至安全距离，不能让嫌疑人随意移动身体，眼睛始终注视着嫌疑人，再行检查证件。再次，查验证件时，应当将证件举至约同肩高，使证件与嫌疑人同处于视野范围内。认真查验证件防伪暗记和标识，判定证件的真伪，核实嫌疑人身份。最后，通过身份证识别仪器或公安信息系统对嫌疑人的身份进行核对。

（3）证件检查的主要方法。一是观察与触摸。观察主要看证件规格与图像、观察特殊印记与暗记；触摸主要是摸证件质地、摸证件特殊凹凸图形、摸"贴、剪、刮、改动"痕迹；二是人与证对照。主要对照证件照片形象与持证人是否相像或同一，证件内所载内容与持证人陈述是否一致，持证人的几个证件是否有矛盾，证件是否有效等。

证件查验完毕，不能立即还给被盘查人，应在整个盘查行动全部结束而又没有发现疑点，认为可以放行时，最后还给被盘查人证件。若被盘查人为多个人，应防止发还证件出现差错的情形。

2. 人身检查。人身检查是盘查中最敏感、最易发生问题和产生纠纷，也最易出现袭警情况的检查。盘查中并不是对所有人都必须进行人身检查，但下列情况必须进行人身检查：

（1）查获持有伪造、变造证件，冒名顶替、企图蒙混过关的人员。

（2）通缉、通报协查的犯罪嫌疑人。

（3）群众举报和指认的违法犯罪嫌疑人；实施现行违法或犯罪行为，被抓获的人员。

（4）身染血迹斑痕，身负一定创伤，有重大违法、犯罪嫌疑，形迹可疑的人员。

（5）盘查中可疑情况严重，需带回继续盘问、留置的人员。

（6）不讲真实姓名、身份、住址的人员。

（7）非法携带枪支、管制刀具、攀登工具，或发现撬盗工具、持有作案工具及携带的物品被怀疑是赃物的人员。

（8）携带危险物品（如易爆、易燃、剧毒、放射性物品）、毒品、麻醉药品、非法淫秽书刊及音像制品，拉载疑为走私、盗窃、抢劫的物品的车辆驾驶人员和押运人员。

除上述所列情况之外，凡巡逻中有必要进行人身检查的也可进行人身检查。

另外，对女性进行人身检查应由女民警实施。

盘查中的人身检查主要是凶器检查和违法与犯罪证据检查。凡检查出非法枪支、刀具及毒品，违法走私、违禁品及与犯罪作案有关的赃物等物品，均应对被检查人采取强制控制措施，戴上手铐，严格控制，以防出现意外。

实施人身检查之时，应根据不同的情况采取不同的检查方法。凡确认对方为违法犯罪作案人或暴力犯罪分子，均应持枪控制。先上铐，后搜身，或先由民警抓捕、上铐、控制牢靠后，再搜身检查。

凡不能确定盘查对象为违法、犯罪作案人，但又嫌疑重大，应出枪控制，先盘问，后检查人身；但不能先行上铐或捆绑。检查中发现凶器或罪证，可上铐控制；未发现凶器罪证，也未能澄清其嫌疑者，不可上铐或捆绑，也不能采用擒敌技术的徒手押带方式进行押带，而应采用贴身挟带或两侧（前后亦可）控制，自然行走的方法，将其带回继续盘问。带回途中也应严防对方突然徒手袭警或抢夺人民警察武器，或拼命抗拒、逃窜。如果出现上述情况应及时转入缉捕程序，必要时可使用警械具或武器，将其制服后上铐押带。

凡盘查中存有可疑，但较为配合，愿意接受人身、物品检查者，可不出枪，先盘问，后检查。但警戒民警应保持高度警惕。检查的方式也可温和些、灵活些，但防卫意识不可有任何松懈。人身和物品检查中未发现问题，疑点被排除，应致歉放行，感谢配合，以缓解进行盘问、检查给无辜路过之人造成的不满。

如果巡逻民警接到110指挥中心指令或接到群众报案、指认，赶到现场，面对数个犯罪行为人时，应先行出枪控制或鸣枪警告，控制后，可令全体作案同伙，趴在地下，由一名民警持枪监视，另一名民警上前搜身，待全部搜完，连环上铐押回。若对方集体抗拒，可使用武器击伤或击毙作案人，力争活捉1~2人。只要抓获1~2人，即使其他作案团伙人逃窜，也能将其侦查抓获。

人身检查之时，应在同伴持枪控制或保持警戒状态下上前检查。民警责令被检查人伸开双臂高举过头扶墙或者车，双脚分开，尽量后移，民警站于其身后并将一只脚置于其双脚中间。然后从被检查人双手开始检查，从上向下，重点是头颈部、衣领、上肢、前胸、腋下、腰部、腿部和脚下等部位。一般要用手采取挤、压、触、摸、翻等动作。检查人身应先腰部，后上身、再下身；从后近身；先腹、后腋、上肢、再后腰、延及裤袋、腿部、鞋子依次触摸挤压，凡凶器或可作为凶器使用的物品，均应检出收缴，记录在册。

3. 物品检查。盘查中的物品检查，是指对盘查对象所携带的或就在其身边的物品进行检查。这些物品在没有经过检查之前，很难确定他们的性质及与违法犯罪嫌疑人之间的关系，只有检查之后，搞清了它们性质、特性，并与盘问结果相对照，才能确定是否属于违法、违禁及犯罪证据物品。

查验时，将被查物品与被盘查人分开，分别查验。查验物品应与盘问同时进行，边查边问，但不能让被盘查人自己打开包箱，即使必须让其自己开包、开箱，打开时也应有警察在旁边监视，打开后应让被盘查人离开包、箱，离开一定距离等待查验结果。查物时，采用一问（箱包内物品大致情况），二看（看形状、结构、包装），三听（听有无声响），四闻（闻有何异味），五摸（摸形状、掂分量），六开（轻开、慢拉、谨慎开启）的步骤。检查时轻拿、轻放，按顺序查验，尽量不破坏物品性质与形态。

对于被盘查人无法说明来历的不明之物、违法违禁之物、通报协查之物、有可能是犯罪工具和犯罪物证之物均应暂扣或收缴。对于非违法犯罪之物品，均应查验后发还。

三、盘查后的处理

（一）没有发现违法犯罪行为的，应立即予以放行

检查完毕，右手握拳，拇指向上，向同伴示意无异常，可以放行。返还证件和物品并敬礼。规范语言是："谢谢你的配合，再见。"

（二）对有违法犯罪嫌疑的人员当场盘问、检查后，不能排除其违法犯罪嫌疑，且具有下列情形之一的，民警可以将其带至公安机关继续盘问

1. 被害人、证人控告或指认其有犯罪嫌疑的。
2. 有正在实施违反治安管理的行为或者有犯罪嫌疑的。
3. 有违反治安管理的行为或者有犯罪嫌疑且身份不明的。
4. 携带的物品可能是违反治安管理或者犯罪的赃物的。

（三）民警对盘查活动的情况做好出警记录

（四）违法犯罪嫌疑人携带毒品、淫秽物品等违禁品或管制刀具、武器、易燃、易爆、剧毒、放射性等危险物品的

民警应当依法予以扣押或收缴。对需要作为证据使用的物品、文件，应当根据案件性质，分别依照公安机关办理行政案件或刑事案件的有关规定处理。

（五）现场处置过程中出现人员伤亡的，应按以下程序处置

1. 立即向所属公安机关口头报告。报告内容包括：公安民警身份、目前所处位置、采取处置措施情况、人员伤亡情况、现场情况、联系方式；异地采取处

置措施的,应同时向现场所在地公安机关口头报告。

2. 迅速对受伤人员采取临时救治措施,并根据需要立即通知急救中心进行抢救。

3. 保护现场,寻找相关证人和物证、书证,防止证据灭失。

思考与讨论

2017年1月17日7时许,重庆市忠县交巡警公巡一中队中队长叶某某、民警花某某带领协警队员在乌杨镇超限检查站,对过往车辆进行例行检查。9时许,一辆红色小轿车由乌杨镇方向驶来,发现前方有民警设卡盘查,红色小车在路边停了下来,并趁民警在检查其他车辆时,主驾驶位的男司机与副驾驶位的女司机迅速调换了位置。当民警询问其身份证号码时,该男子却称自己记不清了,但记得出生年月。花某某联系值班内勤查询到王某成的基本信息,照片与眼前的男子的确有些相似,观察到此前男子慌乱的神情,花胡成并没有轻易相信,又接着询问王某成两个孩子名字,男子也一一回答正确,民警再问到孩子的生日时,男子顿时语塞,神情更加慌乱。眼看男子疑点越来越多,叶某某、花某某决定将其带回中队驻地继续盘问。在进入驻地大院的一刹那,该男子拔腿就向大门外跑去,民警和协警一路狂追近500米后将其擒获。经突审和公安网查询,该男子真名叫王某,重庆市奉节县人,谎报的王某成是其亲哥哥。王某2009年在广东受人邀约持刀将他人砍死后,被当地公安机关网上追逃,7年来一直东躲西藏,多次冒充哥哥身份蒙混过关。

警察在盘查勤务中发现疑点如何处理?

学习任务二 盘查勤务中特殊情况的处置

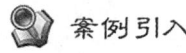

掌握在盘查过程对于语言、行为不配合和袭警情况的处置方法

案例引入

2015年1月8日15时30分许,广州市白云区公安分局民警带领协警在均禾街辖内开展日常治安巡查工作时,发现3名男子形迹可疑,遂进行盘查,突然遭到该3名男子持锐器暴力袭击,1名民警颈部被刺伤。现场民警依法开枪还击,击毙、击伤各1名犯罪嫌疑人,并将另1名嫌疑人现行抓获。目前,受伤民警经

送医院治疗，暂无生命危险。案件仍在进一步调查中。

思考：

在盘查过程中，面对发生袭警的情况该如何处置？

 任务分析

警察在盘查勤务中，经常面对盘查对象不配合的情形，例如语言不配合，行为不配合等，更严重的是可能发生袭警的情形，面对特殊情形，警察应掌握正确的处置方法，学会保护自身的安全并顺利完成盘查任务。

 理论导航

为及时制止、防止、控制各类违法犯罪事件的发生，尽可能避免民警的伤亡，对参与巡逻盘查的民警，必须加强巡逻盘查技战术有效的实战化训练，促进行为能力养成，规范巡逻盘查操作，确保民警执法安全。

一、加强基本功训练，促进行为能力养成

练就扎实基本功，增强民警实战素质，提高巡逻盘查能力，促进行为能力养成尤为重要。加强实战体能训练，既是提高实战技能的基础，又是提高民警身体素质，增强实战能力的必要途径，没有一定的力量、速度和耐力，不仅难以捉拿不法之徒，而且自我安全防卫也成问题；注重对专业知识的学习，特别是公安业务知识的学习，用理论知识来指导巡逻工作实践；强化警务技能训练，熟练掌握防卫控制技术，各种武器、警械的性能，以及警棍、防身喷雾剂、手铐、对讲机等的使用。使民警养成巡逻前检查装备、带齐装备，思考巡逻盘查问题，巡逻后检查装备，总结巡逻盘查情况及证据收集的习惯；巡逻中自然而然地会去熟悉环境，观察周围动态，确定盘查对象后能明确分工，合理站位，对目标实施有效控制；一旦遇到袭击，能立马做出协同配合，正确使用武力等行为。

二、强化技战术配合，提高应急处置能力

巡逻盘查是一项危险性高、对抗性强的工作，对民警技战术能力要求很高。只有加强巡逻盘查技战术配合训练，才能提高民警现场应急处理能力。"形势评估"贯穿巡逻盘查行动的整个过程，培养民警评估意识，提高研判能力，是巡逻盘查技战术训练的重点和难点。

巡逻盘查主要围绕"警察、目标和环境"3个元素进行，警察对自身能力、目标对抗程度、环境潜在危险能否正确评估，关系到行动处置的成败。基于3个元素引出相关的战术训练内容：警察间的沟通、协同配合、增援；目标威胁程度，令警察做出目标选择（或确定目标）以及保持警力优势；结合对环境评估，对地形、地物的利用而形成掩体意识以及控制技巧等。所以，进行技战术配合，采用情况诱导、情景对抗，结合"点线面"的训练，是提高应急处置能力的方法。

三、规范巡逻盘查行为，确保执法实效性

民警行为能力的养成，是规范巡逻盘查的基础。只有巡逻盘查行为得到规范，民警执法的实效性才有保障。

巡逻盘查是集盘问技巧、检查方法、遇抗控制、缉捕战术等各项基础工作为一体的综合性工作，要加强民警对发现、识别、判断违法犯罪嫌疑人、嫌疑车辆、嫌疑物品能力的训练，进一步规范民警的执法用语和执法行为，切实做到执法程序规范、盘查行动程序规范、强制手段行为规范、强制手段使用规范、强制手段动作规范、使用法律责任规范，杜绝因执法行为不规范而产生的严重后果。

能力养成不是思维固定，行为规范不是一种套路。对巡逻盘查，一定要注重意识、应变能力的训练，不能把动态的东西训练成一种固定的模式。街上巡逻的民警，无论几个人为一个步巡小组，他们走的都不是队列，不要以队形来要求民警走整齐，而要训练民警在不同环境下，要有观察意识、识别能力，能保持戒备状态，对突如其来的威胁能有办法应对；在盘查站位控制目标，无论是侧应站位、前后夹击站位、三角站位还是扇形站位，不是要表示一种形状，而是要突出一种态势，能应对盘查对象的抗拒，又能察觉周围潜在的危险。

工作流程

一、对语言不配合情况的处置

盘问中若发现拒绝或对抗盘查的，应采取果断的措施予以处置。对不回答警察提问，反而有意斥责警察"侵犯人权"，高声恶语相向的；故意大呼小叫、编造夸大事实，煽动不明真相群众围观起哄，借机围攻盘查人员使盘查无法进行的；自持身份高贵，有"后台"支持，居高临下，拒绝回答提问或以权势威胁

压人的：值勤民警要心态冷静，不卑不亢，冷静地告诉对方，实施盘查是法律赋予公安机关的权力，每个公民都应予以配合，同时还应告知根据《治安管理处罚法》第50条的规定，拒绝和阻碍民警依法执行职务，未使用暴力、威胁方法的，处200元以下罚款或警告；情节严重的，处5日以上10日以下拘留。如仍不配合，可对其口头传唤，将其强行带至指定地点，在有见证人在场的情况下对其进行盘查。如果对方强行抗拒或逃窜的应转为缉捕。

二、对行为不配合情况的处置

（一）遇有随意插兜或掏东西的情况时

必须喝令嫌疑人停止动作，慢慢地将手拿出，使嫌疑人的手进入民警的视线范围之内，警戒民警应迅速掏枪，枪口45°角向上；如果嫌疑人拒不听命令，继续插兜或做掏东西的动作，则警戒民警应用枪口对准嫌疑人，同时加重语言的力度，迫使其停止动作；如情况危险，盘查民警可往后退几步，与嫌疑人保持一定的距离，暂避免与其发生身体接触，直到嫌疑人停止动作为止。

（二）遇有不断逼近民警的情况时

盘查民警应伸出左手阻止嫌疑人继续逼近自己，命令嫌疑人站住别动，同时右手做欲掏枪的动作，并适当后退，使自己与嫌疑人始终保持1.5~2米的距离，警戒民警迅速掏枪对准嫌疑人，命令其不许动，以防止出现袭警情况，并严厉告之如继续靠近民警，将面临严重后果。

（三）当盘查民警拦住嫌疑人准备盘查、嫌疑人突然转身离开时

盘查民警应尾随跟进，并喝令嫌疑人站住别动，警戒民警迅速移动站位，做准备掏枪动作；如嫌疑人继续走，则盘查民警应告知嫌疑人：公民应配合执勤民警执行公务，如不配合将面临严重后果，警戒民警则要拦住嫌疑人的去路，枪口对准嫌疑人，直至嫌疑人停下接受盘查。如嫌疑人逃跑，民警应奋力追击，并向指挥中心报告情况，请求支援；追击过程中，民警不要跑在一条线上，应在其侧后方追击，追上以后切忌从后方抓嫌疑人的头部和肩部，应采用推、绊、踩、踢等技巧，使嫌疑人失去重心倒地，再行控制。

三、对发生袭警情况的处置

应在首先确保自身安全的前提下，迅速判明情况，视情况予以处置。如果一

名嫌疑人徒手袭警,民警可利用警力优势,以一招制敌的方式将其控制、制服后带回审查。若多名嫌疑人袭警或嫌疑人持械袭警,则民警应迅速交替掩护后撤,保持安全距离,并可持枪在手进行威慑,命令其不许动,尽量用语言控制,不与嫌疑人发生身体接触,同时呼叫指挥中心请求支援。如果嫌疑人继续袭警,危及民警的生命安全或有抢枪的意图,民警可依据《人民警察使用警械和武器条例》第 7 条、第 9 条的规定,视情况使用警械或者武器。

思考与讨论

2014 年 1 月 13 日下午 4 时许,付某(女)在北京地铁 13 号线北苑站站厅内,拒不配合执勤民警李某对其进行身份核查,对李某辱骂、推搡、殴打,造成李某受伤(经鉴定构成轻伤二级),佩戴的眼镜也被摔坏。

上述案例中警察受到伤害应吸取什么教训?

课后训练

盘查勤务的训练

【训练目的】

1. 掌握盘查的要领、操作程序、盘查对象的确定
2. 掌握识别违法犯罪嫌疑行为人的方法,提高学生动手操作能力、分析判断能力

【训练内容】

1. 盘查的要领、程序、站位、姿势
2. 盘查地点与时机的选择、盘查对象的确定
3. 识别违法犯罪嫌疑行为人的方法

【训练案例】

某年某月某日某派出所民警在时代广场步巡,发现一人从超市出来,手提帆布包,行色匆匆,两民警遂上前敬礼截住,要求进行盘查。民警口头命令其停住接受盘查,一人进行负责警戒,另一人进行盘查。令其人、物分离,面墙背向民警站立,先是口头盘查,然后查身,最后查物。排除嫌疑,敬礼致谢放行。

训练项目一:出示证件

1. 演练目标

通过本环节的演练,训练和培养学生依法进行盘查的法律意识和避免非法盘查的行为。

2. 演练内容安排

民警甲、乙向被盘查人出示有关证件，并说明其所属警局。

3. 演练要领及要求

注意被盘查人的行、色变化，出示证件应规范、迅速，一般不应同意被盘查人查看、确认证件的要求，同时要注意自身防护。

训练项目二：站位与检查人身

1. 演练目标

通过本环节的演练，掌握正确的盘查站位姿势和检查人身的方法。

2. 演练内容安排

步骤1：站位

令被盘查人双手扶墙背向民警站立，双腿分立，负责警察的民警位于被盘查人左侧45°，距被盘查人约1米处徐徐靠近进行检查；另一民警位于被盘查人右侧45°，距被盘查人1.5米处，负责警戒。

步骤2：检查人身

负责检查的民警应对被盘查人进行初步的整体观察，确定其是否有危险。然后先上后下，先后后前进行检查。

3. 演练要领及要求

负责检查的民警应密切注意被盘查人的反应，注意自身防护。

训练项目三：检查物品

1. 演练目标

通过本环节的演练，使学生掌握检查物品的程序和方法。

2. 演练内容安排

负责检查的民警应对物品进行初步估量，判断是否有危险物品。打开包裹如拉链，应轻轻拉开，轻拿轻放。分层检查，有序放置，避免危险和侵害被盘查人的权益。

3. 演练要领及要求

人、物分立，轻拿轻放，分层检查，有序放置，注意防护。

训练项目四：盘查结果处理

1. 演练目标

通过本环节的演练，掌握盘查的方法，在确定被盘查人是否能够排除违法犯罪嫌疑后的处理方法。

2. 演练内容安排

放行或者移送派出所处理——排除嫌疑者,敬礼放行致谢;不能排除嫌疑者,移送派出所处理。

3. 演练要领及要求

注意放行的态度,移送时对行为人的控制及民警的自身防护。

学习单元七

查控勤务

学习任务一 嫌疑车辆的发现与识别

学习目标

了解识别嫌疑车辆的特征,掌握发现嫌疑车辆的途径及发现与识别嫌疑车辆的方法

 案例引入

2016年4月15日上午11时许,民警张某和同事程某在某公路处执勤时,发现一辆运载原木的蓝色解放牌汽车有严重超载的嫌疑,且该车牌照颜色与车辆颜色严重不符,涉嫌伪造牌照,于是立即示意其停车接受检查。但该车司机艾某某并未停车,而是掉头朝某庄方向开去。见此情况,民警张某立即搭乘一辆过往汽车追赶。当追出二三百米后,由于路面原因,嫌疑车辆车速减慢,被张某追上,程某也随后驾驶警车赶到,并将警车停在嫌疑车辆的左前方。此时司机艾某某虽然已经减速,但并未熄火停车。民警张某随即跳上该车的驾驶员一侧的脚踏板,要求艾某某立即停车接受检查,艾某某却突然加速行驶。此时民警张某正站在该车的脚踏板上,身体悬于车外。期间,艾某某不顾民警张某的严厉警告和民警程某的驾车拦截,始终高速行驶,疯狂逃窜约6公里。当行驶至某公路9公里处时,张某在搏斗过程中从车上摔下,被左后车轮碾挫出17.4米远而当场牺牲。案发后,犯罪嫌疑人艾某某慌忙弃车逃跑,被附近群众和随后赶到的公安民警抓获。

思考:

1. 如何识别嫌疑车辆?
2. 发现与识别嫌疑车辆应注意哪些问题?

 任务分析

及时准确地发现和确认犯罪嫌疑车辆,是有效地完成车辆查控任务的前提。每一辆车都有区别于其他车辆的固有特征,这给警察从众多的车辆中将与犯罪有关的嫌疑车辆发现与识别出来提供了可能。

 理论导航

一、查控嫌疑车辆

嫌疑车辆,是指涉嫌违法犯罪的行为人使用的机动车辆,其中包括被犯罪嫌疑人盗窃或抢劫的车辆。查控嫌疑车辆,是指人民警察为了发现嫌疑线索,获取犯罪证据,查明案情,缉捕犯罪嫌疑人而依法对嫌疑车辆及驾驶或乘坐该车辆的嫌疑人进行追缉、拦截、盘查、清查等查控行动。利用车辆进行违法犯罪活动的案件与其他案件相比,最突出的特点是机动性。违法犯罪嫌疑人正是利用机动车辆快速便捷这一机动性的特点,既便于达到违法犯罪的目的,又便于迅速潜逃。

二、嫌疑车辆的识别

警察发现和识别犯罪嫌疑人与犯罪嫌疑车辆,可以利用被害人、目击者、知情人所提供的犯罪嫌疑人或嫌疑车辆的特征和线索,或者通过现场勘查等刑事调查工作搜集到的有关犯罪活动的情报信息,或是凭借积累的经验,通过捕捉犯罪嫌疑人的行为特征和犯罪嫌疑车辆所暴露出的一些反常现象来识别。

(一) 识别嫌疑车辆的特征

在查控犯罪嫌疑车辆的活动中,人民警察要查找的目标所表现出来的特征主要来自3个方面:一是车辆本身,二是车中驾驶或乘坐的人员,三是车上所载的货物及随车随人的携带物品。

1. 车辆的特征。车辆的种类不胜枚举,其特征也表现在方方面面,而人民警察用于识别嫌疑车辆的特征,主要是车辆的号牌(牌照)号码和外形特征。

机动车的车身上由于碰撞、擦蹭留下的痕迹,破碎的车灯、反光镜和车窗,车身或车厢内的血迹,车身上粘贴的残缺或完整的标语和广告,反映车辆所属单位的文字、标志,挡风玻璃上粘贴的合格证、通行证,以及车辆的新旧程度等都

有可能作为人民警察寻找犯罪嫌疑车辆特征的线索或依据。

机动车的发动机和车架的编号以及车辆的一些手续、证件，通常都是人民警察发现和识别嫌疑车辆时可利用的极有价值的特征。

另外机动车在行驶过程中，由于驾驶者的情况和状态的不同，会有各种不同的特点。如非驾驶员驾车，驾驶技术不熟练，驾车者对车的状况不熟悉，或醉酒者驾车，或驾车者处于被劫持状态，或者出于某种犯罪目的和动机而心理恐慌驾车等都可能使车辆在行驶过程中表现出一些反常现象。

2. 可疑人员的特征。警察查控犯罪嫌疑车辆，在许多情况下是通过发现和确认乘坐或驾驶车辆的犯罪嫌疑人正在实施犯罪行为或犯罪后逃匿的方式来进行的。一般情况下，警察是通过前期的侦查工作所掌握的有关犯罪嫌疑人的犯罪情报或通缉、通报中有关犯罪嫌疑人的描述或照片来寻找和发现犯罪嫌疑人的。

这里所指的是那些特定的犯罪嫌疑人，是那些已经被人民警察掌握一些情况的犯罪嫌疑人。在这些情报信息中，对犯罪嫌疑人特征的描述主要是从犯罪嫌疑人的基本情况和体貌特征上进行的。

（1）犯罪嫌疑人的基本情况。主要是指嫌疑人的姓名、绰号、性别、年龄、民族、身份、职业、籍贯、家庭住址、工作单位等。

（2）嫌疑人的体貌特征。包括：静态特征、动态特征和特殊特征。静态特征，是指嫌疑人的身高、体态、脸型、五官、发型等；动态特征，是指嫌疑人的某些行为习惯、姿势形态等；特殊特征，是指人由于先天或后天原因造成的畸形、残疾、疤痕和面部的斑痣以及作案过程中所形成的伤痕特征等。

（3）嫌疑人的行为习惯特征。犯罪嫌疑人的衣帽特征和穿着习惯、口音和语言特点或缺陷、突出的性格特点、犯罪记录以及有关所犯罪行的一些情况等，都可能对发现和识别犯罪嫌疑人有所帮助。

另外，嫌疑人由于犯罪心理的支配所表现出的一些行为上的反常和疑点，也是人民警察要特别注意捕捉的特征。

3. 车载货物和携带的物品的特征。有的时候，车上所载的货物或携带的物品本身就是人民警察所要查控的对象。如走私的货物、贩运的毒品、枪支和其他违禁物品、转移的赃物和犯罪嫌疑人所携带的作案工具和枪支、弹药、爆炸物品等。

这些物品的特征一般是由其本身的外部形态表现出来的。如物品的种类、数量、自然形态（型号、大小、形状、新旧程度）、外包装、标记、标签等。有时人民警察却是通过其藏匿的方式、方法本身所表现出的特征来发现疑点的。

在以上种种特征中,有些特征是具有唯一性的(即个别特征),如车牌号、发动机和车架的号码、肇事所留下的痕迹等;有些特征是不具有唯一性的(即种类特征),如车型、车的颜色等;有的特征具有稳定性,有的特征只具有相对稳定性,有的特征则不具有稳定性。对于这些特征不应孤立地对待,要因地因事制宜才能有效地利用。

工作流程

一、发现嫌疑车辆的途径

为了保证快速、有效地发现和寻找到嫌疑车辆,采取行之有效的方式和途径是十分必要的。利用何种形式和途径必须因地因事制宜,才能以最少的人力和物力及时地发现和确定嫌疑车辆。

(一)架建并利用完备的监视控制网络发现嫌疑车辆

作为车辆查控对象的嫌疑机动车本身具有活动范围广、机动性极强的特点,要想尽快地将嫌疑车辆纳入人民警察的视线,建立完备的覆盖社会面的监视控制网络是十分必要的。这个网络主要是由街面上机动和非机动性的巡逻警察、一个城市或区域的主要出入口设立的固定卡口、城市中主要的交通道口和繁华地带设立的闭路监视系统以及特种车辆和巡逻警察车辆的卫星定位系统所组成。它们通过指挥中心将一个完善的通信系统和犯罪情报信息检索系统联系在一起。通过这个监控网络发现嫌疑车辆通常是在执行日常勤务中进行的。

固定卡口一般都设在某一城市或区域的外围或交界处的交通要道上,这些地方是大多数嫌疑车辆的必经之路。目前许多地方都建立了出租车出入城市的登记制度,并设立了专门的卡点对过往的出租车辆进行登记检查,这对打击利用出租车作案或以出租车为目标的犯罪起了很大作用。对于那些走私、贩毒、贩枪等案件的多发地区,在其主要路口、路段设立专门的卡点,是查控此类嫌疑车辆必不可少的措施。另外这些监控网点还应该包括交通管理部门设立在道路上的各种站点,如高速公路、某些桥梁和道口的收费口和检查站等。

有些城市在市内的主要道口、广场和繁华地段设置的闭路监视系统,虽然是为监视交通状况而设立的,但它可以在毫不惊动嫌疑人的情况下发现可疑车辆,并可以全天候地进行监视。有些地方设置的针对出租车或其他车辆的卫星定位系统，能够以高科技的现代化手段更有效地控制嫌疑车辆。

（二）为发现特定目标而专门设立识别目标的卡点以发现嫌疑车辆

查控嫌疑车辆的行动，许多情况下是针对那些特定的目标，特别是那些暴力犯罪的嫌疑车辆而采取的紧急措施。针对这些目标的拦截，一般要采取"复式设卡"的模式，即设立三道卡点：第一道卡是识别目标的卡点，目的不是拦截，而是为了发现、识别目标；第一道卡发现目标后，由第二道检查卡进行拦截；一旦嫌疑车辆闯卡，由第三道卡点进行强行拦截。

（三）发动群众协助公安机关发现和查找嫌疑车辆

在条件允许和必要的情况下，人民警察可以向群众公布案情，发动群众广泛提供线索，查找嫌疑车辆和犯罪嫌疑人。

公布案情，动员群众提供犯罪嫌疑线索是一种普遍排查的侦查方法。但是，并不是任何案件都可以公布案情，也不是案件的所有情节都可以公布，它应该是在有目标、有领导、有控制的情况下进行的。所谓"有目标"就是要在犯罪嫌疑人和嫌疑车辆可能隐蔽和活动的区域内公布案情。但对一些特大案件，虽目标不明确，为广泛发动群众提供线索，也可以在较大范围内公布案情；"有领导"，是指是否向群众公布案情，应由领导根据案件的具体情况，考虑到是否会泄密，是否有利于获取嫌疑线索等因素来决定；"有控制"就是对哪些情况可以向群众公布，哪些不能公布，应当是有所选择的。

另外，对那些被盗、被抢的车辆，要利用事主对车辆特征熟悉的条件，让其积极配合、主动寻找，以便尽快发现嫌疑车辆。

二、发现与识别嫌疑车辆的方法

观察，是发现和识别犯罪嫌疑车辆的最基本的方法，通过眼睛对被观察对象进行搜寻和审视，以找出与犯罪有关的特征和疑点，进而识别出犯罪嫌疑人和嫌疑车辆。总体来说，发现识别嫌疑车辆的观察方法有如下4种：

第一，静态观察，即在不触动被观察对象的情况下，对被观察对象的外部形态和行为特征进行观察的方法。这种观察方法的优点是：不易惊动被观察对象。缺点是：观察到的仅仅是被观察对象的外部形态和行为表现。

第二，动态观察，即通过拦阻、盘问和检查等方法对嫌疑对象做进一步观察的方法。这种方法的优点是：能够更全面、更细致地观察目标，以便更多地了解情况。缺点是：容易惊动嫌疑人。

第三，跟踪观察，是指对可疑目标，在一定时间内对其进行尾随、跟踪观察的方法。这种方法运用的前提条件是已经发现了可疑目标。这种方法的优点是它可以帮助人民警察对嫌疑车辆作更进一步了解和准确判断。

第四，刺激—反应观察，是指针对特定的目标，给予一定程度的刺激，观察其行为反应的方法。这种方法有很强的谋略色彩，需要经过周密设计，因地制宜，妥善运用。

具体来说，利用观察的方法来发现与识别嫌疑车辆主要有以下几种情况：

（一）依据已掌握的情报信息，对应特征，发现、确认嫌疑车辆

公安人员，不论是在街上巡查，还是在各种卡口检查过往车辆，他们要做的，是在被观察的对象中发现与情报信息里描述的关于嫌疑车辆的特征相符合的特征，从而发现和识别出那些嫌疑车辆。这些对应特征的信息是各种各样的，可能是关于车辆的，也可能是关于人的，又可能是关于某种物品的。对这些特征的搜寻要注意发挥观察者的能动性，要注意选取最佳观察角度。对这些特征还要进行综合分析判断，要注意有些特征并不是所寻找的目标所独有的，并且有些特征是会被改变的。

（二）通过观察发现疑点，确认嫌疑车辆

嫌疑车辆与其他车辆的区别是：嫌疑车辆与犯罪活动有关。尽管人民警察事先可能并没有掌握关于它们的犯罪记录，但是通过观察，人民警察可以捕捉到这些可疑之处。这也是人民警察发现犯罪嫌疑车辆的有效方法之一。人民警察可以从以下几个方面来发现疑点：

1. 从车辆的外部形态上看。车的号牌装挂的方式或状态及位置是否合适，如本应装在车后的号牌却装在了车前；号牌安装得是否牢固；车的号牌类型与车的类型是否相符，如轻便摩托车的车牌装在了大型摩托车上；车牌是否被人有意搞得模糊不清；车身或车内是否有血迹；车内是否有搏斗过的迹象；车门和车锁是否有被撬过的迹象，等等。

2. 从车辆的行驶状态上看。不论是不法者正在驾车实施犯罪，还是犯罪后驾车逃跑，如果在他的视线里突然出现了警察或警车或是拦截的关卡，这辆车往往会出现一些反常现象，如突然调头或突然转弯或犹豫不定、突然加速或减速、拦截时有闯卡的动向等；或在驾车的过程中可能会出现驾驶动作慌乱、车辆行驶

摇摆不定、对交通标志和信号不作反应、偶然发生撞击其他车辆或物体的危险、转向幅度大、开错车灯、不开转向灯或不关转向灯、刹车生硬、停车和起步不稳、换挡时找不到挡位或挂错挡、起步时熄火、停车时车的位置摆得不正等反常现象；有时不法者挟持驾车司机或在车内发生搏斗，其车辆的行驶状态也会出现某些反常现象。

3. 从车辆中所乘坐的人员上看。人民警察应观察车辆中乘坐的人员在面对检查人员时是否表现出不自在、神情慌乱或激动的状态；同伙之间是否在用眼神、暗语或某种手势传递信息；是否对于某项检查表现得异常紧张或故意表现出不在意的状态；是否在刻意掩饰着某种东西；穿着是否合体，是否与身份、季节相符；身上是否有伤，是否有血迹和其他斑迹；是否有挟持司机或其他乘客的迹象；是否有人想要悄悄接近某一位置或某种东西，等等。

4. 从车载或携带的物品上看。车上的货物是否有走私的可能；货物的外包装是否有作过伪装的迹象；是否有在货物中夹带其他违禁物品的迹象；是否携带与所述的出行目的不相符的物品；所携带大量现金的存放和包装方式可疑；携带的物品看上去是赃物或作案工具，工具上附着有血迹等；非法携带枪支、弹药和其他违禁物品；对某些物品有刻意隐藏的迹象等。

（三）通过盘问、检查来发现、确认嫌疑车辆

有些嫌疑车辆是人民警察在盘问、检查的过程中发现的。在这一过程中人民警察往往会发现：被盘问的对象相互间对某一问题的表述不一致，或对某些本应了解的问题却一无所知；所载货物及所携带的某些物品或车辆及人员本身缺少必要的文件、手续和证件，或与之不相符；文件和证件有涂改和伪造的迹象；车辆的发动机和车架号码等可能有被涂改的迹象；在车辆的油箱里、保险杠内、坐垫下和工具箱里及备用轮胎等地方可能会检查出毒品或其他违禁物品等。

三、发现与识别嫌疑车辆应注意的问题

发现嫌疑车辆或嫌疑人时，人民警察应保持镇定，切忌慌张、兴奋，以免惊动犯罪嫌疑人。在许多情况下，可以采取欲擒故纵的办法，先稳住对象以便伺机采取行动。应事先规定好联络方法，最好采用不为犯罪嫌疑人所注意的方法联络，以便在发现犯罪嫌疑人后能从容地、隐蔽地通知同伴。

在使用跟踪观察法时，要注意隐蔽和行车安全。在发现嫌疑车辆后，应及时

向领导和有关方面报告情况。

对于暴力犯罪的嫌疑车辆，发现后不要轻举妄动，要尽量避免惊动了案犯后可能形成的对峙状态。在必要时，也可以根据具体情况，在检查发现目标的同时采取积极控制措施，就地抓捕犯罪嫌疑人。

 思考与讨论

2017年5月17日11时许，夏县公安局交警大队事故股接到"110"指令，在埝裴线咕咪岭段发生一起轿车与面包车相撞的道路交通事故，正在值班的事故股股长王某某、指导员王某某带领卢某、韩某某等民警，迅速赶赴事故现场进行勘查。到达现场后，发现面包车司机锁紧车门，人不知去向，通过网上比对查询，发现面包车车牌（晋MXXXXX）为假牌，民警强行打开车门后，发现车内有液压钳、自制T形改锥、两副假车牌等物品，该面包车发动机号、识别代码有凿改迹象，最终确定该面包车系盗抢车辆，驾驶人为盗抢机动车嫌疑人。

思考：从上述案例中，发现和识别嫌疑车辆的方法和途径有哪些？

学习任务二　一般嫌疑车辆的查控

学习目标

掌握一般嫌疑车辆查控的程序和方法

 案例引入

2015年1月16日，万荣县公安局交警大队裴庄中队在辖区道路上执勤。当日上午10时许，一辆挂着晋MHS019的白色桑塔纳3000轿车由河津向裴庄开过来，中队长贾浩波发现该车牌照颜色与车辆颜色严重不符，立即将其截停，要求驾驶员出示驾驶证和行车本。驾车中年男子神色慌张地说："没有驾驶证。"在驾驶人提供不出自己身份证的情况下，民警将驾驶人带回到交警大队作进一步处理，通过处理大厅网上调查，民警发现该驾驶人名叫温某某，是一名网上在逃人员，所驾车辆牌照为伪造牌照。

思考：

1. 对一般嫌疑车辆的查控截停的地点如何选择？
2. 截停嫌疑车辆后如何实施盘查？

 **任务分析**

对一般嫌疑车辆的查控,要选择合适的地点截停,谨慎地靠近,盘查时严格遵守程序,查控完毕后要进行适当的处理。

 **理论导航**

近年来,随着经济的快速发展,社会现代化程度的不断提高,交通工具逐渐走进人们的日常生活中,机动车辆给人们带来方便的同时,也给犯罪分子作案和潜逃提供了便利,利用机动车辆进行严重暴力违法犯罪的案件逐年上升,各种跳跃式的跨区域作案,作案后向异地逃窜的动态犯罪特点日益突出。犯罪分子之所以如此疯狂,其原因之一就是利用了当今非常便利的机动交通工具,有的就直接利用盗抢来的赃车进行流窜、潜逃或伺机作案,因而对各种嫌疑车辆的现场查控便成为公安机关经常运用的一项重要的查缉手段。

工作流程

一、选择地点,截停车辆

(一)对一般嫌疑车辆查控截停的地点

查控截停的地点应当是视野开阔、便于拦截检查和展开警力的地点,并尽量避开人群稠密区、密林区、易燃易爆和剧毒化学物品仓库等复杂地段和场所。例如,上坡道、弯道处、收费站等能使车辆自然减速的路段,都适合进行截停,如果不具备上述路况条件,可以人为地设置障碍,以达到减速的目的。

(二)截停方式

1. 由前截停。一般采用在路段设置明显警示停车标志示意停车的方式,此时警车要靠右侧顺行停靠,切记不要紧贴路边。执勤民警在车左前方且不要太靠近路中央站位,向嫌疑车辆示意。如有情况,立刻以车辆为掩护物确保自身安全。人员站位应按照分工,依据现场情况而定。

2. 由后截停。当嫌疑车辆在我方车前行驶,需对其进行停车检查时,我方应迅速加速驶到嫌疑车辆的左侧,示意其停车接受检查,但时间不要过长,然后在距离嫌疑车辆后约5米左右(距离不宜过长)处停车,且车辆的2/3部分露在嫌疑车辆左外侧,这样执勤民警既能把警车作为掩护体,又能保护来往车辆的安全。

二、严密控制，慎重接近

对一般嫌疑车辆的查控，其实质是盘查行动的特例。车辆是一种特殊的携带物品，所以对一般嫌疑车辆的查控，在大多数情况下应当坚持人物分离的原则，命令车上的司乘人员下车接受检查。只有客观情况不允许或警察认为确有必要时，才走到嫌疑车辆前进行检查。

（一）严密控制

接近嫌疑车辆前，民警应命令嫌疑车辆上的驾驶员熄灭车辆发动机，拔出车钥匙放在车顶或丢出车外，将全部车窗摇下，车内所有的人将手放在警察能够看到的地方［如小型车辆（顶棚低于警察视平线的车）的方向盘、仪表盘、前排靠背顶端，大型车辆（车窗玻璃下沿高于警察视平线）的顶棚等］，必要时可以命令车内的人将双手伸出车外，靠在车门或车厢体的外侧。

（二）慎重接近

接近嫌疑车辆时，警察应当注意以下几个方面的问题：

1. 接近的方向。警察应当尽量从侧后方接近，具体地讲，警察应当从左后方反光镜的视觉死角接近。这样的位置，不便于车内的人观察警察的位置和动作，如果企图袭击警察，嫌疑人往往需要做较大幅度的动作才能完成攻击行为，所以对于对方的攻击企图，警察能够及时发现并作出相应的反应。

2. 接近的路线。并不是对于所有可疑车辆，警察都可以从左后方接近（比如停放在公用停车场一角的可疑车辆），所以，警察必须学会根据现场的实际情况，灵活地选择接近路线。无论选择什么样的路线接近，都应注意：首先，要避开车辆突然启动可能撞到的区域；其次，夜间查控行动中，要避开车辆大灯的直射方向；另外，还要避开车辆上车门、后备厢盖等活动部位。

3. 接近的程度。警察在接近嫌疑车辆时不要靠得太近。根据嫌疑车辆的车型不同和车内人员分布的空间位置不同，就接近的程度而言，应当以不影响警察观察司乘人员的双手，同时尽量将车内所有的人置于自己的视角范围内为标准，以便警察能够随时注意到车内所有人的异常举动。

三、实施盘查，注意动向

（一）实施盘查

民警确定安全后，应慢慢接近驾驶室，但不要离车太近，保持一定距离并绕到驾驶室门后侧，用右膝顶住车门或手扶住车门上沿，命令驾驶员用非习惯用手拿出证件并接受盘查，检查驾驶人证件时应密切注意车内情况。需要车内人员下车接受盘查时，操作程序如下：

1. 民警指令驾驶员两手伸出车门外，用左手将车门由外打开，慢慢离开驾驶座位，下车后双手应在民警监控范围内。

2. 驾驶员下车后，民警要与驾驶员保持1～2米的安全距离，指令驾驶员移动到开阔地方进行盘查。

3. 若嫌疑车内有同行人员1人或1人以上，应先由警戒民警监控，若需下车接受检查，不允许车内人员同时下车，应由民警指令车内人员逐一下车接受检查。

（二）查控的顺序

当对车内人员盘查结束，车内人员全部下车并由民警控制后，才能对嫌疑车辆车厢内及车尾箱进行检查。对嫌疑车辆车厢进行检查时，应先将车门全部打开，再谨慎细致地翻动车内物件；对车尾箱进行检查时，应由驾驶人把车尾箱锁打开，再由民警谨慎打开车尾箱盖，对里面的物件进行检查。若发现违法违禁物品应及时与指挥员沟通，并立即对该嫌疑车辆所有驾乘人员实施控制，将违法违禁物品予以扣押。

（三）发生逃逸情形的处理

民警在对一般嫌疑车辆查控时，驾驶人驾车逃逸的，应当立即向上级或者指挥中心报告，请求部署堵截、追缉的工作。

四、查控后的工作

（一）盘查后没有发现问题的

应当立即交还证件，做好解释工作，礼貌放行。

（二）经盘查发现有犯罪嫌疑的

人民警察应立即对嫌疑人予以控制，并及时将情况向指挥中心报告，在采取一定措施后将其带回,依法留置继续进行审查。

(三)任务结束后的处理

查控任务结束后,应将情况向指挥中心报告,在清点武器、装备、人员后,有序撤离现场。

思考与讨论

2016年2月26日凌晨1时许,龙山所警务三队临时负责人尹某某与民警郑某正在辖区巡逻防范,两人巡逻至龙山街道南宅路段时,发现一辆黑色广本小轿车停在路边,驾驶员看见警车后神色慌张,短暂对视后,该驾驶员有意逃避民警的眼神,细心的民警尹某某看见这一情形后推断该人形迹可疑,并在第一时间以检查驾驶证为由让驾驶人打开车门接受检查,检查中,驾驶人闪烁其词,故作镇定,声称忘带驾驶证,见这一情形尹某某决定将驾驶人王某某口头传唤到所里,对其进行身份核查及尿液检测,经尿检,王某某呈冰毒阳性。

在对一般嫌疑车辆进行查控时,对嫌疑车辆驾驶人员盘查的程序是什么?

学习任务三 特定暴力犯罪车辆的查控

学习目标

掌握特定暴力犯罪车辆查控的程序和方法

案例引入

2016年5月27日凌晨2时20分,某市某歌城一包间内突发枪击案,一男子被犯罪嫌疑人击成重伤,2名犯罪嫌疑人向追击的群众连开数枪后,乘坐一辆牌号为"某AV6457"的绿色捷达出租车逃离现场。2时33分,某市公安局110指挥中心接到群众报警,立即指令全市各巡逻警组注意发现可疑车辆和可疑人员。接到指令的某分局巡警大队三中队01巡组民警何某和王某迅速赶往东二环路,与03巡组民警党某和张某会合,并将警车停靠在某转盘十字路口处设卡截查过往可疑车辆。民警张某与何某担负盘查任务,党某担负查缉警戒任务,王某坐在警车内随时准备驾车追击逃离的车辆。2时45分,嫌疑车辆出现,民警何某示意出租车停靠路边接受检查。随即,何某接近并靠拢该出租车,民警张某也紧跟其后。该出租车停靠路边后,当何某走到离该车副驾驶一侧车门30厘米处时,坐在副驾驶位置上的犯罪嫌疑人刘某突然举起早已上膛的"五四"式手枪向两名正在执行截查任务的民警开枪射击。第一枪击中何某的胸膛，何某负伤倒地。在何某即将倒地之时，高呼："小心，对方是'五四'！"第二枪射向民警张某，但未击中。随即犯罪嫌疑人用枪威逼出租车司机驾车逃离。此时，站在民警张某后侧负责警戒的民警党某，面对犯罪嫌疑人的枪口临危不惧，快速退到警车后，并以车体为掩体，拔出手枪开枪还击，犯罪嫌疑人刘某中弹受伤，出租车司机趁机跳车逃走。民警王某发现犯罪嫌疑人开枪后，果断拔枪，快速跳出警车，并以警车为掩体，与党某对出租车中的犯罪嫌疑人形成夹击之势。党某向出租车方向低姿移动，当其接近出租车左后车门时，发现另一犯罪嫌疑人唐某某正双手抱头趴在后排车座上，坐在副驾驶座位上的犯罪嫌疑人刘某正持枪，头朝右车窗。于是党某果断将其击毙。与此同时，民警张某迅速将受伤的何某抱起转移至安全处，并使用电台群呼："某地发生枪战，请求增援。"民警张某随即迅速拦截一辆出租车将身受重伤的何某送往医院救治。此刻，其他巡组也赶来增援，当场抓获出租车后排座位的犯罪嫌疑人唐某某。

思考：
1. 对暴力嫌疑车辆如何收集情报和分析判断？
2. 当嫌疑车辆被截停后，执勤民警如何采取行动？

任务分析

特定暴力犯罪车辆，是指由暴力犯罪嫌疑人驾驶、乘坐的机动车辆。该种情况下的犯罪嫌疑人往往犯有暴力罪行，持有凶器、武器甚至爆炸物品，极易反抗、闯卡或作出其他危险举动，查控难度和危险性大，民警需要高度重视和精心组织警力，力保警方和群众安全。

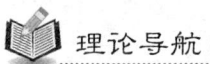理论导航

当已知犯罪分子或犯罪嫌疑人混在或可能登上载有乘客的营运客车上时，情况会变得复杂，盘查的难度也随之加大，这要求执勤民警更要善于运用谋略，精心设计战术，巧妙地实施行动，既要完成盘查任务，又要注意保护好群众和警方的安全。

暴力犯罪嫌疑车辆，是指由暴力犯罪嫌疑人驾驶、乘坐的机动车辆。该种情形下暴力犯罪嫌疑车辆多为小型车辆，车内全部或大部是犯罪分子或犯罪嫌疑人，个别乘客有可能是人质，也可能是被胁迫或者不知情者。该种情况的犯罪嫌

疑人往往犯有暴力罪行，持有凶器、武器甚至爆炸物品，极易反抗、闯卡或做出其他危险举动，查控难度和危险性大，民警需要高度重视和精心组织警力，力保警方和群众的安全。

工作流程

一、对营运嫌疑客车的查控

（一）情报搜集与分析判断

情报信息搜集的范围、内容包括：犯罪分子或犯罪嫌疑人的犯罪性质、体貌特征、人数；携带何种凶器、武器及数量，是否携带爆炸物品，何种类型的炸药，何种类型的引爆装置；客车的车型，隶属于哪个单位，车上乘客的人数是多少，必须经过哪些道路，等等。情报信息要尽可能详细，在此基础上，认真作好行动计划和应急方案，进行警力部署，确定协同方式和联络方式等工作。同时，要随时掌握最新情报动态，及时调整行动计划。

（二）选择合理的截停地点与理由

1. 选择合理的截停地点。截停地点多选择在收费站、维修施工路段、上坡处、停靠站（点）等看似正常的地点，必要时，也可以故意制造一个现场，如车祸、施工等，借故将车截停。

2. 选择合理的截停理由。

（1）公开截停。如果执勤民警以公开身份进行截停，常用的方法是以该任务以外的理由截停车辆，以防打草惊蛇，被对方抢先行动，如检查车辆违章、检查违禁物品等。

（2）秘密截停。如果执勤民警以便衣身份进行查控，则更应选择好截停理由，在正式接触犯罪分子或犯罪嫌疑人之前，尽量不要暴露身份和查控意图（必要时可隐蔽地向司机表明身份，争取其配合），待查控任务结束后，再视情况表明身份，做好解释工作。

（3）公秘结合实施截停，即着装民警和便衣民警相配合实施截停，通常是在已经确认目标就在该辆车上时采用。常用的方法有：先由便衣民警借故将车辆截停后，再由着装民警实施查控；有条件或者有必要时，着装民警先在预定地点设伏，由便衣民警借故提前上车，暗中观察车内情况，设法接近、控制目标，至预定地点时，以合理理由使司机停车，形成里应外合，协同查控犯罪分子或犯罪嫌疑人。

（三）实施查控

其基本程序是：控制司机；使全部乘客下车；将目标与乘客分离；查控犯罪分子或犯罪嫌疑人。

1. 将车辆截停后，执勤民警应当首先控制住司机，令其熄火、拔钥匙、下车，并接受检查。也可视情形悄悄向其简要说明情况，争取其配合。

2. 以合理的理由使乘客全部下车，并做好解释工作，征得乘客的理解，但尽量不要暴露查控意图。一般情况下，没有特别的把握，执勤民警尽量不要以公开身份上车进行盘查，以防止犯罪分子或犯罪嫌疑人抢先反抗、劫持人质而造成警方的被动。

3. 当发现或者确认犯罪分子或犯罪嫌疑人时，不要立即采取控制行动，可暂不惊动他或者他们，防止其趁人多之际突然反抗，而应该设法将其与其他乘客分离。

4. 当将犯罪分子或犯罪嫌疑人隔离开并将现场控制住后，执勤民警按照查控的程序与要求，依法实施盘问与检查。

二、对暴力犯罪嫌疑车辆的查控

（一）收集情报与分析判断

情报收集的内容包括：犯罪分子或犯罪嫌疑人的犯罪性质、体貌特征、车内人数、已犯有何种罪行；携带有何种凶器、武器或爆炸物品，何种引爆装置；乘坐或驾驶的车型，车上是否有无关人员或者人质，必须经过哪些道路，等等。根据所获得的情报信息，认真进行分析与判断，及时制定行动计划和应急方案，进行警力部署和装备保障，确定协同方式和联络方式等。同时，要随时掌握最新情报动态，及时调整行动计划。

（二）选择查控路段

由于查控暴力犯罪嫌疑车辆时极易发生战斗，因此，应当尽量选择在车流量和行人均较少的弯道处、上坡处和没有岔路口的路段进行拦截，尽量避免或者减轻战斗发生时对无关人员和公私财产所造成的损害。

（三）警力部署

对暴力犯罪嫌疑车辆的查控，通常应当将警力部署在3个点，即观察识别点、第一拦截点和第二拦截点。

观察识别点的主要任务是：负责对暴力犯罪嫌疑车辆的先期识别、观察，将情况及时上报指挥员；负责在行动开始后控制、疏导路面车辆；负责对掉头逃窜的犯罪嫌疑车辆实施拦截。

第一拦截点的主要任务是：负责对暴力犯罪嫌疑车辆实施第一次拦截；在截停后对犯罪嫌疑人以及车辆进行控制与处置；当出现犯罪嫌疑车辆不听指挥、强行闯卡时，对其进行追击、围堵。

第二拦截点的主要任务是：负责对闯卡的犯罪嫌疑车辆实施强行拦截；截停后对犯罪嫌疑人以及车辆进行控制与处置；负责在行动开始后控制、疏导路面车辆。3个点之间不能有岔路口。

（四）截停的基本方式

根据现场的具体情况，常用的拦截方式有：手势指挥拦截、警示牌拦截、路障拦截等。

（五）实施查控

当犯罪嫌疑车辆被截停后，执勤民警不能贸然接近车辆，应当按照以下程序采取行动：

1. 由指定民警喊话，警告车内人员不要乱动，服从命令，否则后果自负。其他民警按照部署，监视和控制人员、车辆及整个现场。

2. 命令司机熄火，将钥匙扔出车后，举手下车至指定地点，由负责查控的民警将其控制。

3. 依次指挥副驾驶、后排人员下车至指定地点，实施控制。

4. 当将所有嫌疑人员控制后，由指定民警对车辆进行检查。

5. 如果犯罪嫌疑人有暴力反抗、逃跑等拒捕的紧急情形，应当视情况依法采取强制手段，果断地予以制止。

（六）查控结束后的工作

1. 按照基本程序的要求进行结束后的工作。

2. 违法嫌疑人携带毒品、淫秽物品等违禁品或管制刀具、武器、易燃易爆、剧毒、放射性等危险物品的，应当依法予以扣押或收缴。对需要作为证据使用的物品、文件，应当根据案件性质，按有关规定处理。

3. 如果执勤民警依法使用了警械、武器，造成人员伤亡的，应当视情况分为若干个小组，分别进行抢救伤员、保护现场、向上级以及当地公安机关报告、押解犯罪嫌疑人等工作。指挥员与负责保护现场的民警，应当配合上级或者当地公安机关进行完现场调查后，再组织撤离现场。

思考与讨论

2016年8月7日下午，在福州马尾滨江路，受害人的一辆刚买不久，准备做嫁妆的价值58万元的白色宝马车，被人持枪抢走，在撞倒一辆电动车后，歹徒抛下车主驾车逃离。歹徒有可能驾驶宝马车往泉州方向逃窜。泉州市巡警直属大队在接到指挥中心的指令后，立即加强了路面的巡逻查控，城东、泉州大桥、潘山3个出城登记站都在路面设置卡点，对过往车辆进行盘查。

思考：对暴力犯罪嫌疑车辆的查控警力如何部署？

课后训练

查控勤务的战术训练

【训练目的】

1. 掌握发现、识别嫌疑车辆的方法
2. 掌握一般嫌疑车辆的查控方法
3. 掌握特定暴力犯罪车辆的查控方法

【训练内容】

1. 截停嫌疑车辆的地点、方式
2. 慎重接近嫌疑车辆
3. 对嫌疑车辆进行盘查的方法

【训练案例】

某年某月某日，某公安分局巡警大队的01巡组民警甲、乙在驾驶警车巡逻的过程中，发现一辆银灰色别克轿车，在看到巡逻警车后，别克车车主迅速改变行驶路线，匆忙加速逃离，形迹可疑，于是上前截停进行查控。

训练项目一：截停嫌疑车辆

1. 训练目标

通过本环节的训练，训练和培养学生合理利用环境，准确判定形势，选择正确的截停地点和截停方式的能力。

2. 训练内容安排

选择适当的截停地点，对驶在警车前方的可疑别克轿车采用由后截停的方式将其截停。

3. 训练要领及要求

注意选择上坡道、弯道处等能使车辆自然减速的路段作为适当的截停地点，并注意由后截停的截停要领。

训练项目二：接近嫌疑车辆

1. 训练目标

通过本环节的训练，训练和培养学生选择安全有效的接近方式和路线的技巧。

2. 训练内容安排

民警甲下车，严密控制嫌疑车辆，并根据现场的实际情况，灵活地选择接近嫌疑车辆的路线。民警乙负责持枪警戒。

3. 训练要领及要求

命令嫌疑车辆上的驾驶员熄灭车辆发动机，拔出车钥匙放在车顶或丢出车外，将全部车窗摇下，车内所有的人将手放在警察能够看到的地方。接近嫌疑车辆时，应避开车辆突然启动可能撞到的区域及车辆上车门、后备厢盖等活动部位，尽量从侧后方接近，接近时不要靠得太近。

训练项目三：盘查嫌疑车辆

1. 训练目标

通过本环节的训练，训练和培养学生对可疑车辆进行正确盘查的能力。

2. 训练内容安排

确定安全后，民警甲指令驾驶员、车内同行人员下车接受盘查。对车内人员盘查结束后，对嫌疑车进行检查。民警乙负责警戒。

3. 训练要领及要求

检查驾驶人时应密切注意车内情况，注意监控驾驶人的双手，并与驾驶人保持安全距离。对于同行人员先由警戒民警乙进行监控，逐一下车接受检查。对嫌疑车辆车厢进行检查时，应先将车门全部打开，再谨慎细致地翻动车内物件；对车尾箱进行检查时，应由驾驶人把车尾箱锁打开，再由民警谨慎打开车尾箱盖，对里面的物件进行检查。

学习单元八

守卫勤务

学习任务一　守卫勤务的实施

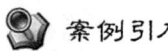

了解守卫勤务的内涵、岗位要求和影响出入口安全的要素，掌握守卫勤务方案的制定和守卫勤务的实施方法。

案例引入

2015年3月21日凌晨5时30分，在某公司执勤的安保队员卫某某、蒋某某发现两名人员形迹可疑，天未下雨却穿着雨衣，且行动迟缓。他们走到公司门口时不出示证件，却快速向大门外跨出。卫某某、蒋某某迅速将他们拦住并"请"到警卫室。经检查，发现他们身上绑着偷窃的锡铁金属，重约58公斤，价值3000余元。卫某某、蒋某某在执勤中警惕性高，对经过出入口的人员观察细致，发现疑点不放过，从中查获违法犯罪人员，维护了公司的合法权益。

思考：

在守卫勤务中，出入口重点检查的内容是什么？

守卫勤务主要是对出入口进行值守，对出入人员、车辆、物资进行检查、登记，维持秩序、疏导车辆的勤务。守卫勤务要明确岗位要求，熟知守卫勤务方案的内容，同时掌握守卫勤务的实施方法。

一、守卫勤务的内涵

守卫勤务，是指安保人员依据法律法规和单位内部规章制度，按照安保服务合同的要求，对出入口进行值守，对出入人员、车辆、物资进行检查、登记，维持秩序、疏导车辆的一种安保服务活动。

二、守卫勤务的特点

守卫勤务是在固定岗位进行检查、警戒的活动，具有勤务区域固定、接触对象复杂、易发生纠纷等特点。

（一）位置独立

出入口是所有人员和车辆、物资出入的通道，设置相对独立。也只有这样，才能从根本上起到关口功能和控制人、财、物随意流动的作用。

（二）岗位固定

因为出入口位置是固定的，所以出入口守卫的岗位设置也只能是固定的。

（三）工作连续

一般情况下，出入口守卫工作需要昼夜连续不断地进行，随时保证服务单位出入口的安全通行。也有的出入口守卫工作，只在每天的一段时间内连续地进行，而不是全天候开展。

（四）执勤人员较少

出入口守卫的执勤人员相对较少，多数是每班由1名安保人员单独执勤，履行岗位职责。

（五）对象复杂

出入口的进出人员、车辆较多，成分复杂，物资出入手续严格，处置有一定难度，容易发生各种矛盾纠纷。

三、守卫勤务的岗位要求

出入口的安全直接影响着客户单位的内部安全和工作秩序，为确保出入口的安全，安保人员应做到：

（一）熟记本单位的情况

熟记客户单位内部的规章制度、主要领导、相关人员、本单位出入手续的办理、本单位使用的各种出入证件以及本单位相关车辆的颜色、车型和牌号。

（二）掌握安防措施

掌握出入口区域内的安全防范措施及具体实施方法，并针对实际情况，作好应对准备，确保出入口的安全。

（三）及时报告

经检查，发现出入口区域内可能发生安全隐患，及时向客户和班队长报告。

（四）熟知预案内容

熟悉出入口区域应急预案的内容，知道发生紧急情况应如何报告，并协助有关人员处理紧急情况。

四、影响出入口安全的因素

影响出入口安全的因素主要分为内部因素、外部因素。

（一）内部因素

内部因素，是指因客户单位内部原因影响出入口安全的因素。内部因素有：
1. 内部人员携带物品出入不按要求进行登记。
2. 内部人员未经批准在非工作时间内擅自进入不应进入的区域。
3. 内部人员在非工作时间长时间停留在出入口区域。
4. 内部车辆没有出入证件，强行进出。
5. 内部人员携带危险品、违禁品出入。
6. 因单位内部矛盾引发人群聚集。

（二）外部因素

外部因素，是指因客户单位以外的原因影响出入口安全的因素。外部因素有：
1. 外来人员不按规定程序登记，强行进出。
2. 外来人员不按规定登记携带物品。
3. 外来车辆不按规定登记，强行进出的。
4. 外来货运车不出示货物出入凭证。
5. 外来人员滋扰。

工作流程

一、制定守卫勤务方案

守卫勤务方案是守卫的依据和勤务指南。方案能否符合服务单位实际情况，方案内容是否严密周全，直接关系到守卫任务能否圆满完成。因此，守卫勤务方案要在对服务单位及周边环境进行实地调查的基础上，根据服务单位的特点和要求来制定。

（一）守卫勤务方案的主要内容

1. 出入口守卫的职责、任务和方法。
2. 上岗保安员的人数、岗位设定、交接班时间。
3. 出入口守卫工作重点，包括重点时段、重点控制对象等。
4. 执勤保安装备及应急措施，等等。

（二）熟悉守卫勤务方案

上岗前，安保人员必须了解、熟悉、掌握执勤的有关情况：

1. 熟悉守卫勤务方案的内容。
2. 熟悉服务单位领导及相关人员的情况。
3. 熟记服务单位内部规章制度。
4. 了解服务单位使用的各种出入证件以及相关车辆的颜色、车型和号牌等情况。
5. 掌握出入口区域内安全防范措施、安全设施使用方法及注意事项等。

（三）做好上岗前的准备

在上岗前，一定要根据岗位任务和工作要求做好如下准备：

1. 按规定着装，佩戴安保标志。
2. 携带并检查规定使用的通信、照明、自卫等安保装备，确保性能良好。
3. 备好守卫勤务使用的登记簿等用品。

二、实施守卫勤务方案

（一）守卫勤务实施的措施

上岗时，安保人员要按照守卫勤务方案规定的内容和要求执勤。具体实施措施包括：

1. 按规定的时间到达指定的出入口岗位执勤。守卫是一个单位安全的关键岗位，上班时间要求极其严格，一般要提前 10~15 分钟到岗，进行上岗前的充分准备和交接，防止仓促上岗和仓促交接，严禁上岗迟到和旷岗。

2. 严格遵守相关制度，做好验证、登记、报告、交接班等工作。守卫有严格的工作制度和具体规定，上岗人员要熟悉这些制度，更要严格执行与遵守这些制度，否则即为失职，就会给服务单位的安全造成隐患。

3. 语言文明、手势规范、站姿端正、精神饱满。守卫不仅是安全的需要，而且是一个单位窗口和形象的标志。因此，安保人员执行守卫任务，一定要规范执勤，文明执勤。

（二）出入口重点检查的内容

1. 人员、车辆出入相对集中时，主要审查证件，对照携、载物清单。
2. 对无证件的人员、车辆，待高峰过后经审查，再决定放行。
3. 对于上级特批的免检对象，根据车号及相关证件放行。
4. 对携、载物进入的人员、车辆，重点检查是否带有危险品、违禁品。
5. 对进出人员有疑点的应重点审查。

（三）对进出大门人员证件查验的基本方法

1. 员工及家属须出示本单位发给的有效证件。
2. 外来人员须说明事由，出示证件、查验后守卫予以登记。
3. 查验有效证件指查验工作证、介绍信、家属证、暂住证、出入门证、本人主动出示的身份证。
4. 查验证件，主要是核对姓名、照片是否一致，印章是否清晰，文字有无涂改痕迹，证件的真伪、有效期。
5. 拒不出示证件的，按规定禁止入内。
6. 双方发生冲突时，主动报客户单位领导出面处理。

（四）对出入大门车辆装载物品查验方法

1. 本单位车辆凭单位出入门证放行。
2. 外来车辆在门外接受保安员对证件、来意的审查后放行。
3. 外来车辆进入客户单位，与进行业务活动无关人员应下车在外等候。
4. 危险物品（本单位业务需要除外）、违禁品禁入。

5. 载物出门车辆，看出门证并对物品名称、规格、数量等进行核实，一切相符可放行。

6. 单位发生火灾等事故，外部消防车进入时免检。

（五）证件查验的注意事项

1. 针对免检人员和车辆，应根据车号和特殊的免检标志放行。

2. 对携、载物外出人员、车辆，重点查验物品名称、规格、数量等与证件、出库单据是否相符。

3. 有携可疑物品者，应在请其说明物品名称、数量、来源的同时，请其自行拿出物品接受查验，拒绝查验的交客户单位保卫部门。

4. 查验证件、物品、车辆时，要对查验人员的身份、携载物品、车辆型号、牌号等内容进行登记。

5. 查验时要站在被查人员、车辆的后侧位，注意自我保护。

6. 对盗拿物品者，保安员不得对其搜身。

思考与讨论

某广播电视集团坐落在某市中心繁华地段，内有多家省级广播电视单位，重点要害部位多，车辆和人员进出频繁，成分复杂。假如你受安保公司委派，为该单位提供守卫勤务服务，你认为守卫勤务应如何实施？

学习任务二　守卫勤务中紧急情况的处置

学习目标

掌握守卫勤务紧急情况常见的类型和处置方法

案例引入

2012年5月，某单位门口，一辆小轿车径直闯进大门。在门口执勤的安保队员马上示意司机停车，并上前给司机来了一个标准敬礼，说："先生，单位有规定，外来车辆不准入内，请您将车停在外边。"司机听后满脸不悦："我偏要开进去，看谁敢拦？"安保队员一个箭步挡在车前，又是一个敬礼，并再次客气地要求他予以配合。司机跳下车来，对安保队员连推带骂，该队员强忍怒火，骂不还口，打不还手，继续心平气和地向司机举手敬礼，劝说他遵守单位的规定，劝说中共打了12个敬礼。安保队员的文明执勤、忠于职守的行为深深地打动了过往的职工，他们义愤填膺地指责司机。自知理亏的司机无可奈何地对该队员说："兄弟，我算服了你了！"连忙把车倒了出去。

思考：

在守卫勤务中如有人寻衅滋事，如何处置？

 **任务分析**

守卫勤务中的紧急情况，是指守卫责任区内突然发生的危及客户安全及治安秩序而需要紧急处理的事件。守卫勤务中紧急情况出现时，安保人员应当沉着冷静，按照守卫勤务紧急情况的处置措施和程序予以处置，避免造成损失和产生影响。

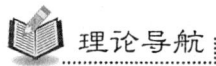

一、常见的紧急情况类型

守卫勤务紧急情况，是指突然发生的危及人的生命、财产安全及社会秩序而需要紧急处理的事件。守卫勤务常见的紧急情况主要包括寻衅滋事、围堵大门、强行冲撞和意外事故等。

二、应对紧急情况应采取的措施

（一）寻衅滋事

当遇到有人寻衅滋事时，应注意采取如下措施：

1. 坚决予以制止，控制事态发展。
2. 肇事者人多难以制止的，立即报告服务单位，派有关人员到现场处置。必要时，应当报警。
3. 疏散围观群众，疏导交通，恢复正常秩序。

（二）围堵大门

当遇到众多人员冲击服务单位时，应注意采取如下措施：

1. 立即报告服务单位的有关部门及领导。同时，向公安机关报警求助，以便不失时机地处置群体性事件。

2. 迅速关闭大门，严禁不明身份的人进入，必要时封闭所有出入通道。

3. 努力做好劝阻、说服、疏导工作，尽量缓和矛盾，防止群体性事件的升级和扩大。

4. 密切注意群体性事件首要分子的动向，尽量记住他们的体貌特征，以便事后调查和采取有针对性的措施。

5. 警察到场后，如实报告相关情况，协助做好处置工作。

6. 夜间，应当打开全部出入口的灯光，以便观察和掌握事态发展及整体情况。这样，一方面有利于预防别有用心者趁机捣乱，另一方面有利于防止踩踏、挤压伤人事件的发生。

（三）强行冲撞

当遇到拒不接受停车检查的车辆强行闯入时，应注意采取如下措施：

1. 迅速记住车型、颜色、车牌号以及车上司乘人员的体貌特征及数量。如果有录像和照相设备，要充分利用设备进行拍摄。

2. 立即报告服务单位的有关部门和领导，以便做出相应处置。

3. 车辆强行闯入的，应当尽快通知服务单位的要害部位与目标，加强戒备，防止意外事件发生。

4. 车辆已强行闯出的，必要时要立即报告公安机关交通管理部门，请求帮助，设法追堵，防止危害公共安全事件与事故的发生。

（四）意外事故

如夜间停电或灯光突然熄灭，发生盗抢案件，发现出入人员携带可疑物品等情形。对各种紧急情况处置最基本的要求是尽早发现，及早控制，果断处置，尽快平息，力争不造成损失，一旦损失不可避免，也应尽量减少其影响。

工作流程

一、及时报告

在紧急情况发生时，根据情况发生的类型和特点，立即向客户单位或消防、公安等有关部门报告或报警。

二、组织处置

赶到现场后,服从现场指挥,参与制止紧急情况的行动,如现场无组织者,应立即组织岗位人员和周围的群众积极投入到制止紧急情况的行动中。

三、组织保护现场

对于治安、刑事案件、交通事故及其他需要保护现场的情况,在报警和制止的同时要提示现场人员作好现场保护和有关物证的收集。

四、信息收集与研究判断

在紧急情况得到控制后,要向目击人员了解发生紧急情况的原因、过程,并分析研究。

五、准确汇报

在消防、公安机关或其他相关人员到达现场后,要将发生的紧急情况如实、准确地向有关人员报告,并将收集的情况和现场物证送交有关部门。

思考与讨论

某市体育中心要举办一场大型慈善公益晚会,作为晚会出入口安保人员,应如何做好出入口审查工作?请制定一份出入口守卫勤务方案。

课后训练

守卫勤务中紧急情况的处置训练

【训练目的】
能够掌握守卫勤务紧急情况处理原则并结合具体案例灵活处理

【训练内容】

一、火灾事故

1. 迅速报警(119)。
2. 迅速向队长和单位领导报告。
3. 拉响警报。
4. 积极扑救。
5. 严守大门。

二、群体性冲击公司时的处置

1. 立即向领导报告，并及时报警（110）。
2. 把好大门。
3. 密切注意群体闹事者的动向。
4. 保持缄默。
5. 打开灯光。

三、对职工携带物品有怀疑时的处置

1. 礼貌要求其说出包内物品名称、数量、型号，并请他们自己打开包，自己拿出物品，一一核查。
2. 若查无公物、赃物，应礼貌地说声"谢谢您的合作"，并予以放行。若有不明物品疑为公物或赃物时，请其出示有关证明，对无正当手续的，通知单位保卫部门处理。
3. 如果职工拒绝自己开包检查，可礼貌地请其稍候，并立即报告公司，请单位有关负责人按规定处理。
4. 一般情况下要避免搜身，对因确有搜身必要而必须执行时，可请对方自行将身上的物品取出检查，如职工反对，则应交由公司负责人处理。

四、对职工拒不出示有效证件的处置

1. 纠正违章一定要讲究文明礼貌，态度和蔼，说话要和气，以理服人。
2. 对拒不出示有效证件的，要严格执行门卫制度，无出入证的不予入内，无放行单的物资不予放行。
3. 双方发生纠纷时，要沉着冷静，一面按门卫制度执行，一面向公司报告，请有关领导来处理。
4. 清楚是非，理性处理，对原则问题不能让步，对非原则问题不予计较。要做到骂不还口，打不还手。对于一般事情，主动将事由报告给单位，由单位领导主持公道；确实危及自身安全的，要按照正当防卫的条件及时处理；情况复杂的，有必要由公安机关处理的，及时报告。

五、遇有夜间突发停电时的处置

1. 暂停出入：在照明恢复前，严禁一切人员、车辆进出。
2. 查明原因：立即报告单位有关领导，迅速查明停电或灯光熄灭的原因。
3. 注意观察：密切注视门卫责任区内可疑迹象，防止不法分子趁机行凶或盗窃等。

【训练案例】

2014年3月1日下午3时许,上海市松江县保安公司驻飞利浦音箱器材有限公司保安班长唐大伟,在检查黑龙江客户王某的出门手续时,发现出门证上只开了两件中纤板,而实际装在车上的有4件,立即拦截。王某发现问题暴露,立即下车,把小唐拉到一边,从口袋里掏出200元现金塞到小唐手中,并说:"先给你这么多,只要你放我出去,我马上按照价格的一半分给你,行吗?"

学习单元九 守护勤务

学习任务一　守护勤务的实施

学习目标

了解守护勤务的含义、特点和任务,掌握守护勤务的实施

 案例引入

2016年8月22日晚11时30分左右,守护人员王某、杨某在某装饰公司执行守护勤务时发现,堆放装饰材料的仓库旁有黑影晃动。于是二人悄悄靠近过去,看到有这人正把角铁往车子上装,他俩大喝一声,那人抓起一块角铁,猛朝二人打来,二人临危不惧,上前抓捕,将其制服并扭送到当地派出所。经审,犯罪嫌疑人姓徐,曾被劳动教养1年,刚释放不久,现又重蹈覆辙。

思考:

1. 守护勤务人员岗位有哪些要求?
2. 在守护勤务中,如发生情况,应如何处置?

 **任务分析**

守护勤务的目的在于,防范和制止违法犯罪分子对守护目标的各种破坏活动,预防守护目标治安灾害事故的发生,确保守护目标的安全。要明确守护勤务的守护任务和岗位要求,熟知守护勤务方案的内容,同时掌握守护勤务的实施方法。

 **理论导航**

一、守护勤务的含义

守护,是指借助一定力量,采取各种有效措施,对特定目标实行的看护和守

卫活动。守护勤务是指安保人员以特定目标、内容和区域范围为对象，以保障其人身、财物或其他项目安全为目标，采取各种有效措施所进行的专业看护、守卫活动。守护勤务在维护社会治安秩序，确保守护对象的安全等方面，具有重要意义。

二、守护勤务的特点

守护勤务是以保证守护对象的安全为目的和核心的一种安保服务业务，其具有以下特点：

（一）对象明确，目标专一

守护勤务的对象、目标大都是单一的，即使服务内容或目标是一定区域内的某一个范围，也是明确具体、固定不变的。守护的对象主要是大型仓库、货场、油库、金库、重点工程等要害单位，企业、事业、科研等单位的要害部位，以及商贸展销、展览，大型文体活动场所，车站、码头、名胜古迹、旅游场所等。

（二）目标重要，责任重大

这些场所和物资，或性质特殊，或地位重要，或作用重大，涉及国计民生，关系着公共安全、社会稳定，影响和牵动着全局。一旦出现问题，就会严重影响单位正常的业务活动，就有可能给国家政治、经济、军事、文化等利益带来严重危害，给人民的生命财产造成重大的损失。

（三）守护哨位固定、分散，独立性强

与巡逻勤务相比，守护勤务是一种哨位相对稳定的提供安全服务的措施。这种措施要求安保人员在相对固定的哨位上，起到很强的警示、警戒作用，一定要把守护对象置于守护人员连续性的视线和听觉范围之内。因此守护一般是以班为单位，分散于几个哨点，单人在哨位执勤。守护地点通常在那些既隐蔽又视野开阔，既便于进，又便于退的地方；有的哨位远离队部，有的哨位位置偏僻，遇到情况，请示不便，这就要求守护人员需要独当一面，独立思考，独立作战。

（四）守护任务艰巨

在一般情况下，要求提供守护服务的通常是大型的厂矿企业、仓库、科研单位等。这些单位要求守护人员具备一定的分析问题和解决问题的能力，注意在复杂的情况面前守护好党政要员、国防尖端和重点项目、重要的科研项目和重要的仓库等；守护好掌握重要秘密和负责生产指挥决策的职能部门；守护好对产品质量有重大影响的生产、装配、检验等关键环节；守护好珍贵的机器、仪器、珍贵文物、资料等。这些单位，业务环节多，与外界联系广，进出车辆和人员多，情况十分复杂。要做好守护工作，就要不断提高观察和识别违法犯罪嫌疑人和违法犯罪嫌疑行为的能力。

三、守护勤务的任务

（一）保护人身安全

随着经济的发展，社会结构发生了深刻的变化。经济、文化、体育各个领域都涌现出大量的成功人士。这些人掌握着一定的资源，拥有大量的财富。同时，他们也成了违法犯罪分子关注的目标和侵害的对象，他们的人身和财产安全受到不法侵害的风险较大，因此他们对自身安全的需求也日益增长。我国警方无法也不可能为个人提供专门的人身安全保护，难以满足社会上不同层次的安全需要。

（二）保护财产安全

保护特定的财产安全是守护勤务的一项重要任务。其工作重点是做好防火、防盗、防破坏等安全防范工作。

1. 防火。火灾有很大的破坏性，它可以在顷刻之间夺走人的生命，也可以使财产毁于一旦。因此，火灾被公认为世界一大公害。但随着社会的发展，火、电的用量越来越大，这就必然带来更多的火险因素。在这种情况下，一旦疏于管理，发生火灾，就会造成严重损失。因此，要有效地保护财产安全，必须采取相应措施，做好火灾的预防工作，经常检查用火、用电的情况，对违章用火用电，电线乱打乱接，乱堆乱放易燃易爆物品的情况，要及时清理。保持灭火设备的完好、有效。一旦发生火灾，立即组织周围人员进行扑救，并及时报警和报告相关单位的保卫部门。

2. 防盗。盗窃，是以非法占有为目的，秘密窃取公私财物的行为。盗窃案件在整个刑事、治安案件中占的比重很大。一些盗窃分子之所以屡屡得手，主要是利用一些单位安全防范制度不健全，各项安全措施不落实，领导和职工思想麻痹，工作责任心不强，疏于管理，漏洞较多的漏洞。因此，守护勤务必须采取各种有效防盗措施，健全制度，堵塞漏洞，做好防盗工作，从而确保守护单位的财产安全。

3. 防破坏。防破坏，重点是防止各种敌对势力和敌对分子的故意破坏。从破坏活动的规律来看，行为人总是选择那些物资集中、影响大、地位重要的重点单位或要害部位进行破坏，企图给经济建设、文化建设和国防建设造成重大的损失。因此，为了有效预防破坏活动，执行守护任务的安保人员必须时刻保持高度的警惕。一方面，加强戒备，采取各种有效的安全防范措施，使敌人没有可乘之机；另一方面，还要积极主动与公安机关配合，及时发现、制止各种敌对分子的各种破坏活动。

同时，还要做好对自然、治安灾害事故的预防工作，要调查研究，收集信息，制定有效的防范措施，一旦发生事故，要积极组织抢救，努力减少损失。

（三）维护守护单位的正常秩序

执行守护任务的人员通过守护勤务，为守护范围内的生产、工作、教学科研等活动创造一个良好的环境和条件，对发生在守护范围内的各种有碍生产、工作、教学科研活动顺利进行的情况，如在守护范围内发生的纠纷、斗殴等，均应尽快采取办法予以劝阻、制止，以防止事态的进一步扩大蔓延。

四、守护人员的岗位要求

（一）应熟悉有关制度规定及准许出入守护区域的手续和证件

守护人员熟悉守护目标的各种安全规章制度及其相关的规定，一方面是为了自身在执勤中遵照执行；另一方面也是监督检查守护单位的员工遵照执行的需要。因而，守护人员应当熟悉掌握守护目标的这些制度、规定的具体内容，并付诸行动。

守护人员应当熟悉允许出入守护区域的人员所使用的证件样式、内容、发证单位和允许出入的车辆种类、牌号、凭证，以及允许进出守护区域的物资需要办理的有关手续等情况。并且应当熟悉掌握查验人员、车辆、物资有关证件、手续的方法，能够根据不同时段、不同情况，分别采取逐个查验、重点查验和免查验，既保障安全，又方便工作。

（二）熟悉岗位周围的地形、地物及设施

守护人员应当注意守护岗位周围的地形、地物，包括建筑物的特征及其分布情形、连接走向、贵重设备和重点设施的位置。对于守护目标的基本情况，守护人员应当事先调查了解清楚，如守护目标的性质、特点，周围治安状况，安全防范的薄弱环节，守护区域内的部门、车间的分布及人员、车辆、物资的进出规律等。对于这些地形、地物、设施和内部情况的熟悉了解，有利于守护勤务的顺利进行。

（三）熟悉应急设备的位置、性能和使用方法

应急设备，是指发生违法犯罪活动或治安灾害事故等紧急情况时，用来对付歹徒和扑救灾害事故的设施、装备。应急设备的种类较多，主要包括消防器材、报警设备、保安器械、应急灯具、应急水源、应急通讯工具等。守护人员熟悉这些应急设备的位置、性能，并能熟练地使用它们，对于有效地处置紧急情况，保护守护目标的安全有着重要的作用。

（四）熟记有关部门、人员的联系方式

为了便于在发生问题时，迅速有效地与外界取得联系，得到应有的支持和援助，守护人员应当熟记有关部门、人员的联系方式，如值班室、领导办公室、相邻单位、当地公安机关、安全生产管理部门、联防治保组织的位置、电话号码。尤其需要注意的是，对于火警、盗警等报警电话，更应牢记于心。

（五）熟练掌握处置一般问题和紧急情况的方法

守护人员作为职业化的安全保卫人员，必须学会处置勤务中发生的一般问题和紧急情况的各种方法。这既是安保人员的职业要求，也是维护守护目标人身、财产安全的必备条件。总的来说，守护人员应当掌握盗窃、抢劫、火灾等案件、事故的基本操作规范，对于不同类型的案件或事故，能够采用不同的方法处置，既灵活机动，又不随心所欲。对于超出自身解决能力范围的问题，要及时、准确地加以汇报。

五、守护勤务方案的制定

守护勤务方案是完成守护任务的依据和指南。要根据守护力量，本着全面部署、突出重点、灵活掌握的原则，在实地调查了解守护目标的特征、范围、周边环境、安全要求、危险因素等基础上，确定切实有效的防范与守护措施，制订内容全面细致、切实可行的守护勤务方案，并预测可能发生的威胁守护目标安全的紧急情况，制定守护应急预案。

（一）区域守护勤务方案的主要内容

1. 守护区域的基本情况。
2. 区域守护的具体任务。

3. 岗位设置与人员配备。
4. 履行职责与要求。
5. 紧急情况的处置。
6. 工作制度。

(二) 重点目标守护勤务方案的主要内容

1. 重点目标的基本情况。
2. 组织领导与指挥。
3. 重点目标部位的工作任务。
4. 岗位与人员部署。
5. 职责要求。
6. 紧急情况的处置。
7. 组织训练。
8. 工作要求。

通常而言，守护勤务方案需提前经守护单位审定，对治安保卫重点单位及重大活动等的守护方案，还需经上级主管部门批准。

六、守护的形式

守护人员应该通过对目标部位的实地查看，掌握守护责任区的出入口、道路、要害目标的分布情况，选择便于观察、控制和利于相互配合及保障安全的部位，设置合适的安保守护岗位，确保守护目标始终置于守护人员的视线之内。根据部门部位的特点和守护单位的安全需要，在守护中，可以采取设置一个或数个守护岗位（包括固定岗、游动岗、瞭望岗）和安全技术防范措施等形式，对目标部位进行全方位的守护。

(一) 固定岗

固定岗，是指派适当数量的安保人员在固定的位置上对被看护目标实施守护，以确保被守护目标的安全。固定岗一般设在守护部位的交通要道和出入口，如大厂矿、作业区的正门、车间、仓库、机密要害部位的必经通道，果园、林区、渔场的必经交通要道等部位，以有效地控制人员、车辆的出入，防止违法犯罪的人员混入和防止人为破坏和自然灾害事故的发生。在固定岗执勤的安保人员，必须熟悉有关地形、环境和特点，认真履行出入手续和验证制度的职责，掌握安全设备的位置、性能及使用方法，并保持通信设备的完好和与上级部门的联络、联系不间断。严禁嬉笑打闹，严格执行请示报告制度，遇到问题要请示，事后要汇报，处置问题要有结果、有登记。

（二）游动岗

游动岗，是指为弥补固定岗之不足，在守护范围内针对某些薄弱环节和易发生问题的部位、区域，派出一定数量的安保人员，进行游动巡逻监视守护，以保证被守护目标的安全。游动岗一般设置在被守护范围内的重要地段和区域，以弥补固定岗之不足或与固定岗相配合。游动岗一般都为执勤队员规定了联络口令和信号，并按指定的路线和区域进行巡视守护，以加强对重点要害部位的巡查。尤其在节假日和夜间、气候恶劣、社会治安情况复杂的时段，更应加强或加紧游动岗的巡查。游动岗在游动时，应根据具体情况，眼、耳、鼻并用，采取时走时停、时快时慢或突然改变方向等灵活多样的方法；路线可采取往返式、循环式、交叉式或几种方法交替使用，防止不法分子摸清规律。但无论采取哪种方法、何种路径，都要以防止不法分子突然袭击为原则。游动岗的具体要求是，白天仪态要庄重大方、威武雄壮有震慑力；夜间要保持肃静，眼明、耳灵、脚轻，仔细判明各种情况。游动时要机智灵敏，提高警惕，如夜间要沿着墙边或树木阴影处行进，行至墙拐角处时，应提前放慢脚步，稍作停顿，先利用墙角的暗处观察前方的动静，待没有发现可疑情况后，再拐弯通过，以防不测。在游动巡查的过程中，遇到火险或其他险情，应立即予以排除；发现异常情况，及时向有关部门报告；发现可疑人的，应认真盘查，必要时扭送公安保卫部门处理。

（三）瞭望岗

瞭望岗，是指在守护范围大、目标分布面广、地形复杂、视线障碍多、能见度低的目标部位守护区域时，为便于巡视、观察而选择一个或几个制高点，居高瞭望，对目标部位进行观察和监视，以确保被看护目标的安全。瞭望哨由于较高、较远，故应配备望远镜、通信设备，最好能与固定岗和游动岗形成一个互相联络的通讯网，以便有效地发挥每个岗哨的优势和特点，相互配合，相互协作，保证守护任务的顺利完成。负责瞭望职责的守护勤务人员在执勤时，要忠于职守，保持高度警惕，发现可疑情况的，应及时通报，并迅速采取措施。

（四）安全技术防范

为了弥补人力防范的不足，提高安全防范的效果，应当根据特别重要部位的不同情况和特点，安装、配备相应的安全技术防范设备，进行全方位、全天候不间断的监控保护。安全技术防范的措施主要有三种：①充分利用各种报警设备装置。其中，包括用于防盗、防破坏的报警器，如玻璃破碎报警器、开关报警器、声控报警器等；用于防火、防爆方面的报警器，如烟感报警器、可燃气体报警器、温感报警器、红外线火灾报警器等。②充分利用各种加固保险设备装置。如保险箱安全装置、安全保险柜、保险开关装置、门窗自控组合装置、防盗锁等。③充分利用监视控制设施。如出入门监视器、红外线夜视仪、电视监视装置，以及由报警、录音、录像组合而成的光电监视控制设备等。安全技术防范具有持续工作能力强，不受外界环境气候影响，隐蔽性强，人力成本低等优点，可以有效地提高目标部位的安全度。

工作流程

一、调查了解目标部位的具体情况，熟悉守护方案

守护人员应对守护目标进行实地察看，熟记守护目标范围内的基本情况，如工作人员，使用的证件，车辆样式和牌号，物资进出手续以及规章制度等；了解、掌握守护目标的安全防范情况，如水源、消防器材、报警设施等；熟悉守护区域内的出入口、道路，要害目标的分布位置、地形地貌、建筑物等特点；了解守护的重点目标；等等。同时还应熟悉目标部位守护方案的主要内容，明确守护的职责任务。

二、部署岗位，落实力量

按照守护方案确定的岗位设置要求进行岗位部署，对于不同的情况采取不同的守护形式，具体落实看护力量，以确保守护任务顺利、有效地完成。

岗位部署时，应当尽可能选择那些既隐蔽又视野开阔，既便于进又便于退的具有战略意义的地点。隐蔽则不易暴露自己，视野开阔则便于看清周围情况；进则可迅速接近、攻击危害因素，退则可以相互联系和及时报告。岗位设置不宜过稀或过密。过稀就会出现空隙，导致勤务的盲点，不利于安全；过密则难免浪费人力，事倍功半，不利于人员能力的发挥。每个守护岗位要配备适当的守护力量，合理安排人数，使人数和职责任务相对等，避免出现重点部位力量薄弱或工作量不均衡的现象。

三、做好守护前的准备

守护前的准备包括检查着装、安保器材、通讯工具、照明设备、特殊用品，并使其保持良好状态；同时还应准备守护勤务登记簿和书写工具，以便记录守护中发生、发现的情况和处理的结果。此外，还要规定好发生情况的联络暗号和使用方法等。

四、认真履行守护任务

守护人员到达守护岗位后，首先应观察岗位有无异常情况，并根据不同季节气候的变化和守护范围的地理情况，在目标部位的区域范围内，选择既便于观察发现情况，又能主动出击并能有效保护自己的位置，作为安保守护的岗位，执行相应的守护任务。

（一）验证、登记

严禁外部无关人员、车辆及所携带或装运的物品进入目标部位。

守护人员应当严格执行守护单位有关安全规章制度，严格审查准予出入守护区域的手续、证件，认真检查进出人员和车辆及其所携带或装运的物品，严防歹徒混入守护区域内作案。携带、装运物资离开守护区域的，应当查验出门凭证，手续不符的，报告单位保卫部门处理。

外来人员、车辆进入守护区域的，应当一一查验证件，办理手续。当来者距岗位2m～3m时，口头提请其出示证件。查验证件时，应当先看证件的封面，再翻看内页的姓名、身份、单位等内容。注意辨别证件照片与其面貌是否相符，印鉴单位与签发证件单位是否一致。特别要当心证件是否在有效期内，有无涂改、伪造或变造。对于装载货物驶出的车辆，应当在10米外就使用手势示意司机停车。待司机停稳车后，再询问车上装载的货物名称、数量，查看单位签发的货物运输单或出库单，在确定无疑后，予以放行。对于来访者要礼貌接待，及时与被访者或部门进行联系，在取得被访者的同意之后做好来访登记，再予以放行。

遇有无关人员违反规定欲强行进入目标部位的，如系本单位但非目标部位内的工作人员，应婉言劝阻；如系非本单位的外来人员，要坚决制止。对不听劝阻的，制止强行闯入，并迅速报告单位主管部门处理。

（二）维护目标部位出入口的正常秩序

指挥、疏导出入目标部位的车辆，清理无关人员，是维护目标部位出入口正常秩序的基本工作。如有外来车辆、无证车辆强行进入目标部位的，要首先示意其停车，若其不听指挥强行闯岗的，应记下车辆类型、号牌、颜色等显著特征，迅速报告单位主管部门；如果目标部位出入口处有人寻衅滋事、打架斗殴、惹是生非、损毁财物的，守护人员应迅速制止，以维护守护区域的正常秩序。

（三）善于观察，发现可疑

在守护勤务中，勤务人员在观察警戒时，要保持高度的警惕性，充分发挥眼、耳、鼻等感觉器官的作用，直接观察客观对象的言行举止有无可疑。观察时，视线可采取由左至右、由右至左、由近及远、由远及近的方法，反复观察、不留死角，对地形、地物复杂的区域和重点目标要特别注意仔细观察。在夜间，或遇有浓雾、大风、暴雨等恶劣天气时，要耳、眼、鼻并用，通过听、看、嗅准确辨别各种声响、光亮、气味和物体形态等。对观察到的现象，要进行分析判断并及时报告单位保卫组织进行处置。

对于可疑人员应注意从以下六个方面发现问题：

1. 身份可疑。人的身份是否可疑，主要是通过其行为与他所处的时间、空间及行为之间的关系表现出来的。如所谈与年龄、职业不符，装束不合身份、时令，言语与籍贯矛盾等。

2. 行为可疑。行为可疑是指言行、举止有违反正常人的行为模式，符合或相似于一些违法犯罪活动的特征，如在要害部位东张西望、神色慌张、言语吞吐等。

3. 携物可疑。携物可疑是指携带违禁物品或易燃易爆危险物品，又没有合法手续，以及携带单位公物，说不清正当来源用途，疑似犯罪所得的财物、作案工具等。

4. 关系可疑。关系可疑是指对所找的人说不清姓名、所在单位及与被找者的关系，对要找的部门说不清名称、职责及要找该部门的原因、目的等。

5. 痕迹可疑。痕迹可疑是指身上有可疑外伤，衣着有被撕破的痕迹，或有不明血迹污染等疑似刚刚逃离现场的违法犯罪嫌疑人员的情形。

6. 体貌或面部表情可疑。体貌或面部表情可疑是指与公安机关通缉或要求协查的嫌疑人的体貌特征相似，或者面带惊恐、困倦之色，见到警察、安保人员有反常表情等。

遇到上述情况，守护勤务人员应当场询问，消除疑点后方可放行。否则，即应报告公安保卫部门处理。

执行守护勤务过程中，如发现可疑物品的，应注意从以下几个方面加以判定：

1. 判断不明物品出现的时间及周边物品的关联性。
2. 观察不明物品的外观标识。
3. 辨别不明物品是否发声，有无异味。
4. 综合判断不明物品可能对目标区域造成的危害。
5. 必要时通过专用仪器进行检测。

五、及时报告

守护过程中发生情况的，必须及时报告。守护勤务报告主要分口头报告和书面报告。

（一）口头报告

用电话、对讲机等通讯工具或当面向主管部门领导进行报告的方式，称为口头报告。口头报告是在遇有紧急情况，必须立即采取措施才能杜绝隐患发生的情形下所应采取的报告形式，口头报告的内容要及时进行登记，以便备查。

（二）书面报告

以书面文字形式向主管部门进行汇报的方式，称为书面报告。书面报告是在口头报告的基础上，按照书面报告的要求向客户报告的一种形式，在向有关单位报告的同时，如有改进或采取的建设性措施的，也应一并提出，以供相关单位参考。

报告情况要做到及时、具体、真实。及时就是当日情况当日报，重要情况立即报；具体就是报告任何情况，必须有时间、地点、人物、原因、结果，并提出初步处置意见；真实就是报告的内容要反映事物的原貌，不要捕风捉影、添枝加叶、主观臆断，必要时要经过初步的调查分析，弄清基本情况后再报告。

六、进行检查

常用的守护勤务检查的方法主要有三种：

（一）定期定点检查

按照守护勤务岗位的工作内容，采用相应的检查方式定期对所在守护岗位的勤务工作进行检查，并将检查中发现的问题及时指正。

（二）结合国家、地区、守护单位特点或中心工作进行重点检查

根据国家规定的法定节假日、国家政治活动或会议、守护单位组织的大型活动等，按照所开展的活动内容的要求，有针对性地对守护勤务岗位工作开展有重点的专项检查。

（三）适时采取暗查或抽查

适时采取暗查或抽查的方式对守护岗位人员的工作状态和工作作风进行抽查。

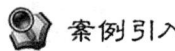 思考与讨论

某厅机关地处交通要道，内部贵重设备多，秘密性强。假如你为该单位提供守护服务，你认为如何实施守护勤务？

学习任务二　守护勤务中紧急情况的处置

学习目标

掌握守护勤务中紧急情况的处置原则和程序

案例引入

2015年4月18日，大连市金州区某互感器公司员工二楼办公室因电路短路引起大火。当时在公司内执行守护任务的汪某和田某闻讯后立即冲到二楼办公室，见屋内浓烟滚滚，大火熊熊。汪某见此情景迅速带领几名员工到一楼生产车间接上消防栓奋力灭火，田某迅速拨打了119，待消防车赶到时，火势已被有效控制，未造成重大人员伤亡和财产损失。

思考：

1. 守护勤务中紧急情况的处置原则是什么？
2. 在守护勤务中发生火灾如何处置？

 任务分析

安保人员在守护勤务中，如发生暴力犯罪案件、盗窃案件、打架斗殴事件、群众哄抢事件，发现可疑人员和火情等紧急情况，应当按照紧急情况处置的原则

和措施给予处置。

理论导航

一、紧急情况处置的原则

（一）合法性原则

无论处理什么样的紧急情况，守护人员都应当坚持依法办事，即使对行凶的歹徒实施正当防卫，也应当纳入法制轨道。在歹徒停止暴力犯罪后，不得故意伤害其人身。抓获的违法犯罪人员，不得私自关押、审讯、处理，应当扭送或报告公安机关依法惩处。

（二）安全性原则

处置紧急情况时，守护人员应当尽力维护守护目标的安全，同时注意自我保护，力求避免不必要的伤亡。尤其是在明显处于劣势的情形下，应当"智斗"歹徒，制止其不法行为，切不可盲目行事。即使在奋不顾身勇斗凶手时，也应当用好防卫器具，减少自身受到的不法伤害。

（三）抢救生命第一原则

发生紧急情况时，如果现场有人受伤，守护人员应当首先全力救助伤者，这不仅是因为生命的无价，还因为救助了现场的当事者，有利于迅速查清事实真相，依法进行处理。

（四）减少损失原则

遇到紧急情况，损失是难以避免的，但是本着对守护单位负责的原则，守护人员应当尽可能地努力减少损失，把紧急情况处置中的人员伤亡和经济损失降到最低限度。

二、守护勤务中几种紧急情况的处置

（一）暴力犯罪案件的处置

遇到违法犯罪分子进行行凶、抢劫等现行违法犯罪活动，应及时采取以下行动：

1. 迅速制止犯罪。当发生行凶、抢劫等暴力犯罪活动时，应及时协助公安

人员制止犯罪和抓获行为人；如果没有公安人员在场，应呼叫附近的安保人员或组织群众制止犯罪，并迅速报告保卫部门或公安机关。

2. 如果犯罪行为人逃离现场，要向目击者问清行为人的数量、性别、身材、脸型、发式、衣着等明显特征和逃走的方向，组织发动群众进行追堵。如果是乘车逃走的，可拦截机动车追堵或向"110"报警。

3. 保护现场。犯罪行为人遗留的凶器、作案工具等不要用手触摸，不要让无关群众进入现场。如现场在交通要道、公共场所，人多拥挤，无法将行为人留下的证物留在原处的，要一一收拾起来，交予公安机关处理。

4. 访问目击群众。收集发生暴力犯罪案件的线索，并提供给公安机关，同时，公安人员未勘查现场或现场未勘查完毕的，不能离开。

5. 积极采取抢救、扑救、排除险情等措施，尽量避免或减少损失。

（二）盗窃案件的处置

守护范围内发生盗窃案件时，应做好以下几个方面的工作：

1. 在值勤中发现盗窃财物的案件时，首先确定参与盗窃的人数，有无交通工具等情况。在敌众我寡的情况下，及时联系请求增援，同时做好监视工作。有能力现场抓获盗窃分子的，应当立即抓获盗窃分子，并及时向保卫部门或当地公安机关汇报，请求派员处理，或将犯罪嫌疑人直接扭送当地公安机关。在押送途中，要防止犯罪嫌疑人逃跑或行凶。事主仍然在现场的，请事主一起到公安机关作证，并领回被盗财物。

2. 对于发现的作案现场，应迅速向保卫部门或公安机关报案，并主动维护好现场，不准无关人员进入现场；公安机关或保卫部门的工作人员来到现场之后，应积极向公安机关或保卫部门提供情况，协助破案。

3. 注意对现场人员和现场周边往来人员的观察，从检查出入人员证件、携带物品中发现嫌疑目标。对于发现的作案嫌疑人员，可采取暗中监视或设法合理合法地将其约束住，等公安民警到达现场后，立即移交公安机关处理。

（三）打架斗殴的处置

1. 了解情况并进行必要的调解。

2. 参与人数较多的，要及时向单位领导和公安机关报告。

3. 清理围观起哄者，弄清当事人的姓名，留住双方当事人，并确定有关证人。

4. 如果双方人员已经处于对峙或者械斗正在进行的状态，在保障自身安全的前提下，要使双方人员隔离，缓解现场紧张气氛。

5. 做好善后工作。对于在打架斗殴中的受伤人员，要及时送往医院治疗。要加强宣传教育工作，使之正确认识械斗的社会危害。对于斗殴的首要分子和主要成员，要积极协助公安机关搜集证据、依法处理。

（四）群众性哄抢事件的处置

群众性哄抢事件，一般是参与人数较多，被抢财物数量较大，并造成严重后果的，非法侵占公私财物所有权的违法事件。如遇群众哄抢，必须坚决制止，宣传有关法律、法令，促使他们停止哄抢。积极做带头哄抢人的工作，记住他们的体貌特征，有条件的，弄清他们的身份，并及时向公安部门汇报，尽快制止事态发展。

（五）发现可疑人员的处置

在守护范围内发现一般可疑人员时，应严密监视，认真观察，加强控制，防止犯罪；发现行动诡秘、神色慌张、形迹可疑、穿着反常、图谋不轨或携带可疑物品的人员时，要留心观察，注意其行为的发展、动向，可对其进行询问、盘查，弄清情况，但要注意方式方法，避免引起其反感，并要提高警惕，防其行凶。在做好控制工作的同时，要及时向公安保卫部门和有关单位进行报告，请示如何处理。

（六）火情的处置

1. 对初起火灾，应迅速组织义务消防队、内部职工进行扑救。迅速切断与灭火无关的电源，关掉煤气总开关，将易燃易爆物品尽快撤离起火现场，将贵重物资、器材、资料等尽快转移至安全地带，并积极有效地使用灭火器材，努力扑灭初起之火。将火扑灭后，要派人对火场进行监视，防止复燃。

2. 如果因火势得不到有效控制而蔓延开来的，应立即报警，并报告有关单位领导。报警要沉着冷静，即向消防部门迅速讲明发生火警的单位、时间、地点、路名、街巷名、门牌号，着火的是何种物品以及火势等详细情况，并找到附近水源（消火栓），疏通消防道路；有条件的，派出人员在路口引导消防车辆进入现场，并明确介绍火场情况和水源情况。

3. 注意保护现场。维护好火场秩序，防止不法人员趁火打劫；对职工、群众反映的火灾责任人或重点可疑迹象，要报告给公安机关。

4. 要积极地向消防、保卫部门提供情况，协助有关部门查找火灾的原因，研究和改进防火安全措施。

工作流程

一、及时报告

在紧急情况发生时，根据情况发生的类型和特点，立即向有关单位或消防、公安等有关部门报告或报警。

二、组织处置

赶到现场后，服从现场指挥参与处置；如现场无组织者的，应立即组织岗位人员和周围的群众积极投入到处置紧急情况的行动中。

三、组织保护现场

对于治安、刑事案件，交通事故及其他需要保护现场的情况，在报警和处置的同时，要提示现场人员作好现场保护和有关物证的收集。

四、信息收集与研判

在紧急情况得到控制后，要向目击人员了解发生紧急情况的原因、过程，并分析研判。

五、准确汇报

在消防、公安机关或其他相关人员到达现场后，要将发生的紧急情况如实、准确地向有关人员报告，并将收集的情况和现场物证送交有关部门。

思考与讨论

某安保公司与某国有公司签订了安保服务合同，承担该国有公司的守护勤务。该国有公司负责生产国家急需的某型号尖端产品，秘密性要求高。假如你为该公司提供守护勤务服务，遇到盗窃案件发生时应如何处置？

课后训练

守护勤务中紧急情况的处置训练

【训练目的】

掌握守护勤务中紧急情况的处置方法

【训练内容】

1. 盗窃案件的处置
2. 打架斗殴的处置
3. 火灾的处置

【训练案例】

场景：某厅机关地处交通要道，内部贵重设备多，秘密性强。

情境1：某日，守护人员在巡查过程中发现，存放贵重设备的一间办公室门窗被撬：①小偷正在实施盗窃；②小偷盗窃后正在逃离现场；③贵重财物已被盗走。

情境2：某日，在出入口处发生打架斗殴，周围有围观起哄人员，现场有受伤人员。

情境3：某日，守护人员在安全检查过程中发现，存放着重要资料的资料室因线路短路发生火灾。守护人员立即组织力量进行扑救。但是，火势得不到有效控制，守护人员小孙拨打了报警电话。

学习单元十

护卫勤务

学习任务一 护卫勤务的实施

学习目标

了解护卫勤务的概念、特点和岗位要求,掌握护卫勤务方案的实施程序。

案例引入

2016年4月24日下午1时30分,韩国明星黄致列来济南参加活动,接站现场粉丝众多,场面火爆。济南市振邦保安服务有限责任公司市中分公司特勤队员为其提供护卫勤务服务,有力确保其行程安全,圆满完成护卫任务,受到山东省电视台有关领导的大力表扬。

思考:

1. 护卫人员的岗位要求有哪些?
2. 在护卫勤务中,何对护卫对象进行护卫?

护卫勤务的主要服务对象多为社会名流、演艺体育明星、商业成功人士或其他有需要的人士。要掌握护卫勤务的概念、特点、岗位要求和实施方案,保护服务对象的人身不受骚扰、攻击、绑架、暗杀等侵害。

一、护卫勤务的概念

护卫勤务是指安保人员根据合同约定,对需要护卫的对象进行警戒、保护,保障其人身及财产安全的一种安保服务活动。

在我国,护卫行为包含两方面的含义:一方面是指随身警卫,从政府行为的角度来说，是由国家专门机关执行的警卫工作，即为了保护国家首脑、政府官员所采取的各项保护措施。另一方面是指安保行业人士，从商业行为的角度来说，是为了保护护卫对象而实施的一些合法有效措施的商业行为，本部分主要阐述此类商业行为。

二、护卫勤务的特点

（一）服务主体的特殊性

护卫的对象是身份特殊者（即客户）的人身及其携带财物的安全，其责任特别重大，这就决定了安保服务主体非同一般，对其具有特殊的要求。护卫的主体，是依法设立的安保公司及其具有职业资格的安保人员。其他任何单位和个人，都不得从事护卫服务。

（二）服务客体的特定性

1. 护卫服务的客体是与安保服务公司签订安保合同的合法公民（即客户），即合法的自然人及其随身携带的合法物。其合法性是护卫人员与国外的和旧社会的"私人保镖"的根本性区别。公安机关通缉的在逃的作案人员或者犯罪嫌疑人，不具备护卫的法定条件，不在护卫的客体范围之内。

2. 护卫服务的对象大多不是普通的自然人，他们往往是具有特定的社会、经济地位的自然人，如社会名流和演艺界、体育界的大牌明星以及富翁等。特定的身份和地位，使其在复杂的社会环境中面临的危险因素较大，容易受不法分子的侵害。

3. 护卫业务不同于其他安保服务业务，其工作内容主要是保护客户的人身安全，即使涉及财物保护的，也仅仅限于其随身携带的财物。

（三）服务地点的多变性

一般的安保服务，其勤务岗位都有确定的地点或区域。护卫服务则不同，它因完全依附于护卫对象各种各样的活动而使得服务地点、方式、方法具有多变的不确定性，从而增加了安保服务的复杂性和艰巨性。

（四）服务活动的独立性

鉴于护卫对象活动范围的多变性和广泛性，随其服务的安保人员常常远离安保服务组织而外出独立执行任务，一旦遇到险情，必须立即采取措施应对，容不得迟缓，更谈不上请示、报告和商量。这一切，都要求安保人员独立思考、独立判断、独立行动，快速有效地作出反应，保障护卫对象的安全。

三、护卫的岗位要求

（一）护卫人员的素质要求

从事护卫工作的人员都要有认真的工作态度，良好的思想作风和灵敏的观察、反应、判断、应变能力，严格遵守护卫人员工作守则，认真钻研业务，坚决服从指挥，坚守岗位，恪尽职守。对护卫人员的要求涉及政治素质、身体素质、心理素质、文化素质、社交礼仪素质和职业道德素质等方面。整体素质主要有以下几方面：

1. 政治素质。政治素质包括政治思想、政治信念、政治态度和政治立场。作为一名高素质的护卫人员，应该忠于党、忠于祖国、忠于人民，具有坚定的政治信念；维护国家的利益和尊严，具有鲜明的政治立场；遵守宪法和法律，具有良好的法律意识。

2. 身体素质。护卫人员首先应该在具有一定身高的基础上，有较强的爆发力量，较快的奔跑速度，较持久的耐力，较迅捷的灵敏度和较为富有弹性的柔韧度。这些身体素质必须经过长期专门的训练来提高，力量、速度、耐力、柔韧性都要协调发展。

3. 心理素质。心理素质主要包括：①具有充分的适应各种环境的能力；②能充分地了解自己，并对自己的能力做出适度评价的能力；③生活和工作的目标切合实际，不脱离现实环境，善于从经验中学习的能力；④保持良好人际关系的能力；⑤能适度地发泄情绪和控制情绪的能力等方面。

4. 文化素质。护卫人员不仅要具有良好的学校教育背景，更要在实践中不断地吸收人文社科类的知识，提高自己的综合气质或整体素质。

5. 社交礼仪素质。护卫人员不仅要肩负重要的护卫任务，更多的还要与人合作、与人交往、与人沟通、与人协调。因此，要学会尊重自己、尊重他人，应对自如。

6. 职业道德素质。职业道德的基本内容包括爱岗敬业，诚实守信，办事公道，服务群众，奉献社会等。护卫人员不仅要遵守国家、政府的法律规范，道德规范和职业规范，还要遵守本行业的职业道德规范。

（二）护卫人员的岗位要求

1. 遵纪守法。护卫人员在工作中具体要做到以下几方面：

（1）端正工作态度，服从工作安排，始终以工作为己任；具有自我牺牲精神，乐于奉献，甘于吃苦，任劳任怨，恪尽职守。

（2）注意仪表形象，保持衣冠整洁，仪态大方得体。

（3）遵守作息时间，坚守工作岗位，不迟到、不早退、不旷工，有事履行请假手续。

（4）严格遵守保密纪律，要有保密观念，养成遵守保密纪律、执行保密制度的自觉性。

2. 清正廉明。清正廉明是安保服务人员必备的思想品德，也是最起码的道德要求。在工作中时刻保持高度警惕，自觉抵制腐朽的思想和生活方式以及拜金主义、享乐主义和极端个人主义的侵袭，忠于职守，坚持原则。

3. 恪尽职守。恪尽职守是护卫人员职业素质和职业道德的体现。护卫行业的特殊性要求护卫人员在任何时候、任何情况下，都必须忠于职守，严守工作纪律，对工作认真负责，认真履行护卫人员的职责和义务。在工作中讲究信誉，以国家利益、人民利益、客户单位利益为重，关键时刻能挺身而出，勇于献身。

4. 业精技强。业精技强主要包括以下方面：

（1）熟悉本职。掌握护卫任务的知识和技能，了解护卫方案、内容和要求；了解护卫对象的工作内容和具体要求，掌握护卫对象的动态活动。

为了便于在发生情况时及时与外界取得联系，护卫人员应熟记有关部门和人员的联系方式，包括护卫区域内可供使用的电话位置和使用方法，小区物业值班室、友邻单位、当地公安机关以及联防治保组织的位置、电话号码，火警、匪警等报警电话号码。

（2）本领过硬。要求护卫人员具有过硬的知识和能力，能胜任护卫服务的工作要求。因此，护卫人员应具备一定的组织能力、管理能力、预防和处置突发事件的能力、协调能力等；掌握预防和处置各种突发事件的方法、手段与先进防范技术设备的使用方法等；掌握一定的警体技术和技能，如擒拿、格斗、自卫、救护等。

（3）勇于献身。勇于献身是护卫人员职业道德的最高表现。这是由护卫工作的艰苦性和危险性决定的，它要求护卫人员有无私奉献的精神。

（4）机智勇敢。机智勇敢要求护卫人员既要勇于献身，又要掌握工作方法，从而有效地保护好自己，履行好职责。

工作流程

护卫的服务对象，由于其身份特殊，社会知名度和社会关注度比较高，因此他们的出行和活动，往往受到媒体和不法分子的注意，容易引起群众围观、追逐、索要签名和受到歹徒的不法侵害。这就需要护卫人员根据不同的情况，采取相应的安全措施和方法，为他们提供人身安全保障。

一、根据安保服务合同，制订护卫服务方案

安保服务合同是护卫服务的主体和客体之间依法协商达成的合约，是制订护卫服务方案的主要依据。护卫服务方案的主要内容应当包括：

（1）护卫任务的执行负责人及其职责。
（2）执行护卫勤务的安保人员及其数量和职责分工。
（3）护卫对象主要的工作、活动内容。
（4）护卫对象的出行工具、行驶路线以及停车场所等。
（5）护卫勤务的保安装备。
（6）与护卫服务相关的其他事项。

二、掌握护卫对象的活动信息，及时做好与护卫相应的准备工作

护卫人员应当与护卫对象保持正常沟通，了解其近期外出活动的意图及其活动内容，以便及时与活动的主办方、组织者、负责人以及现场的警卫人员进行联系；事先准确掌握护卫对象的动态活动时间和行程安排等有效信息，并据此确定护卫使用的通讯工具、交通工具，行驶路线及停车场地等，有的放矢地做好护卫对象的安全保卫准备工作，以便按时将护卫对象送入、带出活动场所，防止非活动时间出现在活动场所而带来的人身安全隐患。

三、未经允许者无法接近护卫目标

安保护卫人员应当在室外活动的护卫对象的周围及其工作、生活区域定点、定位、定任务，严密监控一切动向，形成一道安全屏障，不让无关人员接近护卫对象和进入护卫对象的工作、生活区域，以免危及其人身和财产安全。如有可疑人员出现在护卫目标的周围，应当严密监视其动静，始终将其纳入自己的视线范围之内；对于迟迟不肯离去的人，应当进行查问，但要注意方式、方法，避免引

起冲突，并提高警惕，防止其行凶；对于纠缠安保人员并无理取闹的人，及时报告给公安机关。其间，护卫人员要严格控制与护卫对象接触的人员范围，对无正当理由的或者护卫对象不愿会见的人员，应当坚决、果断地将其隔离在外，与护卫对象保持一定的距离。即使护卫对象正常地接触他人，护卫人员也应当密切观察接触者以及周围人群的动向，以防万一。活动结束时，护卫人员应当及时提醒护卫对象转换地点，尽快离开治安情况复杂的公共场所。

四、协助做好与安全有关的保护对象的生活服务和医疗保健工作

护卫人员应当对护卫对象的生活和健康提供必要的帮助，如采购某些日常生活用品；休息期间，帮助其关、锁好门窗，管理好家用电器等；患病期间，帮助其寻医购药，或利用自己的一些保健知识和技能，为其提供保健服务。护卫人员平时协助他人做好这些与安全相关的生活事项，有益于其履行安保服务职责并树立良好形象。

五、制止不法侵害行为，保护服务对象的安全

护卫人员如果发现有人企图强行接触护卫对象，应当及时加以阻止；如果对方有突然袭击或者滋扰等不法行为，应当立即采取保护措施将其制服，并及时报警。同时，迅速将护卫对象转移到安全地带，防止事态扩大。

思考与讨论

应客户的要求，公司委派你为客户提供随身护卫服务，你认为随身护卫的内容有哪些？如何实施？

学习任务二　护卫勤务中突发事件的处置

学习目标

掌握实施护卫勤务中处置突发事件的方法

案例引入

2013年9月13日，中国某著名集团董事长宗某某在杭州上城区其住所附近遭人袭击，手部受伤。遇袭时间是在清晨6点多，当时宗某某刚走出住所不远处进行晨练，身边没带护卫。行凶者是49岁的杨某，二人在遭遇后还未交谈，杨

某便拔出水果刀向宗某某刺去，宗某某在抵抗时手部肌腱断裂。

思考：

1. 上述案例中，宗某某受到伤害的教训是什么？
2. 如果你是宗某某的护卫人员，遇到上述情形，应如何处置？

 任务分析

护卫人员在执行任务时，除了保障护卫对象的日常工作安全外，更重要的是，在遭遇到一些常见的突发事件，如火灾、爆炸、劫持人质、中毒、抢劫暴力、群体性冲击、交通事故等事件时，能够在第一时间内觉察和发现护卫对象面临的危险，并采取专业的紧急处置措施，降低或避免由此而对护卫对象造成的人身伤害，保障护卫对象的安全。

 理论导航

一、护卫勤务中突发事件的处置的概念

突发事件的处置，是指遇有正在实施的针对护卫对象的突然袭击、滋扰等不法侵害时，应迅速采取保护措施，制服不法分子，将护卫对象转移到安全地带，防止事态扩大。

二、护卫勤务中突发事件的处置原则

（一）确保护卫对象安全原则

1. 快速反应，争取主动。
2. 果断指挥，密切配合。
3. 舍身保护，掩蔽撤离。

（二）合法原则

区分性质，依法处置，必须严格遵守国家法律法规。

（三）整体作战原则

1. 护卫部门与护卫人员必须密切配合，形成整体战斗力。
2. 要积极主动地争取社会有关方面的支持和配合，形成整体合力。

(四) 严格请示报告原则

根据不同类型的突发事件，向所属的发保公司进行报告，并妥善地予以处置。

📝 **工作流程**

在护卫勤务中常见的突发事件主要包括火灾，发生爆炸和劫持人质等。

一、火灾事件的现场处置

（一）灭火的方法

当发生火灾时，如果发现火势不大，并且还没有对人造成很大威胁时，千万不要惊慌失措，置小火于不顾而酿成火灾。

常见的灭火方法有以下几种：

1. 冷却。就地取水，迅速冷却灭火。如果水少，可将有限的水洒在火点四周，以便赢得再次取水的时间。

2. 窒息——阻断助燃剂。当室内着火时，应用棉被、毯子、棉大衣等浸湿后覆盖。油锅着火时，应立即盖上锅盖使火熄灭，绝不能用水扑救。

利用灭火器喷射燃烧物。在使用二氧化碳灭火器时，要先拔出保险销，再压合压把，将喷嘴对准火焰根部喷射。在使用时，尽量防止皮肤直接接触喷筒或喷射胶管，以免冻伤。二氧化碳灭火器可适用于家用电器火灾。干粉灭火器原理与二氧化碳灭火器基本相同。

3. 扑打。对固体可燃物，小片草地、灌木等小火，可用衣服、树枝、扫帚等扑打，但对容易飘浮的絮状物不宜采取此种方法。

4. 阻断可燃物。该方法包括移走周围的可燃物，关闭可燃气体和液体的阀门，采用泥土、黄沙筑堤，阻止流淌的可燃液体流向燃烧点，切断电源等。

（二）迅速报警

火灾开始时，要一方面积极扑救，一方面迅速报警。即使在场人员认为自己有能力灭火的，也仍要报警。报警的方法是打"119""110"电话，距离较近的，可直接到消防队报警。

（三）逃生

在逃生的过程中，护卫人员应该帮助和提醒护卫对象，并做到以下几点：

①安全穿越烟雾区；②辨明方向，脱离火区；③就地打滚灭身火；④冷静机智，迅速脱离险境；⑤如果不能暂时逃生的，应冷静机智地等待救援。

二、爆炸事件的现场处置

（一）提高警觉意识，坚持宁信其有原则

面对爆炸威胁，相关人员都不能抱有侥幸心理，以免贻误了防爆的最佳时机，造成无法挽回的损失。另外，接到此类电话，要保持冷静，不能盲目地遣散人员，以免造成踩踏事件。在掌握相关信息的基础上，视情况进行人员疏散。

（二）尽可能获取证据

应将相关爆炸信息报告给公安机关，并尽可能地搜集信息，以利于协助警方进行随后的排爆和擒拿罪犯的工作。

（三）自查原则

爆炸装置的安放位置可分为两类：明显位置和隐秘位置。明显位置，就是把爆炸装置伪装成日常用品或其他不易被人联想成爆炸物品的物品，并放置在显眼的地方。常见的地方有家门口或附近，室内显眼的地方，邮寄包裹，汽车周围，座位上或门把手等，待护卫对象移动或打开物品时发生爆炸。

隐秘位置，包括家中、办公室或其他场所、建筑内不引人注意的角落、物体内部等，如沙发里、柜子内、楼梯内、卫生间里、电器内或汽车底盘、后备厢等。

（四）加强防护，尽量减少损失

护卫人员在进行紧急处置时，如果发现现场没有任何应急处置器材，则可根据爆炸杀伤作用的原理（超压、弹片、高热、撞击）而采取相应的措施，以减弱爆炸的威力。

（五）急救人命，及时报警

当发现护卫对象有生命危险时，应当立即进行救助或送往医院抢救治疗。在采取紧急救助时，要注意保护现场，同时要记清受伤人员的位置和姿势等。

三、劫持人质事件的现场处置

（一）树立警觉意识，慎重对待劫持人质事件

受现场情况的限制，护卫人员的处置手段会受到极大的制约。如果劫持者手

中握有威力强大的武器，且情绪激动，戒备心较强的，则稍有不慎就会产生严重的后果。因此，必须树立强烈的风险意识。

（二）不要轻易采取暴力方式，力争和平解决问题

据国外专家研究表明，对劫持人质事件的处置，能通过谈判和平解决的有93%，但通过武力进攻解决的，有78%的概率会造成人员死亡。因此，在劫持人质事件的初期，护卫人员要尽量避免对峙性事件的出现。

为解求人质，首先，要迅速停止对劫持者的进攻，以在劫持者和护卫人员之间造成一定的心理缓冲。其次，应暂时停在原地，并迅速报警。在报警时，报告情况的核心点应为案件的性质、起因，劫持者的人数和劫持手段、人质的情况，发案的具体位置和时间。最后，在僵持过程中，护卫人员不能抱有速战速决的想法，应尽量争取拖延时间，为谈判专家的后续工作创造条件。在争取拖延时间时，护卫人员可以利用一些谈判技巧，稳定对方的情绪，分散对方的注意力，以赢得有利时机。

（三）配合警察工作，及时疏散群众

过多群众的围观，既不利于周围群众的安全，也会加大劫持者的心理压力，同时阻碍警方对事态发展的引导。一些围观者的过激言行还可能激怒劫持者，直接对案件的发展演变构成负面影响，不利于稳定劫持者的情绪，还会在很大程度上牵制现场警力的展开，影响后备警力及时接应。因此，护卫人员应及时向围观群众说明真相，说明围观的危险性，将他们疏散开。

思考与讨论

安保公司接受某明星的委托，指派你担任该明星出席演唱会全过程的护卫任务。可能发生哪些突发事件？对此又如何处置？

课后训练

护卫勤务的实施训练

【训练目的】

掌握护卫勤务的实施方法和程序

【训练内容】

一、任务准备

安保人员在制定护卫任务时，要严格按照制定的护卫方案开展准备工作，重

点是：

1. 了解护卫对象的活动情况、活动意图，与有关方面加强联系。确定使用的通信、交通工具，行驶路线。准确掌握被护卫人员的动态活动时间。

2. 护卫对象有公共场所活动安排时，安保人员要事先了解活动情况，确定行车路线、停车位置；事先了解接触护卫对象的人员范围，掌握好活动时间，及时提醒转换地点。

3. 事先要与活动组织者对现场安保工作做好充分沟通，到达现场后要主动与现场警卫、工作人员联系，密切配合，预防随时可能发生的各类侵害客户人身、随身携带财产的各种意外情况。

二、具体实施

1. 被保护对象外出参加各种活动，现场人员比较多时，主要是采取近距离贴身防范措施，使不法分子无法靠近被保护对象的身边。在安全情况不明确时，要在被保护对象与人群之间构成防范人墙，最大限度地隔离防范对象与周围人员，防止不法分子轻易靠近被保护对象的身体。

2. 护卫被保护对象时，必须保持高度警惕，随时注意观察在被保护对象周围出现的人，加强控制。如发现神态慌张、行为诡秘或携带物品可疑的人员，要特别注意观察其动向，及时引导被保护对象远离可疑人员，同时积极准备采取预防措施，防止其突然袭击。

3. 安保人员在护卫过程中，要掌握护卫对象的活动规律，了解护卫对象工作、生活区域周边的情况，随时注意发现火灾、交通等方面存在的安全隐患，及时与有关部门联系沟通，积极解决存在的安全隐患，落实具体的安全防范措施。

4. 被保护对象外出活动休息时，应勘察休息场所的安全通道。确定发生火灾后的逃生路线，并及时在其休息区域的一定范围内，构建一套临时安全防线，防止无关人员随意进出，保障其安全。

5. 尽可能地为护卫对象提供力所能及的帮助和服务，协助其解决一些生活中遇到的困难。如果护卫对象出现身体不适，安保人员应及时送其去医院进行救治。

6. 万一发生意外情况，应及时报告有关部门，并要挺身而出制止不法侵害行为，最大限度地保护客户利益不受侵害或减少因不法侵害造成的损失。

【训练案例】

2015年1月17日，著名相声演员冯某参加海口市公安局2015年迎新文艺晚会，某安保公司安排安保人员承担冯某护卫任务。

学习单元十一 武装押运勤务

学习任务一　武装押运勤务的实施

学习目标

了解武装押运勤务的内涵、分类与操作流程；掌握押运员的职责；掌握武装押运实施步骤及针对不同押运标的的注意事项

案例引入

2016年11月23日15时20分，在某市香莲路与吕岭路交会的十字路口处，一辆武装押运车的车头撞在一辆黑色小车的副驾驶位置上，小车呈拦截之势。据目击者介绍："两辆车的速度都很快，相撞后，小车里下来一个人，押运车里面一直没人下来，过了一会儿，司机才下来。警车都来了，可能不是简单的交通事故。"现场记者看见小车副驾驶位置已经凹陷，但押运车的车头并无大碍。虽然是一起普通的交通事故，但押运车司机却显得很谨慎。现场有人问他，车上有没有武装人员和贵重物品，他表情严肃，不予理睬。记者透过押运车的缝隙看见，押运车里坐着好几名全副武装押运人员。

思考：

1. 武装押运人员的职责是什么？
2. 在金融押运过程中应如何警戒？

 **任务分析**

武装押运是特勤人员根据公司与客户签订的押运合同，采用持枪、持械等武装形式进行押运，以确保客户单位运输的金融、贵重物品或危险品安全抵达目的地的一种安保勤务方式。针对不同的押运对象，制定相应的押运护送计划，出发前做充分的准备，但押运任务能否顺利完成，其关键还在于，在押运途中是否把各项工作落到实处。因此，武装押运人员要认真履行职责，加强巡视检查工作，

遵守各项安全保密制度和押运工作纪律。

理论导航

一、武装押运勤务的内涵

押运，是指把财物运送到指定地点的过程中随时看押护运的活动。武装押运勤务是指押运人员根据所属单位与客户签订的押运合同，采用持枪、持械等武装形式进行押运，以确保客户单位运输的现金、贵重物品或危险品安全抵达目的地的一种勤务活动。武装押运具有如下特点：

（一）对象特定，责任重大

武装押运保护的目标往往是特定的、单一的，比如现钞、文物、重要仪器设备、贵重物品、危险物品等，押运物品本身价值昂贵、珍奇或者具有极大的危险性，一旦发生问题，将会造成巨大的损失，因此押运人员承担的责任非常重大。

（二）对象明显，风险性大

武装押运的对象往往是现钞、重要仪器设备等重要物品，因此常常会成为违法犯罪分子首选的侵犯目标，有些犯罪分子甚至事先对押运的现钞、物品的数量、种类、交通工具及押运人员的技能、警戒状态等进行反复研究，另外，由于某些物品本身具有易燃、易爆和易受损等特点，容易引起燃烧、爆炸等事故，这些更增加了押运的风险程度。同时，由于武装押运往往有交通工具随同，戒备森严，容易引起沿途人们的猜测，甚至会发生好奇者撬箱体、车门或投放燃烧物等情况，轻则造成事故隐患，重则可能会造成人员伤亡。

（三）工具多样，情况复杂

武装押运所使用的交通工具多种多样，比如汽车、火车、飞机、船舶，其中不少具有兼运性质，比如火车在装运押运物品时，也会装运其他物品，甚至还会运送旅客。再比如飞机押运时，押运人员在飞机上的活动空间很小，一旦遇到突发情况，往往没有回旋的余地，所以工具的多样性增加了押运工作的难度。这就要求押运人员必须熟悉各种交通工具的特征，事前分析押运的有利和不利因素，并且有针对地制定相关应急对策与措施。

（四）独立性强，容易受袭

发生突发事件时，押运人员需要想方设法请求当地公安机关或者相关单位保

卫组织的支援。但是由于情况复杂、事发突然，外援不可能马上到来，为确保押运物品的安全，押运人员必须有独自作战的心理与精神准备，与参与押运的所有人员组成一个应战集体，沉着应对、冷静处置，并保证事件向有利于外援到来后做进一步处置的方向发展。

二、武装押运的分类

（一）依据押运路途的远近，可分为长途押运与短途押运

1. 长途押运主要是指押运公司根据客户的要求，同时根据自身的条件、能力，派出押运员为客户承担跨县、市、省的有价证券、仪器设备、危险物品等财资押运任务，旨在保证客户交运财物的安全。

2. 短途押运主要是指押运公司根据合同规定派出押运人员，为客户承担50千米以内的较短路途的押运任务，旨在保证押运物品安全到达目的地的活动。该种业务多见于本地或较近的城郊区县。

（二）依据运输工具的不同，可以分为汽车押运、火车押运、飞机押运、船只押运、徒步押运

1. 汽车押运是指押运公司依据合同规定，派出押运人员，为客户承担跟随汽车对有价证券、仪器设备、危险物品等的押运任务，旨在保证押运物品在汽车运输途中的安全。

2. 火车押运是指押运公司依据合同规定，派出押运人员在火车运输途中保证交运物品的安全。

3. 飞机押运是指押运公司依据合同规定，派出押运人员随乘飞机，为客户承担紧急需求、价值昂贵物资的押运任务。

4. 船只押运是指押运公司依据合同规定，派出押运人员为客户承担跟随船只对物资的押运业务，旨在保证押运物品安全到达目的地。

5. 徒步押运。押运公司依据合同规定，派出押运人员为客户提供徒步形式的物品押运业务，以确保押运物品安全到达目的地。本押运形式适合于森林、高山、湖河交叉地带的押运，同时也适合于城市街道区域内的护送押运。

（三）依据押运标的的不同，可以分为贵重物品押运、金融押运、危险物品押运

1. 贵重物品押运是指押运价值较高或较为稀有的物品，包括黄金、白银、

珠宝玉器、古玩字画等物品的押运。

2. 金融押运的任务是为金融单位（包括其他企业、事业单位）提供对现金、有价证券、银行重要凭证、金银珠宝、文物、艺术品等物资的提供有偿武装金融押运。

3. 危险物品押运是指对具有燃烧、爆炸、腐蚀、毒害、放射性能的，在生产、储存、运输、使用过程中能引起人身伤亡、财产损失、物资破坏的物品的押运。

三、押运员的职权

押运员，是指经省、自治区、直辖市人民政府公安机关批准从事武装押运服务的押运公司的专职押运人员。其职责内涵主要是为了武装押运任务的顺利进行而完成的一系列行动的集合，通俗来讲，即押运员在职务上应尽的责任。

其主要职责概括来讲包括以下几个方面：①全心全意对押运物资负责，保持高度警惕性，确保押运安全；②依据出库单接收押运物资，办理完整的出库交接手续；③对押运物资的数量、质量和安全负责；④监督整个押运过程中物资的装卸、搬运工作，对接收和移交中发现的问题，及时请示报告，并提出处理意见；⑤同接收单位的有关人员共同做好物资的交接工作，并办理交接手续，并及时向领导汇报。

（一）押运员的职责特点

1. 法律性，即押运员的职责是由国家相关法律和法规所确认的。
2. 有限性，即押运员的职责是有范围的，超过范围，就是越权。
3. 责任性，即押运员必须依法履行职责，如不履行职责，将受到纪律乃至法律的追究。

（二）押运员的职权内容

1. 出车前应履行下列职责：

（1）会同驾驶人员领取并掌握当班作业单据，听取管理人员的安全告知。

（2）协助驾驶人员做好车辆例行保养。

（3）领取安全防护用品，检查随车必备的消防用具是否齐全有效。

（4）检查车辆标志的安装悬挂是否符合规定。

（5）检查车辆、容器是否按照规定进行必要的清洗消毒处理，是否可靠关闭。

2. 装载时应履行下列职责：

（1）联系客户，核对客户名称、货物品种、数量是否与"运单"相符。

（2）监视装载作用区的安全情况。

（3）检查车厢、栏板的固定、链接、锁扣装置是否完好。

（4）监督作业人员是否按照规定装载货物。

（5）检查装载货物的包装是否适合道路运输的要求，内、外包装是否完好无损，包装标志是否齐全、清晰，对不符合包装要求的，拒绝装载。

（6）检查装载堆码是否符合通风、间隙、隔离等特殊要求，捆扎、固定是否牢靠。

（7）做好货物的点收点交及单据交接工作。

（8）监督所装载货物的质量必须在车辆核定的装载质量范围内，严禁超限超载。

3. 运输途中应履行下列职责：

（1）监督驾驶员的驾驶状态是否正常，是否按照规定的行车速度、路线和《驾驶人员安全行驶操作规程》行驶。

（2）提醒驾驶员按照规定时间或规定里程停车休息，协助驾驶员检查车辆技术安全状况，并检查所载货物的状况是否正常。

（3）监督驾驶员连续驾驶时间不得超规定，车辆停靠应符合有关规定。

（4）遇险时，立即拨打"110"紧急救助电话，对事故情况和货物名称、特性等进行详细描述，并针对货物特性采取必要的应急处理措施，阻止无关人员和车辆的接近。

4. 卸载时应履行下列职责：

（1）联系客户，核对客户单位、货物品种、数量是否与"运单"相符。

（2）监视卸载作业区安全。

（3）监督装卸作业人员按照规定卸货作业。

（4）检查卸载货物的包装是否完好无损，堆垛码放是否符合货物特性的要求。

（5）做好货物的点交点收及单据交接工作。

（6）检查车厢内是否有货物泄漏、残留，做好车辆清洁工作。

5. 回场后应履行下列职责：

(1) 协助驾驶员做好车辆保养工作。
(2) 协同驾驶员交清当班作业单据。
(3) 归还装卸工具及相关设备。
(4) 向管理人员报告运输作业过程中有关客户、安全、质量方面的信息。

工作流程

一、制定押运方案

押运方案是执勤的计划和依据，各级指挥员都要会制定执勤方案。押运执勤方案分为固定目标和临时勤务两类。各级指挥员在接受押运执勤任务后，应及时编制押运勤务方案。

（一）押运方案编制原则

1. 较强的针对性。根据上级的命令、指示和要求，结合具体押运勤务工作的性质、目标，周围的地形、地物，周边地区的社会治安状况等环境特点，装备及执勤人员的素质，友邻单位和可能得到的支援等，制订详细的工作计划，充分预想可能发生的各类情况，力求准备工作全面细致，有针对性地制定勤务方案。

2. 可操作性强。根据押运勤务任务的目标，有关政策、法律、条令条例的规定，编写方案的操作程序，勤务部署上要全面控制，要害部位要重点加强，并掌握机动力量，规定联络信（记）号和联络方法。

3. 规范指导性。在编制押运勤务方案时，明确各类情况的处置程序各环节的任务和要求，遇有任何问题时，应知道怎么办、向谁汇报、怎么汇报等。在平时训练中，能起到指导性的作用。

（二）押运方案编制的要求

1. 明确职责。确定执勤编组，按照分工，明确具体规定和要求。

2. 熟悉情况。押运勤务方案一经形成，将成为执行实施的规范文件。因此，编写之前必须充分进行现场勘察、了解情况。

3. 符合实际。押运勤务方案的内容要与工作实际相一致，结合可以利用的资源并在与相关部门合作的基础上编制。

4. 编写规范。必须完整准确，切实具体；层次清楚，逻辑性强；简明扼要，详略得当；易记实用，便于执行；图文清晰、字迹工整；采用专用术语和规定称号，使用规定记述方法表达。

5. 不断完善。根据工作任务、人员等变化情况，及时对押运勤务方案进行修改，也可根据实际训练的经验，对某些内容进行进一步的完善，保持它的操作性和实效性。

（三）押运方案基本内容

1. 基本情况：目标的名称、位置、规模、性质；内部组织机构，要害部位，警戒设施；周围地形，治安状况，友邻等情况；其与任务完成的利弊关系；本分队（班）人员编制、装备等。

2. 任务：本分队（班）的具体任务。

3. 岗位与兵力部署：设哨位置、种类、任务划分；勤务分组；机动兵力的数量、位置、使用时机和机动方向。

4. 参与人员职责要求：领办区域和任务；哨位的位置、编号、任务、控制范围和监视区域。

5. 组织领导与指挥：指挥人员分工；指挥位置；正常和特殊情况下的组织指挥方法。

6. 通信联络：担负通信保障的单位；勤务值班员、领班员、哨兵之间的联络方法和信（记）号规定。

7. 协同配合：协同单位，配合方法，识别记号。

8. 紧急情况的处置：对预想情况的处置原则、处置方法。

9. 特别规定：对执勤人员的特别要求和规定。

10. 图表：兵力部署图，重大情况处置图和有关表格等。

二、贵重物品的押运

贵重物品一般都有较高的价值，是不法犯罪人员窃取、抢劫的重要目标，发生危险的可能性较大，这就决定了贵重物品押运的主要特点是责任重大，风险性高。因此，保证贵重物品在转移运送过程中的安全尤为重要。

（一）押运护送贵重物品注意事项

1. 选派得力的押运人员。由于贵重物品的特殊性，要选派政治、业务素质高和身体素质好、责任心强、有胆有识、有独立作战能力和自卫能力，并有丰富押运知识的人员执行任务。

2. 制定周密的押运计划。为保证押运工作的绝对安全，应对押运的时间、路线、人员、车辆、沿途治安等情况进行详细地分析研究，制定周密的押运计划和应急措施，并加以训练，同时做好保密工作。

3. 做好装载工作。贵重物品一般不宜散装和混装，应用木箱或铁箱等质地较硬的材料包装，包装要坚固严密，并加"d"字铁条捆扎和密封，防止物品散落、丢失或损坏；要做好装车前的各项监护工作，大型尖端贵重物品要采取覆盖、伪装等方法加以保密；要详细检查车辆和产品的安全状况；做好出发前的各种准备工作。

4. 停运、待运期间要加强力量看守保护，对物品和车辆进行必要的安全检查，以防止出现漏洞，给犯罪人员造成可乘之机。

5. 运输途中要有值班人员直接巡视、检查，使被押运对象始终在保安人员的视线之内，以防止出现空当。

6. 押运物品到达指定地点后，应先与接收单位（客户）共同对押运物品的铅封和外观状况进行检查，在签署交货或完成押运任务的手续后，方可离开被押运物品。不得在未办理交接手续前，停止监护。

（二）贵重物品的押运要则

1. 贵重物品不宜散装和混装，包装要坚固、严密。贵重物品应用木箱或铁皮箱包装，并且加"井"字形拦腰捆扎，在接缝处要有铅封，以防运输途中丢失或损坏。

2. 起运前押运保安人员要做好装车的监护工作。大型尖端保密产品要加以覆盖、伪装，做好产品外形的保密工作。

3. 停站待运期间，押运保安人员要加强看守，可对车辆和产品进行必要的安全检查。

4. 押运物品到达指定地点后，应与接收单位共同检查押运物品的铅封和外观状况，若无丢失、损坏等情况，即可办理交接手续。押运保安员在未办理交接手续前，不得停止监护。

三、金融押运

金融押运工作必须接受公安机关金融单位安全防范工作监督部门的指导、检查和监督，自觉落实各项防范措施，高效、优质、安全地开展武装押运工作。

（一）金融押运注意事项

1. 金融押运人员的招聘要面向社会，主要从复员退伍军人或城市失业、青年党、团员中择优选聘。需经文化考试、政治审查、身体检查，对合格者办理聘用手续。聘用的金融押运人员必须依照《保安员培训大纲》进行严格、系统的专业知识和技能岗前培训，经考（试）核合格，取得省级公安机关颁发的《保安员资格证》后，方可上岗。对已聘用的金融押运人员留取指纹档案，报公安机关主管部门备案。

2. 各金融押运企业，依据《专职守护押运人员枪支使用管理条例》《公务用枪配备办法》的规定，严格配枪标准，明确用枪岗位，按照程序申领所需枪支，及时为押运人员办理持枪证，做到配强、持枪合法化。建立健全枪支管理制度，严格按照国务院《专职守护押运人员枪支使用管理条例》的规定执行。严防枪支被盗、被抢、丢失或发生其他事故。枪支被盗、被抢或丢失的，立即报告公安机关。

3. 各金融押运企业，要制定《武装押运操作规程》《运钞车驾驶员行车规程》《护卫队员守库规程》《突发事件处置程序》等，要按规程规定的事项，执行守库、押运任务，并做好防范各种突发事件的训练。

4. 配备公安部下发的《通过安全防护性能监测的专用运钞车车型目录》中列出的专用防弹运钞车，并备有相应的通讯报警器材，尽快安装GPS卫星定位系统，严禁使用普通车辆执行运钞任务。例如，发生在沈阳的"1.18"大案就是由于没有使用专用的运钞车而使用了普通面包车，从而使犯罪分子有机可乘，并使押运队伍的抵御能力降低，造成了押运人员伤亡和巨款被劫的严重后果。类似的案件还很多，这都一次次给保安押运的实施敲响了警钟。

5. 押运人员执行运钞任务时，佩带武器，身着统一制式保安押运服，穿防弹衣、钢盔，持证上岗。严守出发时间、行车路线、交接地点及车内款包的秘密。

6. 遇有跨省、市或大宗押款（500万以上）任务时，要增加前导护卫车，必要时可事先与当地公安机关取得联系，以便遇有紧急情况时，及时得到支持。

7. 执行押运款任务时，要遵守交通规则，遇有特殊情况的，接受公安机关交警部门检查，妥善处置。因车辆故障或事故，不能即刻修复或处理的，要及时报告本部门领导和当地公安机关，并采取有效措施，保证资金安全。

8. 各金融押运企业，为金融单位承担非金融企业押运任务时，要严格按照企业规模（国有大型工矿企业、商场、民营企业、集贸市场）的日现金量（20万元以上）标准，严禁超规模、超标准执行押款任务。

9. 为大型工矿企业、民营企业、商场、集贸市场接送款时，要严格界定责任范围，保证运钞车押运力量；存款企业应由足够的护卫、安保人员护款上车，并承接本单位内的安全责任；必须配备坚固、封闭、金属集群式人力款车和防抢防盗款箱。否则，不予接款。

10. 为确保运钞安全，各金融押运企业执行运钞任务时，除特殊情况外，必须在晚8时全部结束，严禁超时服务。

（二）现钞押运的应对措施

1. 运钞车装卸车时的警戒。

（1）银箱装卸时的警戒。最大限度地将运钞车停靠在库门口，有院墙的将车开进院内，关好大门再进行装卸；押运保安员应持枪先行站于运钞车左右两侧便于观察的位置实施警戒。向储蓄所押运现钞或由储蓄所押运现钞回笼时，须有一名押运保安员先观察营业室内外有无可疑人员，另一名保安员护送搬钞人员进（出）营业室。

（2）使用枪支的时机。负责押运现钞的保安人员，在装卸现钞时，可在运钞车旁的小范围走动观察；遇有犯罪分子持械抢劫时，应立即拉动枪机，送弹上膛，依法实行防卫。实施防卫必须是针对持械抢劫的犯罪分子；防卫的目的是不让犯罪分子接近运钞车，制止犯罪发生；保安员要充分利用现场地形或其他可利用的障碍物，迅速狙击犯罪分子，确保现钞和运钞工作人员的安全；在敌我力量悬殊的情况下，一方面要立即向公安"110"报警，另一方面要尽可能牵制犯罪分子，争取时间，等待支援。

2. 押钞途中的警戒。

（1）运钞车启动后，每个押运人员应全神贯注地搜索可疑情况，对车辆状况随时准备作出反应。当运钞车上坡、进入弯道、与其他车辆会车，或经过复杂路段减速时，押运人员一定要严密监视前方及道路两侧的情况，武器时刻处于临战状态。

（2）运钞车若因交通受阻被迫停车时，押运员要特别注意形迹可疑、携带不明物体向运钞车靠近的人。

（3）押运途中倘若运钞车因违反交通规则，被交通民警阻拦时，押运保安人员应主动向交通民警出示公安机关发给的免检通行证，让其记下车牌号、司机姓名和单位，待完成任务后再接受处理。

（4）运钞车在途中遭遇犯罪分子持枪抢劫时，押运保安员应立即向歹徒开枪反击。此时，坐在驾驶室的押运组长要立即报警，若该运钞车没有安装卫星定位报警系统，应向出事地区的"110"指挥中心报警，同时指挥司机将运钞车开到安全地带，停车后迅速打开车门，利用车门作为掩护，并卧倒向歹徒射击。

（5）押运途中不准无故停车；注意在运行中与总部保持必要的通讯联络，并用暗号报告车辆的运行情况。

（6）押运人员实施警戒时，持枪的规范动作是：使用手枪的人员，右手（或左手）握枪置于两腿之间，弹夹装满子弹，子弹不上膛，枪口朝下；使用长枪的人员，上车时将枪托朝右（或左）上方，枪口朝下，右（或左）手握枪活塞部位；上车后将枪置于两腿之间，枪口朝下，右（或左）手握机柄位置；下车后恢复挂枪或端枪动作。

三、危险品的押运

危险物品最大的特点就是"危险"。危险物品在外界条件的作用下，极易发生燃烧、爆炸、泄漏、中毒等事故，具有强烈的杀伤和破坏能力，它也可能被不法分子当作作案的工具，进行破坏活动。危险物品押运的特点是危险性大、责任重、要求高。危险物品作为一种特殊的物品，其押运措施也应有特殊的要求。

（一）危险物品押运措施的要求

1. 选派熟悉危险品性能的人员负责押运。危险物品不同于一般的物品，稍有不慎便容易发生问题，而一旦发生问题，如果不能得到及时解决，后果将不堪设想。因此，押运人员一定要熟悉所押运物品的种类、性能，发现不安全因素的，要及时消除，发生事故时能采取有效措施予以处置。

2. 严格控制押运物品范围。按有关规定，下列爆炸物品不宜押运：①有不显著分解现象的；②未装入制品内的起爆药；③硝化甘油；④渗油的胶质炸药，以及当气温低于零下15摄氏度时的易冻胶质炸药；⑤未经国家批准生产的和不符合国家标准的爆炸品；⑥包装破损或包装袋（筐）过湿、发霉或有油迹的；⑦不允许共存的爆破器材等。

3. 严格按照操作规程进行装卸。装卸危险物品尤其是爆炸物品时，要指定有经验的人员负责现场组织指挥，画出警戒区域，禁止无关人员在场；车厢、船舱装货前，要通风降温；装卸危险物品的人员应懂得安全常识，要轻拿轻放，严禁拖拉撞击、翻滚，装卸工具和人力负荷要比平时轻，以免超重造成危险事故；货箱要牢固、结实、严密，车、船底部要靠紧、捆牢，防止移动或碰撞；性质相抵触、容易发生化学反应的危险物品，不能同车或同船装运；装卸作业时，不准吸烟、用火或携带引火物；尽量在白天装卸，夜间作业应用安全防爆照明设备等。

4. 运输工具要符合安全要求，有明显的标志或字样，配备消防器材。运送危险物品的车、船等必须符合安全规程的要求。尽量使用防震、防火性能好，车体平稳，不易倾斜，机件齐全，性能良好的车辆，并在醒目处标有"危险"标志。车、船应配备足够有效的消防器材，以防不测。

5. 严格按照运输规则运行。运输危险物品，必须向公安机关申领《危险物品运输许可证》，按公安机关指定的时间、线路运行；在公路上运行时，必须限速行驶，前后车辆应保持足够的安全距离；车辆经过人烟稠密的城镇时，应尽量绕行，确需通过的，必须通知当地公安机关；按规定或指定的路线行驶，不准随意改道，装卸易燃易爆危险物品时，应尽量避开城市的繁华热闹区、人口稠密地区。严禁搭乘无关人员；不准超速、强行超车和会车；在不平的道路上，应酌情减速行驶；在运行途中，要加强检查，消除隐患。

（二）押运危险物品的种类

1. 押运易燃、易爆危险物品。

（1）负责押运的保安员要熟悉易燃、易爆危险物品的性能。押运人员不准坐卧于爆炸物之上，严禁吸烟。装运危险物品的车辆必须符合安全要求，应有明显的标志。

（2）使用汽车、马车运送危险物品时，应按公安机关指定的时间和路线运行；车内必须有必要的消防设施；对受阳光照射容易发生燃烧爆炸的物品，要采取隔热措施；遇水可燃烧的物品，要有防雨、防水设备；运输危险物品的车辆不能运载乘客。

（3）驾驶人员必须有良好的驾驶技术，有较强的责任心，并对易燃、易爆等物品的性质、特点有一定的了解；行驶途中不准任意超车；汽车时速不得超过每小时30公里，在不平等道路上应减速行驶，刹车时要注意防止物品震动。

（4）运输爆炸物品的车、船，必须符合国家有关运输规则的安全要求。

（5）运输普通硝化甘油等物品时，如室外气温低于8℃，且运送时间在1小时以上时，应采取防冻措施，如气温低于1℃，也应采取防冻措施；禁止运输已冻结或半冻结的该类物品。

（6）铁路运输爆炸物品时，不能用敞车，而应用棚车或专用车。

（7）装载易爆物品的车辆，在公路上要限速行驶，要避免汽车突然起动和紧急刹车，前后车辆之间要保持足够的安全距离。

（8）运输途中休息时，须将车停靠在空旷、安全地带，派人警戒看守，运输途中维修运输工具时，必须将所装易爆物品卸下并运到距离道路100米以外的地方。

（9）装卸时运输车辆应停在离房门或露天货堆10米以外的地点；火车专用线站台应距仓库或货堆100米以上，距车站干线50米以上，等候装卸的车辆与装卸地点的距离不得小于100米。

（10）搬运时要小心谨慎，轻搬轻放，严禁冲击、碰撞、翻滚，不准肩扛脚蹬；搬运量，男性一次不超过40公斤，女性一次不超过20公斤。

（11）合格品与不合格品不得混装，不得同车运输不同类型的易爆物品或在同一地点装卸。

（12）装卸危险物品要经过严格的检查，对装卸人员要事先进行安全教育；装卸易燃易爆危险物品，一定要轻拿轻放，防止撞击、重压、倾倒和摩擦；保安员要在装卸现场设置警戒；夜间装卸要有照明设备。

（13）运输包装要结实、牢固、严密，同一车厢内不能留存与装运性质互相抵触的危险物品；装车后须加盖帆布，用绳子捆牢。

（14）装卸时司机不得离开驾驶室，禁止对正在装卸易爆物品的汽车进行修理或添加汽油。

（15）在装卸现场或运输车上，禁止使用烟火及携带引火物；夜间装卸时应有足够的防爆照明设备，禁用明火灯具照明；禁止在夜间装卸雷管；禁止在雷电天气进行装卸作业。

（16）运输距离超过100公里时，汽车运输的装载量不得超过限量的80%。

（17）在火车、船只上进行装卸的，在开关车门、开关舱盖时，严禁使用铁杆等金属工具撬压，装卸用的机械工具须有防火设备；实际运载量应按火车、船只的标准定量减少25%；车厢和船舱内的防爆工具应绝缘性能良好，装载高度不得超过1.8米。

2. 押运剧毒物品。

（1）严禁将剧毒物品与爆炸、易燃物品或食品混装。运输剧毒物品必须加固包装，放置车上绑扎牢固，以防止运输途中互相碰撞损坏包装，造成剧毒物品泄漏或丢失。

（2）装卸剧毒物品的人员，必须戴防护用具，事后要清洗消毒，严禁在无自然光、无照明的情况下装卸；装卸现场禁止无关人员进入。

（3）在装卸或运输中，如发现包装破损，应当妥善修补或重新包装，以免毒物散落、渗漏和挥发；对被污染的包装材料、运输工具和地面，要妥善处理。

（4）运输线路要尽量避开繁华市区和人口稠密地区；运输途中休息时，要认真看护。

（5）运输剧毒物品的车辆，事后要清洗消毒；包装剧毒物品的容器，须经过彻底消毒后方能再次使用。

（6）运输中如发生剧毒物品丢失的情况，运输单位须迅速报告公安机关，并立即采取有效措施追回。

3. 押运放射性物质。

（1）押运放射性物质，应按照有关规定妥善包装并在自行测定中达到允许标准，经过卫生部门检查合格，并发给"剂量检查证明书"后，运输单位方能承运；在放射性物质外包装的明显处，要贴上放射性物品运输等级标志符号。

（2）押运放射性物质溶液时，应有两层包装，在两层包装之间，应有可吸收放射性溶液的足够的填料，并要注意轻拿轻放，防止容器破碎，污染运输工具及运输人员。

（3）运输放射性物质，应用专门的运输工具，不能与非放射性物质或食品同车运输；运输工具必须安全可靠，要有专人押运，防止在运输途中丢失、被盗。

（4）运输放射性物质，不应在大城市繁华场所或人员较多的街道停车，如必须停车时，必须严格看护，不得发生事故。

（5）运输放射性物质，途径大城市中转，需要存放的，承运单位应设专库储存，并报公安机关备案。

思考与讨论

2006年6月5日下午2时15分，投保30亿人民币的49幅文艺复兴时期著名画家的珍贵画作运到了龙湖蓝湖郡体育中心。"人文的光辉——龙湖2006意大利文艺复兴绘画巨匠展"将于 8 日开展。在 6 月 5 日的开箱仪式上，众多工人在 4 名荷枪实弹的武装押运人员和十多名保安的保护下，小心翼翼地将这些价值连城的名画运进体育中心。

针对案例中的珍贵画作如何实施押运工作？

学习任务二　武装押运勤务中突发事件的处置

 学习目标

掌握在武装押运勤务中遇到突发事件时的处置程序和方法

 案例引入

陕西总队一支队押运分队在一次短途押运中，押运分队带队干部胡某突然发现前方 200 米公路隧道入口处停着一辆小型面包车，挡住了押运车队的去路。由于当时天色已晚，胡洪波当即向押运车队发出了停车判明情况的指令。警戒组立即下车，并在形成警戒的同时，侦察组进入隧道口对面包车及周边情况进行情况排查，他们熟练地运用手中仪器对面包车车身及隧道入口周围进行了仔细检测。确定无异常情况后，侦察组通过新型对讲机向后方警戒组汇报情况并迅速撤回至车队旁，押运分队解除警戒。队员们登车后，押运车队重新启动，快速开进从面包车一侧通过隧道口。

思考：
1. 武装押运过程中紧急情况处置的原则是什么？
2. 武装押运过程中紧急情况处置的程序是什么？

 任务分析

押运日常业务中遇到的普遍性问题较多，紧急情况只是偶发的。但是偶发的紧急情况往往系事态紧急，需要立即果断处置，突发事件包括车辆故障，交通事故，抢劫，盗窃，自然灾害等。

理论导航

一、武装押运中突发事件的含义

押运中的突发事件是指在押运服务中发生的必须立即采取行动处理、不允许

拖延的急迫情形与事件。

二、武装押运中突发事件的特点

押运过程中紧急情况的特点是：迫切性，突发性，危害性，影响大，后果严重。

三、武装押运过程中紧急情况处置的原则

（一）合法性原则

合法性原则是指在处置紧急情况时，必须符合法律规定，坚持依法办事，坚决做到不符合法律规定的行为不做，不符合法律规定的事情不办，带头维护法律的尊严，做学法、懂法、守法的模范。

（二）安全性原则

安全性原则是指在处理押运中的紧急情况时，必须以确保客户财务安全为最高标准。安全不仅关涉押运企业的信誉，也是企业生命，更是企业财源。没有安全就没有押运行业，也就没有押运企业的生存。

（三）保全证据原则

押运中的紧急情况大多涉及治安案件和刑事案件，因此，作为押运员，每个行动或动作都可能影响到犯罪证据的存在与毁灭，所以必须以保全案件现场证据为根本原则。这不仅是押运员的责任，也是任务。

（四）生命第一原则

在处理押运中的紧急情况时，如果遇到人的生命垂危，要尽一切力量抢救生命。这不仅是因为人的生命高于一切，而且只有救活了在现场亲眼看见事情经过的人，才能对整个事发过程进行全面了解，才能真正弄清事情本来面目。

（五）减少损失原则

押运中的紧急情况一旦出现，造成的损失有时是不可避免的。但押运员在处理押运中的紧急情况时，一定要坚持尽量减少损失的原则，即将押运中的紧急情况或紧急事件中的人员伤亡、财物损失降至最低限度。这不仅是对客户负责，更是对国家和人民生命财产负责。

四、武装押运过程中突发事件包含的情形

突发事件包括车辆故障,交通事故,抢劫,盗窃,自然灾害等。

五、武装押运中处理紧急情况的依据

(一) 法律依据

法律依据包括刑法,民事法律,消防法,单位内部保卫条例,枪支管理法,保安服务管理条例,交通安全管理法,铁路运输安全保护条例,危险物品管理条例等法律法规。

在依据这些法律法规对押运紧急情况进行处理时,押运员要注意自己的身份,摆正自己的位置,要始终以一个普通公民的身份来处理押运中的紧急情况。因为押运员既不是执法者,又没有任何特权。因此,要特别注意避免自身的越权行为和非法行为的出现。维护社会治安主要使用的就是正当防卫权、紧急避险权和对正在进行的违法犯罪嫌疑人或逃犯的扭送权,另外,在雇请单位特别授权的情况下,可以依照国家法律进行部分维护社会治安和危险物品及其安全的管理。

(二) 行业管理依据

押运员可依据公安部《保安押运公司管理暂行规定》及各级地方公安机关发布的一些行业管理的文件和命令,具体执行。

(三) 内部依据

押运公司的内部规章。只要这些内部规章合理合法,没有同国家法律法规相抵触和相违背,就应当予以执行遵守。

工作流程

一、武装押运中突发事件的处置程序

(一) 先期处置

押运中发生的紧急情况在立即报警报告的同时,要根据紧急情况的性质和紧急程序,先期进行处置。如遇持枪或持其他凶器的歹徒欲袭击押运员实施抢劫的,押运员应在判明情况的前提下果断还击歹徒,不能等待报告请示,以防贻误战机,遭受损害。

（二）迅速报警

押运中发生危及押运员及押运财物安全的紧急情况时，押运员应立即启动全球卫星定位报警系统或用其他通信工具果断报警，并向押运公司或基地指挥中心报告。

（三）应急响应

当地公安机关及押运应急部门，在接到报警和报告发生紧急情况后，要立即组织力量，采取紧急措施，赶赴出事地点进行救援、追捕罪犯、抢救伤员、灭火等活动。

（四）善后处理

紧急情况处置结束后，押运员要注意保护好发生紧急事件的现场，保全证据，并向现场目击者收集现场紧急事件发生时的情况，提供给公安机关；在公安机关未勘验现场或未勘验完毕前，押运员及警戒人员不准擅自撤离现场。

（五）报告

押运组要将紧急情况的处置结果向公司指挥中心报告，指挥中心要及时向公安机关报告处置结果。

二、武装押运中盗抢的处置

（一）押运中抢劫案件的处理方法

抢劫，是指以非法占有为目的，以暴力、胁迫或其他方法，当场强行劫取公私财物的行为。在押运各种物品尤其是押运护送现钞过程中，遇到道路上有障碍物或有人设卡、拦车或发现有可疑车辆和人员尾随跟踪等异常情况时，要及时报告押运指挥中心，对尾随跟踪的可疑车辆和人员进行严密的观察，按防劫预案明确分工，做好防劫战斗准备。

一旦遇有不法分子实施抢劫，执行押运业务的押运员应做到以下几点：

1. 坚守岗位，确保押运对象的安全。遇有不法分子实施抢劫行为时，押运员必须坚守岗位，忠于职守，同犯罪行为作斗争。一方面要迅速判断或查明实施抢劫的人数及是否携带匕首、枪支等凶器；另一方面要采取应急措施，掩护载货车辆或携款人向安全地带转移，千方百计地保护押运对象及人员安全。

2. 坚决打击，协助公安机关制服罪犯。当实施抢劫的犯罪人员人数较少时，押运员应果断采取措施,将其制服,并及时扭送公安机关处理。当犯罪人员人数较多时,押运员在掩护车辆转移的同时,要迅速报警,或发出求救信号,请求公安机关及周围群众支援。

3. 控制局势,避免或减少损失。在未能制止犯罪行为,犯罪行为人已将押运的财物抢劫到手时,要沉着冷静,采取灵活、有效的方法牵制犯罪行为人,设法切断罪犯的退路,使其不能顺利地转移财物或快速逃离现场。等待救援人员到来后共同制服罪犯,追缴被抢财物,避免或减少损失。同时也可以采取集中力量,攻其一人的方法,制服或逮捕犯罪人员中的一人,为以后破案和追缴被抢财物提供条件。

4. 正当防卫,确保财产和人员安全。如果遇有犯罪行为人持凶器抢劫时,押运员可依法实施正当防卫,以确保被押运财物的安全和押运人员的生命安全。

5. 机智灵活,争取妥善处理。如果犯罪行为人以暴力手段控制了车辆,或已扣有人质时,押运员应慎重处理,采取灵活的方法与犯罪行为人周旋,转移其注意力,伺机解救人质。同时,及时与当地给公安机关取得联系,并积极配合公安机关,争取妥善解决。

(二)押运途中发生盗窃的处理方法

押运对象都具有一定的价值,往往成为不法分子窥视盗取的目标,因此,防盗窃是押运勤务的重要任务。当汽车武装押运尤其是在长途押运途中,武装押运人员要注意对押运财物的监控观察。重点地段特别是在坡道、弯道、会车等情况下,押运车减速或停车时,要防止有人乘机扒车行窃,甚至两辆汽车并行同速行驶时,也要防止有人跳车行窃。武装押运人员要注意和发现在押运车附近是否有人神情慌张、眼睛左顾右盼,形迹可疑,以及附近是否有接应人员,包括未熄火的、徘徊不定的可疑车辆等。

在执行押运任务时,如发现盗窃情况,押运员应采取以下措施:

1. 发现不法分子正在实施盗窃行为时,应立即予以制止,同时应将行为人抓获并送交当地公安机关处理。

2. 发现押运的物品已被盗走,应积极设法追回被盗物品,如不能追回时,应及时报告当地公安机关处理。

3. 对于有盗窃嫌疑的人要注意监视,密切观察其动向,并积极做好对其的防范工作,避免发生押运物品被盗事件。

4. 积极主动地做好预防工作。执行押运任务的押运员应主动协助客户对车辆及驾驶人员进行检查验证，尤其是对临时从各种运输配货单位雇用的车辆和驾驶人员应认真查对各种证件，防止发生意外。乘用汽车押运，停车就餐或住宿时，押运员应采取轮流值班等措施，对押运物品严加看管，使不法分子无机可乘。

三、武装押运途中交通事故的处置

押运途中交通事故的预防及处理方法：
1. 押运过程中交通事故的预防方法。
（1）遵守交通规则，反对违章开车，确保行车安全。
（2）检查：出车前与收车后检查，中途留守待命时检查。
（3）有效：保证转向有效、制动有效、灯光有效。
（4）不开：不开英雄车，不开赌气车，不开故障车，不开与证件不符的车。
（5）慢行：岔路转弯慢行，穿越闹市慢行，坑洼路面慢行，下坡上坡慢行，风雪雨雾慢行。
（6）不准：不准抢道行驶，不准随意掉头，不准截头猛拐，不准走禁行线，不准闯信号灯，不准乱鸣警笛。
（7）不缺：不缺机油，不缺水，不缺黄油，不缺轮胎气，不缺电解液，不缺灭火器，不缺刹车油。
（8）严禁：严禁无证驾驶，严禁酒后驾车，严禁超速行驶，严禁强行超车，严禁乱停乱放，严禁擅离职守，严禁无关人员搭车，严禁将车交给他人驾驶。

2. 押运途中车辆发生交通事故时处置流程。
（1）报告。车队长下车后了解事故原因，根据事故的大小情况确定报告交警、"110"、押运指挥部、"120"救护等。
（2）警戒。车上人员提高警惕，加强警戒，防止犯罪分子趁机抢劫。
（3）保护好事故现场，等待交警处理，等待指挥中心派车来救援。处理原则是：先保人身安全、资金安全，后事故处理。

四、武装押运中哄抢事件的处置

（一）押运中哄抢事件的预防与处理

在押运过程中遇到有人哄抢财物时，负责押运的押运员应及时采取有效措施,妥善处理。

1. 快速反应,制止哄抢行为的蔓延。发生哄抢押运财物事件时,押运员应做到三快:一是发现苗头快,二是制定对策快,三是采取行动平息事件快。

2. 正面引导,分化瓦解哄抢人员的群体势力。

3. 驱散制服,防止事态发展。

4. 机动灵活,保证财产安全。

5. 及时报警,协助公安机关制止哄抢行为。

(二) 押运中纠纷的预防与处理

执行押运任务与群众发生纠纷,引起群众的起哄、围攻时的处理方法如下:

1. 发生纠纷,及时汇报。无论是在押运途中,还是在执勤中,与群众发生矛盾,引起冲突时,必须将情况简明扼要地报告给押运公司指挥中心。

2. 保持克制,防治激化。押运公司指挥中心在向市局"110"指挥中心报警的同时,还要向押运部主管领导汇报,并通过电台教育使车上押运员要保持克制,不要使矛盾扩大和升级,要提高警惕,保证押运财物的安全。

3. 领导赶赴现场,处理纠纷。押运部门领导带上必要的人员,以最快的速度赶赴现场,配合警力驱散围观群众,了解情况,处理纠纷。

4. 备用车应急,完成任务。如果尚未执行完押运任务,应向出警人员说明情况,让押运车组先去执行任务,而后到公安机关接受处理。如果矛盾尖锐,对发生问题车辆不予放行时,必须立即安排备用车辆去顶替,不能影响押运财物的安全性及押运任务的完成。

五、武装押运中突遇自然灾害的处置

(一) 迅速采取补救措施,防止灾情进一步蔓延

押运途中如发生地震、洪水、塌方、泥石流、台风、海啸等自然灾害,交通受阻或道路损坏时,押运员要立即按照车长的统一指挥或根据事先制定的突发事件处置预案抗险救灾。首先应迅速将押运车转移至安全地带,保证押运人员及押运车所载财物的安全,防止灾情进一步蔓延,威胁到押运人员及押运车所载财物的安全。

(二) 密切配合,加强警戒

押运途中遭遇自然灾害,将押运车转移至安全地带后,押运员要提高警惕,

密切配合,坚守警戒哨位,加强对押运车的警戒,防止不法人员趁灾打劫,哄抢押运财物。

（三）及时报警,求得支援

押运途中遭遇自然灾害,当灾情危及押运人员及押运财物安全时,押运员在采取补救措施、加强警戒的同时,要迅速向当地公安机关或政府、武警部队报警,请求支援,并将情况向押运公司或基地指挥中心报告。

思考与讨论

沈阳一名叫计某的储户到银行取款,取完钱后急急忙忙地往外走,因为运钞车到了,他被运钞车车长赵某某叫住:"别走了!"计某不明白怎么回事,说:"我有急事儿。"欲强行通过押运员临时划出的警戒区,从而发生争执,赵某某说:"你装啊,你再走一步就毙了你!"计某没管他,说:"我就走一步,看你怎的!"赵某某随即向外喊了一声:"来人!"站在门外的押运员朱某某立刻进入营业厅内,朝计某面部开了一枪,计某面部中弹,倒地后死亡。

结合案例,谈谈本案中押运人员处置纠纷时的不足之处?

课后训练

训练一　危险物品押运训练

【训练目的】

危险物品押运实施流程

【训练内容】

危险物品押运实施过程中的注意事项

【训练案例】

2013年12月5日上午9时,某市交通稽查支队执法人员巡查到大沙路加油站时,发现一辆厢式货车由四流南路驶来。这辆货车发现有执法人员检查,立即加速闯了过去。好在前方信号灯突然变成红灯,执法人员立即上前对这辆货车进行控制,并要求司机出示这辆货车相关的道路运输证和从业资格证,但司机拿不出来。执法人员立即将这辆货车带到停车场,准备暂扣。到停车场后,执法人员检查发现车里全是危化品,立即要求司机将车辆开出停车场,带离人员密集区,来到大沙路人员较少的地方。经清点,车上一共装载了4种危化品,共有46桶,其中一种物品标识名为聚醚改性二甲基硅氧烷溶液,危险性说明上明确写着:易燃液体和蒸汽;吞咽并进入呼吸道可能致命;造成皮肤刺激;造成严重眼损伤。

执法人员又对车内进行检查,发现有一张货单,货单竟然标识着车上所运输的物品是涂料,数量是46桶,重3600千克,是从天津送往青岛的。执法人员立即进一步询问司机,但司机一问三不知,拒不配合。执法人员根据情况,立即对车上的危化品分流,并将车辆暂扣,等待进行下一步的处理。

训练二　武装押运中抢劫案件的预防及处理训练

【训练目的】

掌握押运中抢劫案件的预防及处理规范

【训练内容】

晚接勤务遇群众横穿交接现场

【训练案例】

场景1:2013年×月×日,建设银行某支行×××车组执行××网点的早送任务,当运钞车到达网点门口时,车长下车指挥倒车,运钞车到达指定位置后,两名武装押运员迅速下车,依托有利地形警戒位置,驾驶员待车组成员下车后迅速关好车门并锁上中控锁,同时注意观察四周情况。

要求:武装押运员精神面貌要好,同时站位警戒和持枪姿势规范、标准,具有威慑力。

场景2:开始交接后,车长熟练地打开后钞箱门装卸款箱。这时,一名身高约180cm,戴蓝色棒球帽,上身着灰色T恤衫,下身着黑色休闲裤的男子左手插在裤袋中,正在向押运警戒范围靠近,到达警戒区域边缘。

要求:驾驶员观察到情况后鸣笛示警,提醒车下武装押运队员与车长,武装押运队员同时观察到情况后马上做出反应,用文明语言口头或用规范手势制止其继续前行,例如,右手持枪,左手手掌向前立起做出止步手势,口头向该群众发出警告:"我们正执行特殊勤务,请绕行。"并立即处于临战状态,另一武装押运队员提高警惕,观察四周动向,处于临战状态中。

情况1:该男子听到武装押运队员警告后停步绕行,没有再接近交接现场,两名武装押运队员处于临战状态,保持警惕,车长迅速装卸款箱及办理交接手续,车组队员完成任务后按车长、武装押运队员的顺序依次上车,最后一名武装押运队员检查钞箱锁是否锁好后,背向钞车警惕四周动向掩护其他队员上车,待前两名队员上车后迅速上车锁好车门,驾驶员立即驾驶钞车驶离交接现场。

情况2:该男子听到警告后充耳不闻坚持要横穿交接现场,相应的武装押运队员不得与其发生语言及肢体冲突,再经过最后警告的同时,车长马上停止交接，立即反锁好后钞箱门，让该男子通过，整个过程中两名武装押运队员要处于紧张的临战状态，密切观察该男子动向，保持与其之间的距离，不得发生任何冲突，待该男子通过后车长迅速完成款箱装卸和交接手续，车组队员完成任务后按车长、武装押运队员的顺序依次上车，最后一名武装押运队员检查钞箱锁是否锁好后背向钞车警惕四周动向掩护其他队员上车，待前两名队员上车后迅速上车锁好车门，驾驶员立即驾驶钞车驶离交接现场。

附 录

中华人民共和国人民警察法

（1995年2月28日第八届全国人民代表大会常务委员会第十二次会议通过 根据2012年10月26日第十一届全国人民代表大会常务委员会第二十九次会议《关于修改〈中华人民共和国人民警察法〉的决定》修正 主席令第69号）

目 录

第一章 总则
第二章 职权
第三章 义务和纪律
第四章 组织管理
第五章 警务保障
第六章 执法监督
第七章 法律责任
第八章 附则

第一章 总则

第一条 为了维护国家安全和社会治安秩序，保护公民的合法权益，加强人民警察的队伍建设，从严治警，提高人民警察的素质，保障人民警察依法行使职权，保障改革开放和社会主义现代化建设的顺利进行，根据宪法，制定本法。

第二条 人民警察的任务是维护国家安全，维护社会治安秩序，保护公民的人身安全、人身自由和合法财产，保护公共财产，预防、制止和惩治违法犯罪活动。

人民警察包括公安机关、国家安全机关、监狱、劳动教养管理机关的人民警察和人民法院、人民检察院的司法警察。

第三条 人民警察必须依靠人民的支持，保持同人民的密切联系，倾听人民的意见和建议，接受人民的监督，维护人民的利益，全心全意为人民服务。

第四条　人民警察必须以宪法和法律为活动准则，忠于职守，清正廉洁，纪律严明，服从命令，严格执法。

第五条　人民警察依法执行职务，受法律保护。

第二章　职权

第六条　公安机关的人民警察按照职责分工，依法履行下列职责：

（一）预防、制止和侦查违法犯罪活动；

（二）维护社会治安秩序，制止危害社会治安秩序的行为；

（三）维护交通安全和交通秩序，处理交通事故；

（四）组织、实施消防工作，实行消防监督；

（五）管理枪支弹药、管制刀具和易燃易爆、剧毒、放射性等危险物品；

（六）对法律、法规规定的特种行业进行管理；

（七）警卫国家规定的特定人员，守卫重要的场所和设施；

（八）管理集会、游行、示威活动；

（九）管理户政、国籍、入境出境事务和外国人在中国境内居留、旅行的有关事务；

（十）维护国（边）境地区的治安秩序；

（十一）对被判处拘役、剥夺政治权利的罪犯执行刑罚；

（十二）监督管理计算机信息系统的安全保护工作；

（十三）指导和监督国家机关、社会团体、企业事业组织和重点建设工程的治安保卫工作，指导治安保卫委员会等群众性组织的治安防范工作；

（十四）法律、法规规定的其他职责。

第七条　公安机关的人民警察对违反治安管理或者其他公安行政管理法律、法规的个人或者组织，依法可以实施行政强制措施、行政处罚。

第八条　公安机关的人民警察对严重危害社会治安秩序或者威胁公共安全的人员，可以强行带离现场、依法予以拘留或者采取法律规定的其他措施。

第九条　为维护社会治安秩序，公安机关的人民警察对有违法犯罪嫌疑的人员，经出示相应证件，可以当场盘问、检查；经盘问、检查，有下列情形之一的，可以将其带至公安机关，经该公安机关批准，对其继续盘问：

（一）被指控有犯罪行为的；

（二）有现场作案嫌疑的；

（三）有作案嫌疑身份不明的；

（四）携带的物品有可能是赃物的。

对被盘问人的留置时间自带至公安机关之时起不超过二十四小时，在特殊情况下，经县级以上公安机关批准，可以延长至四十八小时，并应当留有盘问记录。对于批准继续盘问的，应当立即通知其家属或者其所在单位。对于不批准继续盘问的，应当立即释放被盘问人。

经继续盘问，公安机关认为对被盘问人需要依法采取拘留或者其他强制措施的，应当在前款规定的期间作出决定；在前款规定的期间不能作出上述决定的，应当立即释放被盘问人。

第十条 遇有拒捕、暴乱、越狱、抢夺枪支或者其他暴力行为的紧急情况，公安机关的人民警察依照国家有关规定可以使用武器。

第十一条 为制止严重违法犯罪活动的需要，公安机关的人民警察依照国家有关规定可以使用警械。

第十二条 为侦查犯罪活动的需要，公安机关的人民警察可以依法执行拘留、搜查、逮捕或者其他强制措施。

第十三条 公安机关的人民警察因履行职责的紧急需要，经出示相应证件，可以优先乘坐公共交通工具，遇交通阻碍时，优先通行。

公安机关因侦查犯罪的需要，必要时，按照国家有关规定，可以优先使用机关、团体、企业事业组织和个人的交通工具、通信工具、场地和建筑物，用后应当及时归还，并支付适当费用；造成损失的，应当赔偿。

第十四条 公安机关的人民警察对严重危害公共安全或者他人人身安全的精神病人，可以采取保护性约束措施。需要送往指定的单位、场所加以监护的，应当报请县级以上人民政府公安机关批准，并及时通知其监护人。

第十五条 县级以上人民政府公安机关，为预防和制止严重危害社会治安秩序的行为，可以在一定的区域和时间，限制人员、车辆的通行或者停留，必要时可以实行交通管制。

公安机关的人民警察依照前款规定，可以采取相应的交通管制措施。

第十六条 公安机关因侦查犯罪的需要，根据国家有关规定，经过严格的批准手续，可以采取技术侦察措施。

第十七条 县级以上人民政府公安机关，经上级公安机关和同级人民政府批准，对严重危害社会治安秩序的突发事件，可以根据情况实行现场管制。

公安机关的人民警察依照前款规定，可以采取必要手段强行驱散，并对拒不服从的人员强行带离现场或者立即予以拘留。

第十八条 国家安全机关、监狱、劳动教养管理机关的人民警察和人民法院、人民检察院的司法警察，分别依照有关法律、行政法规的规定履行职权。

第十九条 人民警察在非工作时间，遇有其职责范围内的紧急情况，应当履行职责。

第三章 义务和纪律

第二十条 人民警察必须做到：

（一）秉公执法，办事公道；

（二）模范遵守社会公德；

（三）礼貌待人，文明执勤；

（四）尊重人民群众的风俗习惯。

第二十一条 人民警察遇到公民人身、财产安全受到侵犯或者处于其他危难情形，应当立即救助；对公民提出解决纠纷的要求，应当给予帮助；对公民的报警案件，应当及时查处。

人民警察应当积极参加抢险救灾和社会公益工作。

第二十二条 人民警察不得有下列行为：

（一）散布有损国家声誉的言论，参加非法组织，参加旨在反对国家的集会、游行、示威等活动，参加罢工；

（二）泄露国家秘密、警务工作秘密；

（三）弄虚作假，隐瞒案情，包庇、纵容违法犯罪活动；

（四）刑讯逼供或者体罚、虐待人犯；

（五）非法剥夺、限制他人人身自由，非法搜查他人的身体、物品、住所或者场所；

（六）敲诈勒索或者索取、收受贿赂；

（七）殴打他人或者唆使他人打人；

（八）违法实施处罚或者收取费用；

（九）接受当事人及其代理人的请客送礼；

（十）从事营利性的经营活动或者受雇于任何个人或者组织；

（十一）玩忽职守，不履行法定义务；

（十二）其他违法乱纪的行为。

第二十三条　人民警察必须按照规定着装，佩带人民警察标志或者持有人民警察证件，保持警容严整，举止端庄。

第四章　组织管理

第二十四条　国家根据人民警察的工作性质、任务和特点，规定组织机构设置和职务序列。

第二十五条　人民警察依法实行警衔制度。

第二十六条　担任人民警察应当具备下列条件：

（一）年满十八岁的公民；

（二）拥护中华人民共和国宪法；

（三）有良好的政治、业务素质和良好的品行；

（四）身体健康；

（五）具有高中毕业以上文化程度；

（六）自愿从事人民警察工作。

有下列情形之一的，不得担任人民警察：

（一）曾因犯罪受过刑事处罚的；

（二）曾被开除公职的。

第二十七条　录用人民警察，必须按照国家规定，公开考试，严格考核，择优选用。

第二十八条　担任人民警察领导职务的人员，应当具备下列条件：

（一）具有法律专业知识；

（二）具有政法工作经验和一定的组织管理、指挥能力；

（三）具有大学专科以上学历；

（四）经人民警察院校培训，考试合格。

第二十九条　国家发展人民警察教育事业，对人民警察有计划地进行政治思想、法制、警察业务等教育培训。

第三十条　国家根据人民警察的工作性质、任务和特点，分别规定不同岗位的服务年限和不同职务的最高任职年龄。

第三十一条　人民警察个人或者集体在工作中表现突出，有显著成绩和特殊贡献的，给予奖励。奖励分为：嘉奖、三等功、二等功、一等功、授予荣誉称号。

对受奖励的人民警察，按照国家有关规定，可以提前晋升警衔，并给予一定的物质奖励。

第五章 警务保障

第三十二条 人民警察必须执行上级的决定和命令。

人民警察认为决定和命令有错误的，可以按照规定提出意见，但不得中止或者改变决定和命令的执行；提出的意见不被采纳时，必须服从决定和命令；执行决定和命令的后果由作出决定和命令的上级负责。

第三十三条 人民警察对超越法律、法规规定的人民警察职责范围的指令，有权拒绝执行，并同时向上级机关报告。

第三十四条 人民警察依法执行职务，公民和组织应当给予支持和协助。公民和组织协助人民警察依法执行职务的行为受法律保护。对协助人民警察执行职务有显著成绩的，给予表彰和奖励。

公民和组织因协助人民警察执行职务，造成人身伤亡或者财产损失的，应当按照国家有关规定给予抚恤或者补偿。

第三十五条 拒绝或者阻碍人民警察依法执行职务，有下列行为之一的，给予治安管理处罚：

（一）公然侮辱正在执行职务的人民警察的；

（二）阻碍人民警察调查取证的；

（三）拒绝或者阻碍人民警察执行追捕、搜查、救险等任务进入有关住所、场所的；

（四）对执行救人、救险、追捕、警卫等紧急任务的警车故意设置障碍的；

（五）有拒绝或者阻碍人民警察执行职务的其他行为的。

以暴力、威胁方法实施前款规定的行为，构成犯罪的，依法追究刑事责任。

第三十六条 人民警察的警用标志、制式服装和警械，由国务院公安部门统一监制，会同其他有关国家机关管理，其他个人和组织不得非法制造、贩卖。

人民警察的警用标志、制式服装、警械、证件为人民警察专用，其他个人和组织不得持有和使用。

违反前两款规定的，没收非法制造、贩卖、持有、使用的人民警察警用标志、制式服装、警械、证件，由公安机关处十五日以下拘留或者警告，可以并处违法所得五倍以下的罚款；构成犯罪的，依法追究刑事责任。

第三十七条　国家保障人民警察的经费。人民警察的经费，按照事权划分的原则，分别列入中央和地方的财政预算。

第三十八条　人民警察工作所必需的通讯、训练设施和交通、消防以及派出所、监管场所等基础设施建设，各级人民政府应当列入基本建设规划和城乡建设总体规划。

第三十九条　国家加强人民警察装备的现代化建设，努力推广、应用先进的科技成果。

第四十条　人民警察实行国家公务员的工资制度，并享受国家规定的警衔津贴和其他津贴、补贴以及保险福利待遇。

第四十一条　人民警察因公致残的，与因公致残的现役军人享受国家同样的抚恤和优待。

人民警察因公牺牲或者病故的，其家属与因公牺牲或者病故的现役军人家属享受国家同样的抚恤和优待。

第六章　执法监督

第四十二条　人民警察执行职务，依法接受人民检察院和行政监察机关的监督。

第四十三条　人民警察的上级机关对下级机关的执法活动进行监督，发现其作出的处理或者决定有错误的，应当予以撤销或者变更。

第四十四条　人民警察执行职务，必须自觉地接受社会和公民的监督。人民警察机关作出的与公众利益直接有关的规定，应当向公众公布。

第四十五条　人民警察在办理治安案件过程中，遇有下列情形之一的，应当回避，当事人或者其法定代理人也有权要求他们回避：

（一）是本案的当事人或者是当事人的近亲属的；

（二）本人或者其近亲属与本案有利害关系的；

（三）与本案当事人有其他关系，可能影响案件公正处理的。

前款规定的回避，由有关的公安机关决定。

人民警察在办理刑事案件过程中的回避，适用刑事诉讼法的规定。

第四十六条　公民或者组织对人民警察的违法、违纪行为，有权向人民警察机关或者人民检察院、行政监察机关检举、控告。受理检举、控告的机关应当及时查处，并将查处结果告知检举人、控告人。

对依法检举、控告的公民或者组织，任何人不得压制和打击报复。

第四十七条　公安机关建立督察制度，对公安机关的人民警察执行法律、法规、遵守纪律的情况进行监督。

第七章　法律责任

第四十八条　人民警察有本法第二十二条所列行为之一的，应当给予行政处分；构成犯罪的，依法追究刑事责任。

行政处分分为：警告、记过、记大过、降级、撤职、开除。对受行政处分的人民警察，按照国家有关规定，可以降低警衔、取消警衔。

对违反纪律的人民警察，必要时可以对其采取停止执行职务、禁闭的措施。

第四十九条　人民警察违反规定使用武器、警械，构成犯罪的，依法追究刑事责任；尚不构成犯罪的，应当依法给予行政处分。

第五十条　人民警察在执行职务中，侵犯公民或者组织的合法权益造成损害的，应当依照《中华人民共和国国家赔偿法》和其他有关法律、法规的规定给予赔偿。

第八章　附则

第五十一条　中国人民武装警察部队执行国家赋予的安全保卫任务。

第五十二条　本法自公布之日起施行。1957年6月25日公布的《中华人民共和国人民警察条例》同时废止。

中华人民共和国人民警察使用警械和武器条例

中华人民共和国国务院令

（第191号）

《中华人民共和国人民警察使用警械和武器条例》已经1996年1月8日国务院第四十一次常务会议通过，现予发布施行。

第一章　总则

第一条　为了保障人民警察依法履行职责，正确使用警械和武器，及时有效地制止违法犯罪行为,维护公共安全和社会秩序,保护公民的人身安全和合法财产,保护公共财产,根据《中华人民共和国人民警察法》和其他有关法律的规定,制定本条例。

第二条 人民警察制止违法犯罪行为,可以采取强制手段;根据需要,可以依照本条例的规定使用警械;使用警械不能制止,或者不使用武器制止,可能发生严重危害后果的,可以依照本条例的规定使用武器。

第三条 本条例所称警械,是指人民警察按照规定装备的警棍、催泪弹、高压水枪、特种防暴枪、手铐、脚镣、警绳等警用器械;所称武器,是指人民警察按照规定装备的枪支、弹药等致命性警用武器。

第四条 人民警察使用警械和武器,应当以制止违法犯罪行为,尽量减少人员伤亡、财产损失为原则。

第五条 人民警察依法使用警械和武器的行为,受法律保护。

人民警察不得违反本条例的规定使用警械和武器。

第六条 人民警察使用警械和武器前,应当命令在场无关人员躲避;在场无关人员应当服从人民警察的命令,避免受到伤害或者其他损失。

第二章 警械的使用

第七条 人民警察遇有下列情形之一,经警告无效的,可以使用警棍、催泪弹、高压水枪、特种防暴枪等驱逐性、制服性警械:

(一)结伙斗殴、殴打他人、寻衅滋事、侮辱妇女或者进行其他流氓活动的;

(二)聚众扰乱车站、码头、民用航空站、运动场等公共场所秩序的;

(三)非法举行集会、游行、示威的;

(四)强行冲越人民警察为履行职责设置的警戒线的;

(五)以暴力方法抗拒或者阻碍人民警察依法履行职责的;

(六)袭击人民警察的;

(七)危害公共安全、社会秩序和公民人身安全的其他行为,需要当场制止的;

(八)法律、行政法规规定可以使用警械的其他情形。

人民警察依照前款规定使用警械,应当以制止违法犯罪行为为限度;当违法犯罪行为得到制止时,应当立即停止使用。

第八条　人民警察依法执行下列任务，遇有违法犯罪分子可能脱逃、行凶、自杀、自伤或者有其他危险行为的，可以使用手铐、脚镣、警绳等约束性警械：

（一）抓获违法犯罪分子或者犯罪重大嫌疑人的；

（二）执行逮捕、拘留、看押、押解、审讯、拘传、强制传唤的；

（三）法律、行政法规规定可以使用警械的其他情形。

人民警察依照前款规定使用警械，不得故意造成人身伤害。

第三章　武器的使用

第九条　人民警察判明有下列暴力犯罪行为的紧急情形之一，经警告无效的，可以使用武器：

（一）放火、决水、爆炸等严重危害公共安全的；

（二）劫持航空器、船舰、火车、机动车或者驾驶车、船等机动交通工具，故意危害公共安全的；

（三）抢夺、抢劫枪支弹药、爆炸、剧毒等危险物品，严重危害公共安全的；

（四）使用枪支、爆炸、剧毒等危险物品实施犯罪或者以使用枪支、爆炸、剧毒等危险物品相威胁实施犯罪的；

（五）破坏军事、通讯、交通、能源、防险等重要设施，足以对公共安全造成严重、紧迫危险的；

（六）实施凶杀、劫持人质等暴力行为，危及公民生命安全的；

（七）国家规定的警卫、守卫、警戒的对象和目标受到暴力袭击、破坏或者有受到暴力袭击、破坏的紧迫危险的；

（八）结伙抢劫或者持械抢劫公私财物的；

（九）聚众械斗、暴乱等严重破坏社会治安秩序，用其他方法不能制止的；

（十）以暴力方法抗拒或者阻碍人民警察依法履行职责或者暴力袭击人民警察，危及人民警察生命安全的；

（十一）在押人犯、罪犯聚众骚乱、暴乱、行凶或者脱逃的；

（十二）劫夺在押人犯、罪犯的；

（十三）实施放火、决水、爆炸、凶杀、抢劫或者其他严重暴力犯罪行为后拒捕、逃跑的；

（十四）犯罪分子携带枪支、爆炸、剧毒等危险物品拒捕、逃跑的；

（十五）法律、行政法规规定可以使用武器的其他情形。

人民警察依照前款规定使用武器，来不及警告或者警告后可能导致更为严重危害后果的，可以直接使用武器。

第十条　人民警察遇有下列情形之一的，不得使用武器：

（一）发现实施犯罪的人为怀孕妇女、儿童的，但是使用枪支、爆炸、剧毒等危险物品实施暴力犯罪的除外；

（二）犯罪分子处于群众聚集的场所或者存放大量易燃、易爆、剧毒、放射性等危险物品的场所的，但是不使用武器予以制止，将发生更为严重危害后果的除外。

第十一条　人民警察遇有下列情形之一的，应当立即停止使用武器：

（一）犯罪分子停止实施犯罪，服从人民警察命令的；

（二）犯罪分子失去继续实施犯罪能力的。

第十二条　人民警察使用武器造成犯罪分子或者无辜人员伤亡的，应当及时抢救受伤人员，保护现场，并立即向当地公安机关或者该人民警察所属机关报告。

当地公安机关或者该人民警察所属机关接到报告后，应当及时进行勘验、调查，并及时通知当地人民检察院。

当地公安机关或者该人民警察所属机关应当将犯罪分子或者无辜人员的伤亡情况，及时通知其家属或者其所在单位。

第十三条　人民警察使用武器的，应当将使用武器的情况如实向所属机关书面报告。

第四章　法律责任

第十四条　人民警察违法使用警械、武器，造成不应有的人员伤亡、财产损失，构成犯罪的，依法追究刑事责任；尚不构成犯罪的，依法给予行政处分；对受到伤亡或者财产损失的人员，由该人民警察所属机关依照《中华人民共和国国家赔偿法》的有关规定给予赔偿。

第十五条　人民警察依法使用警械、武器，造成无辜人员伤亡或者财产损失的，由该人民警察所属机关参照《中华人民共和国国家赔偿法》的有关规定给予补偿。

第五章 附 则

第十六条 中国人民武装警察部队执行国家赋予的安全保卫任务时使用警械和武器，适用本条例的有关规定。

第十七条 本条例自发布之日起施行。1980年7月5日公布施行的《人民警察使用武器和警械的规定》同时废止。

保安服务管理条例

国务院令

（第564号）

第一章 总 则

第一条 为了规范保安服务活动，加强对从事保安服务的单位和保安员的管理，保护人身安全和财产安全，维护社会治安，制定本条例。

第二条 本条例所称保安服务是指：

（一）保安服务公司根据保安服务合同，派出保安员为客户单位提供的门卫、巡逻、守护、押运、随身护卫、安全检查以及安全技术防范、安全风险评估等服务；

（二）机关、团体、企业、事业单位招用人员从事的本单位门卫、巡逻、守护等安全防范工作；

（三）物业服务企业招用人员在物业管理区域内开展的门卫、巡逻、秩序维护等服务。

前款第（二）项、第（三）项中的机关、团体、企业、事业单位和物业服务企业，统称自行招用保安员的单位。

第三条 国务院公安部门负责全国保安服务活动的监督管理工作。县级以上地方人民政府公安机关负责本行政区域内保安服务活动的监督管理工作。

保安服务行业协会在公安机关的指导下，依法开展保安服务行业自律活动。

第四条 保安服务公司和自行招用保安员的单位（以下统称保安从业单位）应当建立健全保安服务管理制度、岗位责任制度和保安员管理制度，加强对保安员的管理、教育和培训，提高保安员的职业道德水平、业务素质和责任意识。

第五条 保安从业单位应当依法保障保安员在社会保险、劳动用工、劳动保护、工资福利、教育培训等方面的合法权益。

第六条 保安服务活动应当文明、合法，不得损害社会公共利益或者侵犯他人合法权益。

保安员依法从事保安服务活动，受法律保护。

第七条 对在保护公共财产和人民群众生命财产安全、预防和制止违法犯罪活动中有突出贡献的保安从业单位和保安员，公安机关和其他有关部门应当给予表彰、奖励。

第二章 保安服务公司

第八条 保安服务公司应当具备下列条件：

（一）有不低于人民币100万元的注册资本；

（二）拟任的保安服务公司法定代表人和主要管理人员应当具备任职所需的专业知识和有关业务工作经验，无被刑事处罚、劳动教养、收容教育、强制隔离戒毒或者被开除公职、开除军籍等不良记录；

（三）有与所提供的保安服务相适应的专业技术人员，其中法律、行政法规有资格要求的专业技术人员，应当取得相应的资格；

（四）有住所和提供保安服务所需的设施、装备；

（五）有健全的组织机构和保安服务管理制度、岗位责任制度、保安员管理制度。

第九条 申请设立保安服务公司，应当向所在地设区的市级人民政府公安机关提交申请书以及能够证明其符合本条例第八条规定条件的材料。

受理的公安机关应当自收到申请材料之日起15日内进行审核，并将审核意见报所在地的省、自治区、直辖市人民政府公安机关。省、自治区、直辖市人民政府公安机关应当自收到审核意见之日起15日内作出决定，对符合条件的，核发保安服务许可证；对不符合条件的，书面通知申请人并说明理由。

第十条 从事武装守护押运服务的保安服务公司，应当符合国务院公安部门对武装守护押运服务的规划、布局要求，具备本条例第八条规定的条件，并符合下列条件：

（一）有不低于人民币1000万元的注册资本；

（二）国有独资或者国有资本占注册资本总额的51%以上；

（三）有符合《专职守护押运人员枪支使用管理条例》规定条件的守护押运人员；

（四）有符合国家标准或者行业标准的专用运输车辆以及通信、报警设备。

第十一条　申请设立从事武装守护押运服务的保安服务公司，应当向所在地设区的市级人民政府公安机关提交申请书以及能够证明其符合本条例第八条、第十条规定条件的材料。保安服务公司申请增设武装守护押运业务的，无需再次提交证明其符合本条例第八条规定条件的材料。

受理的公安机关应当自收到申请材料之日起15日内进行审核，并将审核意见报所在地的省、自治区、直辖市人民政府公安机关。省、自治区、直辖市人民政府公安机关应当自收到审核意见之日起15日内作出决定，对符合条件的，核发从事武装守护押运业务的保安服务许可证或者在已有的保安服务许可证上增注武装守护押运服务；对不符合条件的，书面通知申请人并说明理由。

第十二条　取得保安服务许可证的申请人，凭保安服务许可证到工商行政管理机关办理工商登记。取得保安服务许可证后超过6个月未办理工商登记的，取得的保安服务许可证失效。

保安服务公司设立分公司的，应当向分公司所在地设区的市级人民政府公安机关备案。备案应当提供总公司的保安服务许可证和工商营业执照，总公司法定代表人、分公司负责人和保安员的基本情况。

保安服务公司的法定代表人变更的，应当经原审批公安机关审核，持审核文件到工商行政管理机关办理变更登记。

第三章　自行招用保安员的单位

第十三条　自行招用保安员的单位应当具有法人资格，有符合本条例规定条件的保安员，有健全的保安服务管理制度、岗位责任制度和保安员管理制度。

娱乐场所应当依照《娱乐场所管理条例》的规定，从保安服务公司聘用保安员，不得自行招用保安员。

第十四条　自行招用保安员的单位，应当自开始保安服务之日起30日内向所在地设区的市级人民政府公安机关备案，备案应当提供下列材料：

（一）法人资格证明；

（二）法定代表人（主要负责人）、分管负责人和保安员的基本情况；

（三）保安服务区域的基本情况；

（四）建立保安服务管理制度、岗位责任制度、保安员管理制度的情况。

自行招用保安员的单位不再招用保安员进行保安服务的，应当自停止保安服务之日起30日内到备案的公安机关撤销备案。

第十五条　自行招用保安员的单位不得在本单位以外或者物业管理区域以外提供保安服务。

第四章　保安员

第十六条　年满18周岁，身体健康，品行良好，具有初中以上学历的中国公民可以申领保安员证，从事保安服务工作。申请人经设区的市级人民政府公安机关考试、审查合格并留存指纹等人体生物信息的，发给保安员证。

提取、留存保安员指纹等人体生物信息的具体办法，由国务院公安部门规定。

第十七条　有下列情形之一的，不得担任保安员：

（一）曾被收容教育、强制隔离戒毒、劳动教养或者3次以上行政拘留的；

（二）曾因故意犯罪被刑事处罚的；

（三）被吊销保安员证未满3年的；

（四）曾两次被吊销保安员证的。

第十八条　保安从业单位应当招用符合保安员条件的人员担任保安员，并与被招用的保安员依法签订劳动合同。保安从业单位及其保安员应当依法参加社会保险。

保安从业单位应当根据保安服务岗位需要定期对保安员进行法律、保安专业知识和技能培训。

第十九条　保安从业单位应当定期对保安员进行考核，发现保安员不合格或者严重违反管理制度，需要解除劳动合同的，应当依法办理。

第二十条　保安从业单位应当根据保安服务岗位的风险程度为保安员投保意外伤害保险。

保安员因工伤亡的，依照国家有关工伤保险的规定享受工伤保险待遇；保安员牺牲被批准为烈士的，依照国家有关烈士褒扬的规定享受抚恤优待。

第五章　保安服务

第二十一条　保安服务公司提供保安服务应当与客户单位签订保安服务合同，明确规定服务的项目、内容以及双方的权利义务。保安服务合同终止后，保安服务公司应当将保安服务合同至少留存 2 年备查。

保安服务公司应当对客户单位要求提供的保安服务的合法性进行核查，对违法的保安服务要求应当拒绝，并向公安机关报告。

第二十二条　设区的市级以上地方人民政府确定的关系国家安全、涉及国家秘密等治安保卫重点单位不得聘请外商独资、中外合资、中外合作的保安服务公司提供保安服务。

第二十三条　保安服务公司派出保安员跨省、自治区、直辖市为客户单位提供保安服务的，应当向服务所在地设区的市级人民政府公安机关备案。备案应当提供保安服务公司的保安服务许可证和工商营业执照、保安服务合同、服务项目负责人和保安员的基本情况。

第二十四条　保安服务公司应当按照保安服务业服务标准提供规范的保安服务，保安服务公司派出的保安员应当遵守客户单位的有关规章制度。客户单位应当为保安员从事保安服务提供必要的条件和保障。

第二十五条　保安服务中使用的技术防范产品，应当符合有关的产品质量要求。保安服务中安装监控设备应当遵守国家有关技术规范，使用监控设备不得侵犯他人合法权益或者个人隐私。

保安服务中形成的监控影像资料、报警记录，应当至少留存 30 日备查，保安从业单位和客户单位不得删改或者扩散。

第二十六条　保安从业单位对保安服务中获知的国家秘密、商业秘密以及客户单位明确要求保密的信息，应当予以保密。

保安从业单位不得指使、纵容保安员阻碍依法执行公务、参与追索债务、采用暴力或者以暴力相威胁的手段处置纠纷。

第二十七条　保安员上岗应当着保安员服装，佩带全国统一的保安服务标志。保安员服装和保安服务标志应当与人民解放军、人民武装警察和人民警察、工商税务等行政执法机关以及人民法院、人民检察院工作人员的制式服装、标志服饰有明显区别。

保安员服装由全国保安服务行业协会推荐式样，由保安服务从业单位在推荐式样范围内选用。保安服务标志式样由全国保安服务行业协会确定。

第二十八条 保安从业单位应当根据保安服务岗位的需要为保安员配备所需的装备。保安服务岗位装备配备标准由国务院公安部门规定。

第二十九条 在保安服务中，为履行保安服务职责，保安员可以采取下列措施：

（一）查验出入服务区域的人员的证件，登记出入的车辆和物品；

（二）在服务区域内进行巡逻、守护、安全检查、报警监控；

（三）在机场、车站、码头等公共场所对人员及其所携带的物品进行安全检查，维护公共秩序；

（四）执行武装守护押运任务，可以根据任务需要设立临时隔离区，但应当尽可能减少对公民正常活动的妨碍。

保安员应当及时制止发生在服务区域内的违法犯罪行为，对制止无效的违法犯罪行为应当立即报警，同时采取措施保护现场。

从事武装守护押运服务的保安员执行武装守护押运任务使用枪支，依照《专职守护押运人员枪支使用管理条例》的规定执行。

第三十条 保安员不得有下列行为：

（一）限制他人人身自由、搜查他人身体或者侮辱、殴打他人；

（二）扣押、没收他人证件、财物；

（三）阻碍依法执行公务；

（四）参与追索债务、采用暴力或者以暴力相威胁的手段处置纠纷；

（五）删改或者扩散保安服务中形成的监控影像资料、报警记录；

（六）侵犯个人隐私或者泄露在保安服务中获知的国家秘密、商业秘密以及客户单位明确要求保密的信息；

（七）违反法律、行政法规的其他行为。

第三十一条 保安员有权拒绝执行保安从业单位或者客户单位的违法指令。保安从业单位不得因保安员不执行违法指令而解除与保安员的劳动合同，降低其劳动报酬和其他待遇，或者停缴、少缴依法应当为其缴纳的社会保险费。

第六章 保安培训单位

第三十二条 保安培训单位应当具备下列条件：

（一）是依法设立的保安服务公司或者依法设立的具有法人资格的学校、

职业培训机构；

（二）有保安培训所需的师资力量，其中保安专业师资人员应当具有大学本科以上学历或者10年以上治安保卫管理工作经历；

（三）有保安培训所需的场所、设施等教学条件。

第三十三条 申请从事保安培训的单位，应当向所在地设区的市级人民政府公安机关提交申请书以及能够证明其符合本条例第三十二条规定条件的材料。

受理的公安机关应当自收到申请材料之日起15日内进行审核，并将审核意见报所在地的省、自治区、直辖市人民政府公安机关。省、自治区、直辖市人民政府公安机关应当自收到审核意见之日起15日内作出决定，对符合条件的，核发保安培训许可证；对不符合条件的，书面通知申请人并说明理由。

第三十四条 从事武装守护押运服务的保安员的枪支使用培训，应当由人民警察院校、人民警察培训机构负责。承担培训工作的人民警察院校、人民警察培训机构应当向所在地的省、自治区、直辖市人民政府公安机关备案。

第三十五条 保安培训单位应当按照保安员培训教学大纲制订教学计划，对接受培训的人员进行法律、保安专业知识和技能培训以及职业道德教育。

保安员培训教学大纲由国务院公安部门审定。

第七章 监督管理

第三十六条 公安机关应当指导保安从业单位建立健全保安服务管理制度、岗位责任制度、保安员管理制度和紧急情况应急预案，督促保安从业单位落实相关管理制度。

保安从业单位、保安培训单位和保安员应当接受公安机关的监督检查。

第三十七条 公安机关建立保安服务监督管理信息系统，记录保安从业单位、保安培训单位和保安员的相关信息。

公安机关应当对提取、留存的保安员指纹等人体生物信息予以保密。

第三十八条 公安机关的人民警察对保安从业单位、保安培训单位实施监督检查应当出示证件，对监督检查中发现的问题，应当督促其整改。监督检查的情况和处理结果应当如实记录，并由公安机关的监督检查人员和保安从业单位、保安培训单位的有关负责人签字。

第三十九条 县级以上人民政府公安机关应当公布投诉方式，受理社会公众对保安从业单位、保安培训单位和保安员的投诉。接到投诉的公安机关应当及时调查处理，并反馈查处结果。

第四十条　国家机关及其工作人员不得设立保安服务公司，不得参与或者变相参与保安服务公司的经营活动。

第八章　法律责任

第四十一条　任何组织或者个人未经许可，擅自从事保安服务、保安培训的，依法给予治安管理处罚，并没收违法所得；构成犯罪的，依法追究刑事责任。

第四十二条　保安从业单位有下列情形之一的，责令限期改正，给予警告；情节严重的，并处1万元以上5万元以下的罚款；有违法所得的，没收违法所得：

（一）保安服务公司法定代表人变更未经公安机关审核的；

（二）未按照本条例的规定进行备案或者撤销备案的；

（三）自行招用保安员的单位在本单位以外或者物业管理区域以外开展保安服务的；

（四）招用不符合本条例规定条件的人员担任保安员的；

（五）保安服务公司未对客户单位要求提供的保安服务的合法性进行核查的，或者未将违法的保安服务要求向公安机关报告的；

（六）保安服务公司未按照本条例的规定签订、留存保安服务合同的；

（七）未按照本条例的规定留存保安服务中形成的监控影像资料、报警记录的。

客户单位未按照本条例的规定留存保安服务中形成的监控影像资料、报警记录的，依照前款规定处罚。

第四十三条　保安从业单位有下列情形之一的，责令限期改正，处2万元以上10万元以下的罚款；违反治安管理的，依法给予治安管理处罚；构成犯罪的，依法追究直接负责的主管人员和其他直接责任人员的刑事责任：

（一）泄露在保安服务中获知的国家秘密、商业秘密以及客户单位明确要求保密的信息的；

（二）使用监控设备侵犯他人合法权益或者个人隐私的；

（三）删改或者扩散保安服务中形成的监控影像资料、报警记录的；

（四）指使、纵容保安员阻碍依法执行公务、参与追索债务、采用暴力或者以暴力相威胁的手段处置纠纷的；

（五）对保安员疏于管理、教育和培训，发生保安员违法犯罪案件，造成严重后果的。

客户单位删改或者扩散保安服务中形成的监控影像资料、报警记录的，依照前款规定处罚。

第四十四条　保安从业单位因保安员不执行违法指令而解除与保安员的劳动合同，降低其劳动报酬和其他待遇，或者停缴、少缴依法应当为其缴纳的社会保险费的，对保安从业单位的处罚和对保安员的赔偿依照有关劳动合同和社会保险的法律、行政法规的规定执行。

第四十五条　保安员有下列行为之一的，由公安机关予以训诫；情节严重的，吊销其保安员证；违反治安管理的，依法给予治安管理处罚；构成犯罪的，依法追究刑事责任：

（一）限制他人人身自由、搜查他人身体或者侮辱、殴打他人的；

（二）扣押、没收他人证件、财物的；

（三）阻碍依法执行公务的；

（四）参与追索债务、采用暴力或者以暴力相威胁的手段处置纠纷的；

（五）删改或者扩散保安服务中形成的监控影像资料、报警记录的；

（六）侵犯个人隐私或者泄露在保安服务中获知的国家秘密、商业秘密以及客户单位明确要求保密的信息的；

（七）有违反法律、行政法规的其他行为的。

从事武装守护押运的保安员违反规定使用枪支的，依照《专职守护押运人员枪支使用管理条例》的规定处罚。

第四十六条　保安员在保安服务中造成他人人身伤亡、财产损失的，由保安从业单位赔付；保安员有故意或者重大过失的，保安从业单位可以依法向保安员追偿。

第四十七条　保安培训单位未按照保安员培训教学大纲的规定进行培训的，责令限期改正，给予警告；情节严重的，并处1万元以上5万元以下的罚款；以保安培训为名进行诈骗活动的，依法给予治安管理处罚；构成犯罪的，依法追究刑事责任。

第四十八条　国家机关及其工作人员设立保安服务公司，参与或者变相参与保安服务公司经营活动的，对直接负责的主管人员和其他直接责任人员依法给予处分。

第四十九条　公安机关的人民警察在保安服务活动监督管理工作中滥用职权、玩忽职守、徇私舞弊的，依法给予处分；构成犯罪的，依法追究刑事责任。

第九章　附　则

第五十条　保安服务许可证、保安培训许可证以及保安员证的式样由国务院公安部门规定。

第五十一条　本条例施行前已经设立的保安服务公司、保安培训单位，应当自本条例施行之日起6个月内重新申请保安服务许可证、保安培训许可证。本条例施行前自行招用保安员的单位，应当自本条例施行之日起3个月内向公安机关备案。

本条例施行前已经从事保安服务的保安员，自本条例施行之日起1年内由保安员所在单位组织培训，经设区的市级人民政府公安机关考试、审查合格并留存指纹等人体生物信息的，发给保安员证。

第五十二条　本条例自2010年1月1日起施行。

公安机关人民警察盘查规范

公通字【2008】55号

第一条　为规范公安机关人民警察盘查工作，保护公民的合法权益和人民警察的人身安全，根据《中华人民共和国人民警察法》、《中华人民共和国人民警察使用警械和武器条例》等法律法规，制定本规范。

第二条　本规范所称盘查，是指公安机关人民警察在执行勤务过程中，为维护公共安全，预防、发现、控制违法犯罪活动而依法采取的盘问、检查等行为。

第三条　民警执行盘查任务时，应当始终坚持理性、平和、文明、规范，因情施策，确保安全。

第四条　民警执行盘查任务时，应当着制式服装；未着制式服装的，应当出示人民警察证；应当向被盘查人敬礼并告知："我是xxx（单位）民警，现依法对你进行检查，请你配合。"盘查排除违法犯罪嫌疑的，民警应当向被盘查人敬礼，并说"谢谢你的合作"，礼貌让其离去。

第五条　盘查一般由两名以上民警进行，并明确警戒和盘查任务分工。

第六条　民警应当选择光线较好、场地开阔、有依托或者容易得到支援的场地或者道路等作为盘查地点，盘查过程中应当保持高度警惕，注意被盘查人的身份、体貌、衣着、行为、携带物品等可疑之处，随时做好应对突发情况的准备。

第七条　盘查可疑人员时，应当遵守下列规定：

（一）与被盘查人保持适当距离，尽量让其背对开阔场地；

（二）对有一定危险性的违法犯罪嫌疑人，先将其控制并进行检查，确认无危险后方可实施盘问；

（三）盘问时由一人主问，其他人员负责警戒，防止被盘查人或者其同伙的袭击。

第八条　盘查多名可疑人员时，民警应当责令所有被盘查人背对开阔场地，并在实施控制后，分别进行盘查。当盘查警力不足以有效控制被盘查人时，应当维持控制状态，立即报告，请求支援。

第九条　查验身份时，应当先查验身份证件并遵守下列规定：

（一）查验证件防伪暗记和标识，判定证件的真伪；

（二）查验证件内容，进行人、证对照；

（三）注意被盘查人的反应，视具体情况让持证人自述证件内容，边问边查；

（四）通过身份证识别仪器或者公安信息系统进行核对。

第十条　对经过盘问，确认有违法犯罪行为或者嫌疑不能排除的，应当先对被盘查人依法进行人身检查，并进一步检查其携带物品。

第十一条　对可疑人员进行人身检查时，应当遵守下列规定：

（一）有效控制被检查的嫌疑对象，在警戒人员的掩护下对其进行检查，防止自身受到攻击和伤害；

（二）对女性进行人身检查，应当由女性工作人员进行，可能危及检查民警人身安全或者直接危害公共安全的除外；

（三）对拒绝接受检查的，民警可依法将其带回公安机关继续盘问；

（四）对可能携带凶器、武器或者爆炸物品的违法犯罪嫌疑人检查时，应当先检查其有无凶器、武器和爆炸物品，如有，则应当当场予以扣押，必要时，可以先依法使用约束性警械，然后进行检查；

（五）责令被检查人伸开双臂高举过头，面向墙、车等，扶墙或者扶车站立，双脚分开尽量后移，民警站于其身后并将一只脚置于其双脚中间，迅速从被检查人的双手开始向下对衣领及身体各部位进行检查，特别注意腋下、腰部、档部及双腿内侧等可能藏匿凶器或者武器的部位；

（六）当盘查对象有异常举动时，民警应当及时发出警告，命令其停止动作并做好自身防范，可以依法视情使用警棍、催泪喷雾器及武器等予以制止。

第十二条 经盘查能确认是逃犯、通缉犯等犯罪嫌疑人、被告人或者罪犯的，民警应当立即使用约束性警械将其控制，移交办案的公安机关、人民检察院、人民法院或者原羁押机关。

第十三条 对可疑物品进行检查时，应当遵守下列规定：

（一）责令被检查人将物品放在适当位置，不得让其自行翻拿；

（二）由一名民警负责检查物品，其他民警负责监控被检查人；

（三）开启箱包时应当先仔细观察，注意避免接触有毒、爆炸、腐蚀、放射等危险物品；

（四）按照自上而下顺序拿取物品，不得掏底取物或者将物品直接倒出；

（五）对有声、有味的物品，应当谨慎拿取；

（六）发现毒害性、爆炸性、腐蚀性、放射性或者传染病病原体等危险物质时，应当立即组织疏散现场人员，设置隔离带，封锁现场，及时报告，由专业人员进行排除；

（七）对于需没收或者扣押的各类违禁物品，应当会同在场见证人和被扣押物品持有人查点清楚，当场开列清单，及时上交有关部门；

（八）避免损坏或者遗失财物。

第十四条 对可疑车辆进行检查时，应当遵守下列规定：

（一）对行进中的车辆进行拦截检查时，应当手持停车标志牌或者放置停车标志，在被检查车辆前方向其作出明确的停车示意；

（二）责令驾驶员将车辆熄火，拉紧手制动，将双手放在方向盘上，确认安全后拉开车门责令其下车，必要时应当暂时收存车钥匙；

（三）对人员进行检查并予以控制；

（四）查验身份证、驾驶证、行驶证和车辆牌照，条件允许情况下，通过公安信息查询系统进行查询比对；

（五）观察车辆外观、锁具和内部装置；

（六）检查车载货物和车内物品；

（七）如驾驶员拒检逃逸，应当立即报告，请求部署堵截、追缉。

第十五条　公安机关执行设卡检查任务时，应当遵守下列规定：

（一）制定方案，周密部署，方案应当包括任务目标、卡点布局、指挥关系、协作机制和警力、装备、通信、后勤保障措施以及处置突发情况的应对措施等内容；

（二）设置卡点应当选择视野开阔、便于拦截检查和展开警力的地点，并尽量避开人群、居民稠密区、密林地、易燃易爆和剧毒化学物品仓库等复杂地段和场所；

（三）检查卡点应当根据任务需要配置警力，每个卡点一般不得少于4人，民警之间应当明确拦截、警戒和盘查等任务分工；

（四）执行重要设卡堵截任务时，公安机关应当在卡点前方设置阻车路障，并在前方适当距离内设置隐蔽观察哨位，以便提前发现目标，及时通知卡点准备拦截；

（五）民警拦截车辆时，应当在卡点前方设置明显停车示意标志或者由执行拦截任务的民警手持停车示意牌示意停车，其他民警负责警戒和盘查；被检查人如驾车闯卡，民警应当立即采取措施追其停车，或者追击、拦截，并及时向上级报告，请求支援；

（六）对被拦截车辆进行检查时，执行盘查任务的民警应当从车辆的驾驶员一侧接近车辆，迅速控制驾驶员和车内其他人员；执行警戒任务的民警应当占据有利位置，从各个角度密切监视车内人员，车上人员应当逐一下车接受盘查。

第十六条　对有违法犯罪嫌疑的人员当场盘问、检查后，不能排除其违法犯罪嫌疑，且具有下列情形之一的，民警可以将其带至公安机关继续盘问：

（一）被害人、证人控告或者指认其有犯罪行为的；

（二）有正在实施违反治安管理或者犯罪行为嫌疑的；

（三）有违反治安管理或者犯罪嫌疑且身份不明的；

（四）携带的物品可能是违反治安管理或者犯罪的赃物的。

第十七条　执行盘查任务的民警应当携带单警装备，每个盘查组应当携带手持电台及手持身份证识别仪器。各地可根据实际情况，为盘查民警配备现场执法录音录像设备。民警执行设卡检查任务时，应当穿着防弹背心，戴防弹头盔；夜间视情穿着反光背心。

盘查民警驾驶车辆上应当配备轻型冲锋枪、防弹衣、反光背心、防弹头盔、防毒面具、车载电台、停车示意牌、救生器材、急救药箱、搜索灯、强光手电、阻车路障、警戒带等装备。

盘查卡点应当配置机动车辆、通讯工具、阻车路障、强光手电、警戒带、停车示意牌等装备器材，并视勤务需要配置防弹盾牌。

第十八条 各级公安机关应当加强对民警的执法技能培训，不断提高民警执勤盘查的能力和水平，并定期进行监督检查，确保执勤盘查工作规范、高效。

各级公安机关应当加强民警执勤的保障工作，切实维护民警合法权益。

第十九条 本规范自印发之日起施行。

公路巡逻民警队警务工作规范

中华人民共和国公安部令

（第 116 号）

《公路巡逻民警队警务工作规范》已经 2011 年 2 月 11 日公安部部长办公会议通过，现予发布，自 2011 年 7 月 1 日起施行。

第一章 总 则

第一条 为规范公路巡逻民警队警务工作，维护公路交通安全畅通和治安秩序，保障公路巡逻民警队依法履行职责，根据有关法律法规，制定本规范。

第二条 本规范适用于承担公路交通管理工作的交警大队、交警中队（含公路交警中队、乡镇交警中队）和高速公路交警大（中）队。

第三条 公路巡逻民警队警务工作应当遵循依法、科学、高效、规范、公开和便民的原则。

第四条 省级公安机关应当科学规划公路巡逻民警队的布局，按照所在地区交通安全状况、所管辖公路的通车里程等情况设置公路巡逻民警队，并根据公路通车里程、交通流量、人口、机动车和驾驶人数量、交通安全状况等综合因素配备警力。

具体配备标准由省级公安机关制定。

第五条 公路巡逻民警队实行等级评定制度，具体办法由公安部另行制定。

第六条 公路巡逻民警队可以根据需要配备交通协管员。

交通协管员的招录、培训、使用、考核等相关管理规定，由省级公安机关制定。

第二章 职责权限

第七条 公路巡逻民警队履行下列职责：

（一）指挥疏导交通，维护公路交通秩序；

（二）依法查处交通违法行为；

（三）预防和处理交通事故；

（四）依照有关规定办理或者受理机动车登记和驾驶证管理业务；

（五）开展交通安全宣传教育；

（六）排查公路交通安全隐患；

（七）先期处置公路上发生的治安、刑事案件；

（八）按照有关规定查缉违法犯罪嫌疑人员；

（九）接受群众求助；

（十）实施交通应急管理；

（十一）法律、行政法规规定应当履行的其他职责。

第八条 公路巡逻民警查处交通违法行为时，可以依法采取扣留车辆、扣留机动车驾驶证、拖移机动车、收缴物品以及检验机动车驾驶人体内酒精、国家管制的精神药品、麻醉药品含量等行政强制措施。

第九条 公路巡逻民警因抢救事故受伤人员、处置突发事件等紧急需要，可以优先使用公路上通行的车辆，用后应当及时归还，并支付适当费用；造成损失的，应当赔偿。

第十条 遇有自然灾害、恶劣天气或者交通事故等情形，严重影响交通安全的，公路巡逻民警队可以按照相关法律、法规规定和工作预案，实施交通管制。

实施交通管制，应当在现场设置警示标志、指示标志等，做好交通指挥疏导工作。

第十一条 公路巡逻民警队应当接受治安、刑侦等部门的业务指导，并与治安、刑侦等部门在案件移交、处置治安和刑事案件、打击违法犯罪等方面建立协作配合机制。

治安、刑侦等部门对公路巡逻民警队按规定移交的案件，应当及时受理。

第三章 公路勤务

第十二条 公路巡逻民警队实行巡逻执勤与定点执勤相结合的勤务方式,并可以依法使用交通技术监控设备对公路通行情况进行监控。

第十三条 公路巡逻民警应当严格执行勤务制度,不得脱岗、漏岗,不得随意改变勤务路线和执勤时间。

第十四条 相邻省、自治区、直辖市公安机关交通管理部门及公路巡逻民警队应当研究建立区域警务协作机制,实行联合勤务制度。

第十五条 公路巡逻民警执勤执法时应当执行下列任务:

(一)在驾驶警车巡逻执勤时,注意观察公路通行情况,检查交通信号灯、交通标志、交通标线、交通设施等是否完好;

(二)指挥、疏导交通,维护公路通行秩序;

(三)依法制止、纠正和处罚交通违法行为;

(四)受理公民求助和报警,先期处置公路上发生的治安、刑事案件,救助人身财产安全受到侵害的群众;

(五)控制被指控有犯罪行为或者现场作案嫌疑的人员,移交有管辖权的公安机关处理;

(六)根据上级指令处理其他情况。

在盘查可疑人员、机动车或者在先期处置公路上发生的治安、刑事案件过程中执行询问、检查、抓捕任务时,应当至少由两名民警进行,并明确警戒和检查任务分工,做好警戒,确保安全。

第十六条 公路巡逻民警驾驶警车巡逻执勤时,应当开启警灯,按规定保持车速和车距。执勤执法时应当穿着反光背心,遵守下列安全防护规定:

(一)除执行堵截严重暴力犯罪嫌疑人等特殊任务外,定点执勤以及拦截、检查车辆或者处理交通违法行为时,应当根据通行条件和交通流量,选择不妨碍其他车辆通行和不影响自身安全的地点进行,并在来车方向放置发光或者反光警告标志、警示灯、锥筒等安全防护装备;

(二)遇有机动车驾驶人拒绝停车的,应当通知前方执勤站点组织拦截,不得站在车辆前方强行拦截,或者攀扒车辆,强行责令机动车驾驶人停车;

(三)对暴力犯罪嫌疑人、交通肇事逃逸驾驶人、被公安机关通缉的人员等危险人员乘坐、驾驶机动车逃逸,可能对公共安全和他人生命安全有严重威胁的，可以驾驶机动车追缉，并应当及时请求支援。

第十七条　执行交通警卫任务时，公路巡逻民警队应当结合实际制定交通警卫工作方案，按照警卫级别采取相应警卫措施。

第十八条　公路巡逻民警队可以在省际、市际、县际交界处设置交通安全执法服务站（点），开展交通安全宣传，提供便民利民服务。

第十九条　公路巡逻民警队接到报警或者出警指令后，应当及时命令就近公路巡逻民警赶赴现场。接到事故报警后，交通事故处理岗位民警白天应当在5分钟内出警，夜间应当在10分钟内出警。

第二十条　盘查可疑人员时，应当遵守下列规定：

（一）与被盘查人保持1米以上的距离，尽量让其背对开阔面；

（二）对有一定危险性的违法犯罪嫌疑人员，先将其控制再进行检查，确认无危险后方可实施盘查；

（三）盘查时由一人主问，另一人负责警戒，防止被盘查人或者同伙的袭击；

（四）盘查过程中应保持高度警惕，注意被盘查人的身份、体貌、衣着、行为、携带物品等可疑之处，随时做好应对突发情况的准备；

（五）当盘查对象有异常举动时，民警应当及时发出警告，命令其停止动作并做好自身防范，可以依法视情使用警械予以制止。

第二十一条　对可疑机动车进行检查时，应当遵守下列规定：

（一）指挥驾驶人停车，责令机动车驾驶人熄灭发动机并打开车窗，拉紧手制动，开启危险报警闪光灯后将双手放在方向盘上，确认安全后责令其下车，必要时应当暂时收存车钥匙。如车上有其他人员，应当责令其下车等候；

（二）对人员进行检查并予以控制；

（三）查验身份证、机动车驾驶证、行驶证和号牌，并通过公安信息系统进行查询比对；

（四）查验机动车外观、锁具、发动机和车架号码等；

（五）检查车载货物和车内物品。

检查可疑机动车时，负责警戒的民警应当站在可以直接注视车内驾驶人和乘车人、保护负责检查的民警的位置，并保持高度警惕，密切注视驾驶人和乘车人，防范其突然袭击。

驾驶人逃逸的，应当立即向上级或者指挥中心报告，请求部署堵截、追缉。

第二十二条　公路巡逻民警队应当建立健全勤务监督制度，确保各项勤务有

第二十三条　高速公路交警大（中）队可以在高速公路收费站和服务区以及容易发生交通事故、交通拥堵的路段设置执勤岗位。

除依法执行紧急公务外，禁止在高速公路主线上采取摆放路障、锥筒、交通标志等方式，拦截正常行驶的车辆进行交通安全检查。

第四章　应急管理

第二十四条　公路巡逻民警队应当制定应对、处置自然灾害、恶劣天气、道路交通事故、交通拥堵、交通肇事逃逸、治安刑事案件以及盘查违法嫌疑人员、对可疑机动车进行检查等工作预案，定期组织民警开展培训和演练。

第二十五条　因自然灾害、恶劣天气或者道路交通事故等突发事件造成交通中断时，公路巡逻民警队应当根据应急预案分级启动应急机制，进入应急状态，采取相应处置措施。

第二十六条　公路巡逻民警队处置道路交通事故应当做到快速出警、快速施救、快速勘查现场、快速处理、快速恢复交通，事故现场必须按规定设置警示标志和现场防护设施。

第二十七条　除发生大范围雾霾、道路长距离结冰以及其他不具备安全通行条件的情形外，不得因天气原因实施封闭高速公路的交通管制措施。

实施封闭高速公路交通管制措施的，应当采取警车带道、限速行驶等方式，引导车辆从最近的出口驶离高速公路。

第二十八条　实施交通管制措施可能影响周边道路交通的，高速公路交警大（中）队应当及时向上级或者指挥中心报告，通报相邻公安机关交通管理部门和高速公路经营管理单位，并组织疏导、分流。

第五章　现场处置

第二十九条　公路巡逻民警执勤时应当携带警棍、催泪喷射器、手铐、警绳等驱逐、制服、约束性警用器械。按照上级指令执行查缉暴力犯罪嫌疑人及其驾驶、乘坐的车辆等任务时应当携带枪支、弹药等警用武器，并穿着防弹衣、佩戴防弹头盔。

第三十条　对公路上发生的治安、刑事案件，应当视现场情况采取下列先期处置措施：

（一）保护现场并设置警示标志，疏导交通，必要时使用警戒带划定警戒区域；

（二）查验居民身份证、机动车驾驶证等有关证照；

（三）检查有违法犯罪嫌疑的车辆、物品，配合组织追缉、堵截违法犯罪嫌疑人员；

（四）组织抢救受伤人员，疏散群众；

（五）对现行或者在逃的违法犯罪嫌疑人员，可以依法讯问或者采取强制措施；

（六）向上级公安机关报告案情；

（七）向治安、刑侦等部门或者案件发生地公安派出所移交涉嫌违法犯罪的人员和物品。

第三十一条 公路巡逻民警在先期处置治安、刑事案件过程中应当遵守下列规定：

（一）对违法犯罪嫌疑人员，应当先进行安全检查，发现管制刀具、武器、易燃易爆危险品的，应当立即予以扣押；

（二）对违法犯罪嫌疑人员携带的物品进行检查时，应当在确保违法犯罪嫌疑人员得到有效控制后实施；

（三）实施押解、讯问时，应当对违法犯罪嫌疑人员依法采取有效约束措施，防止其脱逃或者行凶。

第三十二条 对堵塞交通等群体性事件，应当视现场情况采取以下处置措施：

（一）迅速了解事件起因、规模及影响交通的程度，及时向上级或者指挥中心报告，同时劝告群众离开现场；

（二）向群众宣传有关法律规定，配合有关部门开展劝说工作；

（三）在现场外围设置警戒线，控制无关人员和车辆进入现场，必要时依法实行交通管制；

（四）在处置过程中，应当坚持慎用警力、慎用武器警械和慎用强制措施，注意防止误伤他人，保护民警自身安全。

第三十三条 对重特大道路交通事故，应当视现场情况采取以下先期处置措施：

（一）设置警戒区和警示标志，在安全距离位置放置发光或者反光锥筒和警告标志，确定专人负责现场交通指挥和疏导，维护公路通行秩序。因道路交通事故导致交通中断或者现场处置、勘查需要实施封闭道路等交通管制措施的，还应当在事故现场来车方向提前组织分流，放置绕行提示标志，避免发生交通拥堵；

（二）收集证据，寻找证人；对有人员伤亡、公路设施损坏的事故，应当立即向上级或者指挥中心报告，通知卫生行政、交通运输、安全监管以及公安消防等部门赶赴现场处置，及时实施封闭道路、疏散过往车辆、人员和控制现场等措施，并协助有关部门抢救受伤人员。因抢救伤员需要变动现场的，应当标明或者记录受伤人员的位置；受伤人员被送往医院的，应当记录医院名称、地址及受伤人员基本情况；

（三）在交通事故处理岗位民警到达现场前，指挥疏导车辆、人员绕行；

（四）控制交通肇事驾驶人，如有逃逸，及时向上级或者指挥中心报告布控查缉。

第三十四条　遇涉及易燃易爆化学物品以及毒害性、放射性、腐蚀性、传染病病原体等危险物品的事故，应当立即向上级或者指挥中心报告，通知卫生行政、交通运输、环境保护、安全监管以及公安消防等部门赶赴现场处置，实施封闭道路、疏散过往车辆、人员和控制现场等措施，禁止无关车辆、人员进入现场。在环境保护、安全监管以及公安消防等部门消除险情后，公路巡逻民警方可进入现场。

第三十五条　对自然灾害事故及其他意外事件，应当视现场情况采取以下处置措施：

（一）立即向上级或者指挥中心报告；

（二）维护现场秩序，指挥救灾车辆优先通行；

（三）抢救遇险群众，保护财产；

（四）对造成道路交通中断的，指挥疏导车辆、人员绕行。

第六章　执法监督

第三十六条　公路巡逻民警队应当建立民警执法考核制度，综合考核民警的执勤执法工作量、执法质量、执法效果以及执法纪律遵守等情况。

第三十七条　公路巡逻民警队应当配备专（兼）职法制员，审核案件、检查执法质量、评析执法效果，对发现的执法问题提出整改意见。

第三十八条　有条件的公路巡逻民警队应当为民警装备音像记录设备，对民警的执勤执法全过程进行录音或者录像记录。

第三十九条　公路巡逻民警队应当建立执法回访制度，定期回访交通事故当事人，听取意见和建议。

第四十条　公路巡逻民警队应当设置警务公开栏，公开民警姓名、照片、警号、职务、岗位职责、办事程序、处罚依据、收费标准及有关法律法规规定。

第四十一条　公路巡逻民警队应当定期开展警营开放活动，向公众介绍公安机关交通管理部门的工作，听取对公安交通管理工作的意见和建议。

第四十二条　公路巡逻民警在执勤执法时，严禁下列行为：

（一）擅离岗位；

（二）违反规定扣留车辆、机动车行驶证、驾驶证和车辆号牌；

（三）违反规定当场收缴罚款，当场收缴罚款不开具罚款收据、不开具简易程序处罚决定书或者不如实填写罚款单据；

（四）利用职务便利索取、收受他人财物、谋取不正当利益、干扰执法办案或者强令违法办案；

（五）不使用规范用语、态度蛮横、行为粗暴、故意刁难群众或者吃拿卡要；

（六）不消除交通违法状态即放行车辆。

对违反上述规定的公路巡逻民警给予相应的行政处分。

第四十三条　公路巡逻民警队及其上级公安机关，不得向民警下达或者变相下达罚款指标，不得隐瞒不报或者谎报应当上报的重特大道路交通事故、交通拥堵等情况。

违反上述规定的，对直接负责的主管人员和其他直接责任人员给予相应的行政处分。

第四十四条　公路巡逻民警队及其民警认真履行法定职责，工作表现突出，有显著成绩和贡献或者有其他突出事迹的，应当予以表彰奖励。

第四十五条　公路巡逻民警队应当建立社会监督机制，公布举报、投诉方式，聘请社会监督员，接受社会监督。

第七章　预防道路交通事故

第四十六条　县级公安机关应当提请政府成立交通安全领导机构、建立交通安全工作联席会议制度，组织领导本地区道路交通安全工作。

第四十七条　公路巡逻民警队应当定期分析研判本地区交通安全形势，根据道路交通事故时间、地点、主要原因以及交通违法行为发生的规律特点，科学制定预防道路交通事故的对策、措施和意见。

第四十八条　公路巡逻民警队应当协调本地区农村基层组织、机关、企事业单位建立健全内部交通安全宣传教育制度，开展交通安全宣传教育。

第四十九条　高速公路交警大（中）队可以聘请高速公路经营管理单位的收费、养护职工为交通安全员，协助开展交通安全宣传，劝阻和举报交通违法行为。

第五十条　公路巡逻民警队应当联合有关职能部门，定期排查本地区道路交通安全隐患，及时提出消除安全隐患、预防道路交通事故的建议。

第五十一条　公路巡逻民警队应当配合有关职能部门，督促本地区企事业单位落实交通安全责任制，加强对客运车辆、危险化学品运输车辆、校车等机动车及其驾驶人的交通安全监管。

第八章　科技信息化应用

第五十二条　省级公安机关交通管理部门应当在本地区公安信息化总体规划下，制定公路交通管理信息化建设的规划意见。

第五十三条　公路巡逻民警队应当掌握本地区道路、人口、机动车、驾驶人数据和村庄、学校、运输企业分布以及交通违法、交通事故等情况，并及时录入有关信息系统。

第五十四条　公路巡逻民警队应当建立交通信息发布制度，通过多种渠道发布道路交通管理信息，为公众提供交通出行信息服务。

第五十五条　有条件的公路巡逻民警队应当通过公安网络实行网上办公，配备可以实时查询、处理交通违法信息的无线移动执法终端设备。

第五十六条　在道路交通事故多发、交通安全隐患突出、交通违法行为多、机动车流量较大的路口、路段应当设置交通技术监控设备。

第五十七条　对具有计量功能的交通技术监控设备应当定期进行检验。

第五十八条　高速公路交警大（中）队应当与高速公路经营管理单位共享公路监控信息资源。

道路交通卡口监控信息应当与公安机关有关部门、警种共享。

第九章　警务保障与内务管理

第五十九条　公路巡逻民警队的经费应当纳入财政预算全额保障，编制应当纳入公安机关编制保障计划。

第六十条　公路巡逻民警队营房建设应当满足交通违法处理、道路交通事故处理、机动车和驾驶证管理、开展交通安全宣传等业务需要。

第六十一条　公安机关应当按照标准为公路巡逻民警队配备必要的警用车辆、武器、警械、计算机、通信器材、反光背心、防护装备、交通事故现场勘查、测速仪、酒精检测仪等装备。

执勤警用汽车应当配备反光锥筒、警示灯、停车示意牌、警戒带、照相机、摄像机、灭火器、急救箱、牵引绳等装备；根据需要可以配备防弹衣、防弹头盔、简易破拆工具、防化服、拦车破胎器、酒精检测仪、测速仪等装备。

第六十二条　公路巡逻民警队应当建立政治学习、值班备勤、装备管理、档案管理等工作制度。

公路巡逻民警队应当建立岗位练兵制度，定期组织开展交通管理业务、科技应用、警务技能的学习训练。

第六十三条　公路巡逻民警队应当保持车辆车况良好、停放有序，装备齐全有效，通讯畅通。

非执行公务不得使用警用装备和警用车辆。

枪支、警械的管理、使用，按照有关规定执行。

第六十四条　公路巡逻民警队应当按照规定制作、设置统一的外观标识。办公场所保持整洁、有序。

第十章　附　则

第六十五条　各省、自治区、直辖市公安厅、局可以根据本规范，结合本地实际制定实施办法。

第六十六条　本规范自 2011 年 7 月 1 日起施行，2001 年 5 月 23 日发布的《公路巡逻民警中队警务规范》（公安部令第 58 号）同时废止。

保安服务操作规程与质量控制

该标准于 2006 年 6 月 1 日起实施，内容包括保安服务操作的基本要求、门卫服务、守护服务、押运服务、不合格服务的纠正措施等，涵盖了保安服务的各个方面。

1 范围

本标准规定保安服务具体的操作规程及服务质量应达到的基本要求。

本标准适用于在中华人民共和国行政区域内开展的保安服务活动。

2 术语和定义

本标准采用下列术语和定义。

2.1 保安服务 security service

为满足公民、法人和其他组织的安全需求，依照法律、法规、规章和国家有关规定，由依法设立的企业、组织提供的专业化安全防范服务及相关服务的行为。保安服务一般按照合同约定，采取门卫、守护、巡逻、押运、随身护卫、人群控制、技术防范、安全咨询等形式，保护客户人身、财产和信息等安全，维护客户合法权益。

2.2 门卫服务 gate guarding service

保安员按照服务合同要求对客户单位出入口进行值守、验证、检查登记的服务业务。

2.3 守护服务 grard service

保安员对特定的目标进行看护和守卫的服务业务。

2.4 巡逻服务 patrol service

保安员对特定区域、地段和目标进行巡视检查、警戒的服务业务。

2.5 押运服务 escort service

保安员按合同约定将客户的财、物安全地守卫护送到目的地的服务业务。

2.6 随身护卫服务 body guard service

保安员维护自然人人身及其合法财产的安全服务业务。

2.7 人群控制服务 crowd control service

保安员维护特定地点、场所、部位等人群聚集地治安秩序的服务业务。

2.8 技术防范服务 electrical security service

保安服务公司运用科技手段和设备，为客户指定的区域和目标，设计、安装各种报警器材并定期维护，提供接警、先期处警和其他相关的技术防范服务业务。

2.9 安全咨询服务 security consultation service

保安服务公司根据客户安全需求，组织安全防范专家和专业技术人员，为客户提供有关安全防范问题的调查、评估与策划，并提供相应的建议、方案的服务业务。

3 保安服务操作的基本要求

3.1 保安服务操作应按照国家法律、法规、规章及政策规定进行，并遵守主管行政机关的有关管理规定。属于保安服务职责范围内的事项按本标准实施，不属于保安服务职责范围的事项，依法交有关部门处理。

3.2 保安服务公司应依照约定合同为客户提供安全服务，维护客户单位的安全和秩序，防止或减少客户受到不法侵害或灾害事故的发生，有效避免因服务提供方或保安员责任造成客户损失，以满足客户的安全需求。

3.3 保安服务公司应向客户单位提供服务的真实信息，包括公司的类别、资质、保安员的等级和素质状况、提供服务的种类和效果以及所收取的费用等。对客户提出或询问的有关问题，应本着诚实信用的原则给予明确的答复。

3.4 保安服务公司根据客户需要，可以提供保安服务种类中的一种或数种服务，如客户有特殊需求，在不违背有关法律规定的前提下视情况另行约定。

3.5 保安服务公司根据客户要求或保安服务的需要，可分别或联合采用人防、技防、物防和犬防等手段，维护客户合法权益。

4 门卫服务

4.1 门卫服务内容

4.1.1 保安员通过对客户单位出入口进行值守、验证、检查登记，维护客户安全。

4.1.2 查验出入人员的证件，办理登记手续，禁止无关人员进入。

4.1.3 对出入的人员、车辆及其携带或装运的物品进行查验，防止客户单位财物流失及违禁物品流入。

4.1.4 指挥、疏导出入车辆，维护出入口的正常秩序。

4.1.5 及时发现不法行为人，截获赃物，做好安全防范工作。

4.1.6 协助客户单位做好来访人员接待等工作。

4.2 门卫服务操作规程

4.2.1 制定门卫执勤方案

4.2.1.1 根据合同,确定执勤方案、门卫执勤方式及所需装备等。

1)根据出入口的建筑特征以及人员、车辆流量,确定门岗的具体位置。

2)确定各类情况的处置方法,制定紧急情况的处置预案。

4.2.1.2 门卫执勤方案需经客户单位审定。

4.2.1.3 上岗前的准备

担任门卫任务的保安员要按规定着装,携带经公安机关批准使用的防护用具。根据需要携带对讲机。备有门卫勤务登记簿。

4.2.2 门卫勤务的实施

4.2.2.1 验证

1)逐个查证。在一般情况下,当来人距门卫 2 m～3 m 时,保安员应请其止步并出示证件,接过证件后先看证件的封面、再翻看主页的身份情况。要着重查验照片与持证人的相貌是否相符,印鉴单位与签发证件单位是否相符,是否过期。夜间验证时,应提高警惕,注意保护自身安全。经查证未发现问题的,归还证件并礼貌地示意放行。对拒不交验证件、证明的人员,不准其入内。发生纠纷时,及时向客户单位报告,请有关人员前来处理。

2)重点查验。在人员、车辆出入比较集中时,保安员应站在大门一侧查验证件,并仔细观察,注意发现异常。对无证件的人员、车辆,待高峰过后经检查再决定是否放行。

3)对于上级事先通知的免检对象,应根据车号和特殊的免检标志,免检放行。

4.2.2.2 检查

1)对携物进出的人员,重点检查是否带有违禁物品。对进入车辆要检查是否装有易燃易爆等危险物品、是否载有无关人员,对无关人员应劝其下车在外等候。对携物外出人员和车辆,仔细检查携物证件或出库单据,重点查验物品的名称、规格、数量与证件是否相符。检查时要让被检查人动手打开车门、后备厢和包装物,视情况逐件清点或重点抽查。要与对方保持一定的安全距离,注意观察其神态表情,防止其弃物逃跑、突然驾车逃跑或持物行凶,同时要注意自身安全。

2)发现有携带可疑物品的人员,应先礼貌地要求其说出物品的名称、数量、来源及用途,请其自行拿出物品按单检查核对,并出示有关证件或由有关部门开具的证明,对无手续和拒绝检查的应移交客户单位有关部门处理。保安员不能对可疑人员进行搜身，应报告客户单位或交公安机关处理。

4.2.2.3 观察

在验证检查过程中，要从进出人员的身份、陈述、行为、表情、携物、痕迹等方面进行观察，对有疑点者应重点查验。

4.3 紧急情况的处置

当发生干扰、破坏客户单位正常的生产、生活、工作秩序的特殊情况时，保安员应按照应急工作预案，迅速将有关情况报告客户单位或当地公安机关。协助做好疏导工作，维护正常秩序。

4.4 勤务制度

4.4.1 交接班制度

1）保安员要严格遵守交接班制度，按规定的时间交接班。因故不能执勤的，必须提前办理请假手续。

2）上岗前的准备工作

接班人员做好上岗准备，按规定着装，携带执勤用品，准时接班。

3）交班

接班人员到达岗位后，交接时双方先行敬礼，然后边注意观察，边做交接班事宜。交班人员应告知本班发生的情况和处理结果，并交待需要继续办理的事项。移交勤务登记簿，双方签字备查。接班者未到或未办理交接班手续，当班者不能离开。

4.4.2 请示报告制度

保安员遇到紧急情况和重大问题时要及时、具体、准确地向客户单位、上级领导和公安机关等有关部门请示、报告。对客户单位、上级领导及公安机关等部门有关处置紧急情况的工作指示，要立即、坚决执行，执行结果要及时反馈，并做详细记录。

4.4.3 勤务检查制度

驻勤单位保安组织负责人或指定的勤务检查人员，负责对保安员执勤情况进行检查。勤务检查的内容以保安员履行岗位职责的情况为主。对勤务检查中发现的问题和处理结果，应做好记录，重要问题应及时向上级汇报。

4.4.4 勤务登记制度

勤务登记由当班人员负责记录。主要记载上级指示、通知、交办的事项及值班期间发生和处理的问题，记录必须清晰、准确，不得随意涂改，并妥善保管。

4.5 岗位要求

4.5.1 着装整齐，语言文明，手势规范，站姿端正，精神饱满。

4.5.2 熟记客户单位有关门卫规章制度、出入手续、使用的各种证件、标志、车辆的牌号等。

4.5.3 了解门卫区域内的环境状况和安全措施。

4.5.4 熟悉和掌握单位内部机构的分布、位置、联系方式。

4.5.5 基本熟悉和掌握客户单位内部人员情况。

5 守护服务

5.1 守护服务

5.1.1 保安员通过对特定的目标进行看护和守卫，保卫客户安全。

5.1.2 维护守卫区域的正常秩序。及时制止无关人员进入守卫范围。

5.1.3 做好防火、防盗、防抢、防爆炸、防治安灾害事故等工作。

5.2 守护服务操作规程

5.2.1 制定守护方案

5.2.1.1 根据守护目标的特征、范围、周边环境以及其他可能危害目标的情况等制定守护方案。

5.2.1.2 守护方案需经客户单位审定，对治安保卫重点单位及重大活动等的守护方案需经上级主管部门批准。

5.2.2 上岗前的准备

担任守护任务的保安员要按规定着装，携带经公安机关批准使用的防护用具。根据需要携带对讲机。备有守护勤务登记簿。

5.2.3 守护勤务的实施

5.2.3.1 固定岗位。严格检查进出守护区域的人员及车辆，维护秩序，保卫目标的安全。

5.2.3.2 移动岗位。反复巡查，消除守护区域内的安全隐患，保卫目标安全。

5.2.3.3 瞭望岗位。观察守护区域内及周围的情况，发现可疑人员和可疑情况立即向客户单位报告，并采取相应措施保障目标安全。

5.3 紧急情况的处置

5.3.1 遇有无关人员违反规定欲进入守护区域时，应进行劝阻；对不听劝阻的，应坚决制止并迅速报告客户单位或有关部门处理。

5.3.2 遇有无证车辆，欲进入守护区域时，应示意停车，对不听指挥强行闯入的，应立即报告客户单位或有关部门，并记下车型、牌号、颜色等特征。

5.3.3 发现不法侵害行为，应立即采取措施坚决制止，并将不法行为人送交客户单位或公安机关。做好现场保护工作。

5.3.4 发生火灾、爆炸等灾害事故，应立即报警，并及时通知客户单位。采取积极措施防止事态扩大，协助抢救受伤人员，并做好现场保护工作。

5.4 勤务制度

按 4.4 的规定执行。

5.5 岗位要求

5.5.1 执行守护任务的保安员，应熟悉有关制度、规定及准许出入守护区域的手续和证件。

5.5.2 熟悉岗位周围的地形、地物及设施，熟悉应急设备的位置、性能和使用方法。

5.5.3 熟记与有关部门、人员的联系方式。

5.5.4 熟练掌握处置一般问题和紧急情况的方法，自身解决不了的，能及时、准确报告。

6 巡逻服务

6.1 巡逻服务内容

6.1.1 保安员通过对特定区域、地段和目标进行的巡视检查、警戒，保护客户安全。

6.1.2 通过巡逻，震慑不法分子，有效防范对客户可能造成的不法侵害。

6.1.3 通过巡逻，发现可疑人员，对有违法犯罪嫌疑的，依法扭送有关部门处理。

6.1.4 对正在发生的不法侵害行为，应采取相应措施予以制止，将不法行为人及时扭送公安机关或有关部门处理。

6.1.5 检查、发现、报告并及时消除各种安全隐患。防止火灾、爆炸等事故或抢劫、盗窃等不法侵害。

6.1.6 在巡逻过程中，对已经发生的不法侵害案件或治安灾害事故，应及时报告客户和公安机关或有关部门，并采取相应措施保护现场。

6.2 巡逻服务操作规程

6.2.1 制定巡逻方案

6.2.1.1 根据保安服务合同，制定巡逻方案，确定巡逻人员、巡逻路线、巡逻方式，控制重点及所需装备。

1）根据客户单位内部的实际情况，确定巡逻区域、地段及所需装备的种类和数量。

2）根据巡逻区域的地形、地貌和要害部位、重点目标等情况，确定巡视检查、控制的路线、巡逻方式、巡逻重点、巡逻频次等。

3）确定各类情况的处置方法，制定紧急情况的处置预案。

6.2.1.2 巡逻方案需经客户单位审定。

6.2.2 巡逻前的准备

担任巡逻任务的保安员要按规定着装，携带经公安机关批准使用的防护用具。根据需要携带通讯和报警设备。夜间巡逻应携带照明用具。备有巡逻勤务登记簿。

6.2.3 巡逻的实施

6.2.3.1 徒步巡逻是保安员实施巡逻勤务的基本形式，主要有单行巡逻、往返巡逻、交叉巡逻和循环巡逻。要根据时间、气候、地形等具体情况实施。

6.2.3.2 徒步巡逻应两人以上进行；巡逻人员之间应保持能目视联系和相互支援的距离；夜间巡逻可用约定的方法做联系信号。

6.2.3.3 保安员在巡逻中发现可疑情况应认真观察，严密监视。视情况采取守候、跟随等方法，将其控制在视线之内。必要时对可疑人员进行询问，并及时送交客户单位或有关部门处理。

6.2.3.4 保安员在巡逻时，不得影响客户单位员工或居民的生活、工作。

6.2.3.5 在夜间巡逻时，要提高警惕，保护自身安全。

6.3 紧急情况的处置

遇有正在实施的不法侵害行为时，应迅速报告所属单位和客户单位，并依法采取必要措施予以制止，将不法行为人扭送客户单位或公安机关。途中要防止其行凶、自杀或逃跑。遇有火灾、爆炸等事故，应立即报警，并及时通知客户单位，采取措施防止事态扩大。要积极协助抢救受伤人员，并做好保护现场工作。

6.4 勤务制度

按4.4的规定执行。

6.5 岗位要求

6.5.1 执行巡逻任务的保安员，应熟悉有关制度、规定及巡逻区域的重点目标。

6.5.2 熟悉岗位周围的地形、地物及设施，熟悉应急设备的位置、性能和使用方法。

6.5.3 熟记与有关部门、人员的联系方式。

6.5.4 熟练掌握处置一般问题和紧急情况的方法，自身解决不了的，能及时、准确报告。

7 押运服务

7.1 押运服务内容

7.1.1 保安服务公司对押运目标、押运装备及押运保安员要采取保险措施，押运服务的运载、护卫工具和有关装备要符合国家和行业标准。

7.1.2 保安员通过随行方式守护客户财物，保障安全。

7.1.3 防止押运财物被盗、被抢或遭受其他不法侵害。

7.1.4 通过安全检查，及时发现安全隐患，防止发生火灾、爆炸等事故。

7.1.5 对押运财物置放、运输的条件、环境等情况，进行巡视检查，防止发生挤压、丢失等事件。

7.1.6 对押运的财物要进行清点、核对，防止出现差错。

7.2 押运服务操作规程

7.2.1 制定押运方案

7.2.1.1 在运输手续完备的基础上，要对押运任务进行分析、研究；根据押运财物的种类、数量、路途和运载工具等情况制定押运方案。

7.2.1.2 押运爆炸性、易燃性、放射性、毒害性、腐蚀性等危险物品的，要事先取得运输许可证件，制定专门的押运方案，使用专门的运载工具，押运人员要熟知有关专业知识和突发事件的处置措施。

7.2.1.3 押运方案需经客户单位审定。跨省、市运输以及重大押运任务需经上级主管部门批准。

7.2.2 押运任务的实施

7.2.2.1 承接押运任务后需要了解：发货部门名称、物资种类、性质、价值、数量、代号、运输工具，到达目的地的运行路线，出发及到达时间；收货单位名称、详细地址、代号；对押运的要求和应注意的问题。

7.2.2.2 办理押运手续，领取途中所需物品。

7.2.2.3 与发货部门人员共同清点财物的数量，检查财物包装密封标记等是否完好，如发现问题，应向客户单位提示并做好记录。装物时保安员要在场点验，以防发生漏装或出现差错。

7.2.2.4 配备必要的防护用具和通讯器材，并保持完好有效。

7.2.2.5 在押运途中保安员应注意观察道路两侧的情况，通过桥梁、隧道、交叉道口、转弯地段以及车速减慢时，要注意观察，遇到危险情况，确认险情排除后通过。

7.2.2.6 押运途中需暂时停留，应根据停靠的位置、周围情况、采取相应的警戒措施加强防范。途中遇财物中转、改换交通工具的，必须办妥交接、转换手续，并在现场实施监督。

7.2.2.7 多辆汽车押运时，要保持行车间距，防止外部车辆加入押运队伍。要根据实际情况，妥善安排行车、停车时间。遇有人员要求搭乘押运车辆时，应坚决拒绝。

7.2.2.8 对押运财物实行监控。保安员在装载时和装载后，不得离开所押运的财物；必须离开时，应在保证押运财物安全的前提下轮换进行。

7.2.2.9 运输途中，应随时对押运财物进行巡视、检查，观察财物堆放有无移动；包装、密封标记是否完好。发现问题应立即查清原因，做好检查记录。

7.2.3 押运财物的交付

7.2.3.1 财物抵达目的地后，保安员要观察周围动态。办理交接手续时，禁止无关人员接近财物。

7.2.3.2 接交财物应由发货部门和保安员与收货部门共同清点财物的数量、检查财物包装等情况。认定无误后，由收货部门在收货单据上签名盖章。

7.3 紧急情况的处置

押运途中发生意外事件，要采取有效措施保证货物安全，并及时与当地公安机关或有关部门取得联系，妥善处理，并及时报告本单位和收、发货单位。

7.3.1 途中发生财物丢失，应立即报告当地公安机关，请其协助追查，并及时通报发货单位和收货单位。

7.3.2 途中发生交通事故，要严密看管所押财物，及时与公安交通管理部门联系处理，并立即通报发货单位和收货单位。

7.3.3 押运途中遇有对押运财物的不法侵害，应采取合法措施，果断处理，并立即报警。

7.3.4 押运途中运输的财物发生火灾、爆炸等事故，保安员应抢救财物和伤员，并立即报警。通报发货和收货单位。保护好现场，做好记录。

7.4 勤务制度
按4.4的规定执行。

7.4.1 请示汇报制度。押运过程中按照押运方案的要求应及时报告行走的路线、位置和途中发生的各种情况。

7.4.2 保密制度。保安员必须对押运财物的种类、数量，运输时间、路线、押运人员数量等情况严格保密，不得向无关人员泄露。

7.5 岗位要求
7.5.1 掌握保安押运服务的知识和技能，了解押运方案的内容和要求。

7.5.2 了解财物收发、中转等手续的办理程序；掌握运输工具状况及财物的存放条件。

7.5.3 清楚押运财物的物理、化学性能、特点及防护要求；

7.5.4 熟记与有关部门、人员的联系方式。

8 随身护卫服务

8.1 随身护卫服务内容
8.1.1 保安员通过护卫，保护特定对象人身、财产安全。

8.1.2 通过随卫，筑起一道安全屏障，使不法分子无法靠近特定人员及其工作生活区域。

8.1.3 通过随卫，敏锐观察和掌握周边情况，加强预测和防卫。

8.1.4 通过随卫，掌握护卫对象的活动情况，沟通联系，落实安全措施。

8.1.5 通过随卫，协助做好与安全有关的生活服务和医疗保健工作。

8.2 随身护卫服务操作规程
8.2.1 制定随身护卫方案

根据保安服务合同，制定随身护卫方案，确定被护卫人员的工作内容和具体要求。

8.2.2 随身护卫任务的实施

8.2.2.1 了解护卫对象的活动情况、活动意图，与有关方面加强联系。确定使用的通讯、交通工具、行驶路线。准确掌握被护卫人员的动态活动时间。

8.2.2.2 护卫对象有公共场所活动安排时，保安员要事先了解活动情况，确定行车路线、停车位置。控制接触护卫对象的人员范围，掌握好活动时间，及时提醒转换地点。

8.2.2.3 要与活动组织者及现场警卫、工作人员互相配合，不得妨碍国家工作人员依法执行职务。

8.3 紧急情况的处置

遇有正在实施的针对护卫对象的突然袭击、滋扰等不法侵害时，应迅即采取保护措施，制服不法分子，将护卫对象转移到安全地带，防止事态扩大。

8.4 勤务制度

按4.4的规定执行。

8.5 岗位要求

8.5.1 掌握随身护卫任务的知识和技能，了解随身护卫方案、内容和要求。

8.5.2 了解护卫对象的工作内容和具体要求，掌握护卫对象的动态活动。

8.5.3 熟记与有关部门人员的联系方式。

9 人群控制服务

9.1 人群控制服务内容

9.1.1 保安员通过对人群的疏导和控制，维护特定地点、场所、部位治安秩序，保护重点目标和大型活动安全。

9.1.2 通过执勤，震慑不法分子，使其打消滋扰重点目标和有关活动的企图。

9.1.3 通过执勤，查验证件及随身携带物品，疏导人群，维护现场秩序。

9.1.4 通过执勤，对场内重点部位和目标进行警戒，保卫重点部位和目标安全。

9.1.5 通过执勤，对正在发生的滋扰、冲击行为，采取相应措施予以制止，将不法行为人扭送公安机关或有关部门处理。

9.1.6 检查、发现、报告并及时消除各种安全隐患。防止火灾、爆炸及挤死、踩伤等事故或打砸抢、盗窃等不法侵害。

9.1.7 对已经发生的不法侵害案件或治安灾害事故，应及时报告公安机关或有关部门，并保护现场。

9.2 人群控制服务操作规程

9.2.1 制定人群控制方案

根据保安服务合同，了解特定人群活动基本情况，制定人群控制工作方案和应急预案，确定维护治安秩序人员及其具体分布、勤务方式、岗位责任制、联络、协作措施、现场巡视、安全检查、组织指挥以及各种突发情况发生后的应对措施。

9.2.2 人群控制任务的实施

9.2.2.1 合理布置保安勤务力量，明确任务与分工，落实岗位责任。

9.2.2.2 按照合同要求，对场所进行全方位的检查，及时消除安全隐患。

9.2.2.3 加强对重点部位和目标的警戒，防止无关人员进入或靠近。

9.2.2.4 加强对场内秩序的管理。保安员在场内流动巡视，发现不当行为及时制止。疏导人流，避免造成拥挤。

9.3 紧急情况的处置

遇有正在实施的不法侵害行为时，应迅速制止，并将不法行为人扭送客户单位保卫部门或公安机关。遇有火灾、爆炸等安全事故，应立即报警，同时按照应急预案要求，采取相应措施疏散人群，防止事态扩大。在积极协助抢救受伤人员时，做好现场保护工作。

9.4 勤务制度

按4.4的规定执行。

9.5 岗位要求

9.5.1 掌握人群控制任务的知识和技能，了解人群控制方案、内容和要求。

9.5.2 了解重点部位和目标，掌握应急预案的实施程序，及时发现报告并消除各种隐患。

9.5.3 发现不法侵害或治安灾害事故应及时报告公安机关或有关部门，并保护现场。

9.5.4 熟记与有关部门人员的联系方式。

10 技术防范服务

10.1 技术防范服务内容

10.1.1 保安员通过运用科技手段和设备，为客户指定的区域和目标，设计、安装各种报警器材并定期维护，提供接警、先期处警和其他相关的技防服务业务，保护客户安全。

10.1.2 防止客户单位遭受不法侵害。

10.1.3 接到入网客户的报警信息，应迅速赶赴现场进行先期处置。

10.1.4 对正在发生的不法侵害行为，应采取措施制止，同时向公安机关报警，对不法行为人应立即送交公安机关处理。

10.1.5 对于误报警应迅速给予排除。

10.1.6 对联网报警客户的技防设备，应定期进行巡检维护，防止设备出现故障。

10.1.7 技防设备的设计、安装，应严格遵照有关技术规范和标准进行。

10.1.8 对于客户提出的技防设备报修、移机和技防设计方案的修改意见应迅速给予处理。

10.2 技术防范服务操作规程

10.2.1 制定服务方案

10.2.1.1 根据客户要求，制定技防服务方案，其中包括工程设计施工、警情处置方案。需要行政许可的按有关规定办理。

1）制定工程设计方案，根据客户单位的实际情况，制定技术防范设施的设计方案，其中包括各类报警探头位置设计、线路联系设计、监控平台设计等，并报客户单位及有关部门审定。

2）制定工程施工方案。保安技防工程施工之前，要按照技防管理的有关规定，根据客户的需求情况制定工程施工方案，明确工程进度要求等内容。

3）制定警情处置方案。对于联网报警的客户，要根据客户的地理位置、防范部位及报警探头的安装位置，制定警情处置方案，确保警情发生后，能够迅速调动保安员赶赴现场进行处置。

10.2.1.2 工程设计、施工和警情处置方案需经客户单位和有关部门审定，需要行政许可的，报相关主管部门审定。

10.2.2 技防服务的实施

10.2.2.1 在为客户提供技术防范服务前，工程技术人员应亲临现场了解客户需求，制定出设计方案，报客户单位及有关主管部门审定。

10.2.2.2 为客户安装设备之前，根据客户单位实际情况，绘制施工现场图，制定施工方案。

10.2.2.3 施工应按方案进行，不得随意更改方案。

10.2.2.4 施工结束后，应按有关规定或合同约定对工程进行验收。

10.2.2.5 工程验收结束后，专业技术人员应对客户进行技防设备日常维护培训和操作使用培训。

10.2.2.6 专业技术人员对联网报警客户技防设备要定期进行技术巡检，内容包括设备检修、设备保养和征求客户意见。

10.2.2.7 接到入网客户的报警信息，应迅速赶赴现场进行先期处置。

1）制止不法侵害行为，并将不法行为人送交公安机关。

2）协助救护受伤人员，同时做好现场保护工作。

3）误报时应查明误报原因，并予以排除或通知专业技术人员予以修复。

11 安全咨询服务

11.1 安全咨询服务

11.1.1 通过受理咨询，向客户提供具有可操作性的答复。

11.1.2 通过调查活动，搜集有关线索和证据，为客户提供有效的安全防范服务。

11.1.3 保护客户商业秘密和个人隐私。

11.1.4 通过勘察、评估，对客户的安全防范状况进行可靠性、可行性评估，并提供相应的设计方案和安保经费、设施标准。

11.1.5 在法律允许的范围内活动。

11.2 安全咨询服务操作规程

11.2.1 受理咨询，详细了解客户咨询问题涉及内容的时间、地点及相关人员情况。

11.2.2 开展调查，查找分析与咨询问题相关的背景、线索，研究搜集相关的技术资料和必要的物证、书证、证人证言等。

11.2.3 通过现场专业勘察和对客户安全防范情况搜集，对客户委托事项的安全防范情况进行全面分析与评估，提出可靠、可行的操作对策。

11.2.4 根据客户要求，对客户委托事项进行安全分析与评估，并提供全面、可靠、可行的安全防范方案。

11.2.5 依据现行法律、法规，结合受理咨询实际，答复客户。

11.3 勤务制度

11.3.1 请示报告制度。遇到紧急情况和重大问题时，要及时、具体、准确的向所属公司请示报告，与客户及时沟通，处置结果及时反馈，并做详细记录。

11.3.2 勤务登记制度。当班期间受理的咨询等事宜，要予以登记。记录必须清晰、准确，不得随意涂改，并妥善保管。

11.4 岗位要求

11.4.1 熟练掌握安全防范的相关知识和技能，具有政法机关工作经历或保安工作实践经验。

11.4.2 熟悉相关法律、法规。

11.4.3 熟记与有关部门、人员的联系方式。

12 保安员

12.1 保安员基本条件

12.1.1 政治素质条件

12.1.1.1 热爱祖国、诚实信用。

12.1.1.2 无违法犯罪记录。

12.1.1.3 爱岗敬业，恪尽职守。

12.1.1.4 遵纪守法，团结协作。

12.1.2 业务技能条件

12.1.2.1 具备基本法律知识，了解有关保安管理政策、规定。

12.1.2.2 具备一定的语言、文字表达能力和沟通能力。

12.1.2.3 具备与岗位职责相应的观察、发现、处置问题能力。

12.1.2.4 具备使用基本消防设备、通讯器材、技术防范设施设备和相关防卫器械技能。

12.1.2.5 掌握一定防卫和擒敌技能。

12.1.3 身体条件

具备岗位需要的身高、视力等身体条件，或符合合同规定的身体条件。

12.1.4 文化条件

具备初中以上学历，特殊岗位应具备相应的文化业务知识和技能。

12.1.5 年龄条件

依据国家有关行业危险等级划分，保安员年龄应符合国家法律规定的最低或最高年龄要求。

12.2 保安员行为规范

12.2.1 着装

12.2.1.1 除不宜或者不需要着保安制服的情形外，在工作时间必须着保安制服。因私外出时应着便服。

12.2.1.2 着保安制服时，要按规定佩带保安标志。

12.2.1.3 保安制服不准与便服混穿，不同季节的保安制服不准混穿。

12.2.1.4 在驻勤单位除工作外，着装时可以不戴帽子。

12.2.1.5 着保安制服应干净整洁，不准披衣、敞怀、挽袖、卷裤腿、歪戴帽子、穿拖鞋或赤足。

12.2.1.6 爱护和妥善保管保安制服和保安标志。严禁将保安制服和保安标志变卖、赠送或出租、出借给他人。

12.2.1.7 着装参加重要活动时,应佩戴统一颁发的勋章、奖章和证章。

12.2.2 仪容仪表

12.2.2.1 执勤时要仪表端庄,精神饱满。

12.2.2.2 男性保安员不准留长发、大鬓角和胡须,女性保安员发辫不得过肩。

12.2.2.3 不得文身,不得染发、染指甲,不得化浓妆、戴首饰。

12.2.3 礼节

12.2.3.1 在下列场合行举手礼。

1) 执勤交接班时;

2) 纠正违章时;

3) 受到领导接见、慰问或领导视察、检查工作时;

4) 参与外事活动或与外宾接触时;

5) 着装在大会上发言开始和结束时;

6) 接受颁奖时。

12.2.3.2 在参加集会、大型活动奏国歌、升国旗时,要自行立正并行注目礼。

12.2.3.3 对日常接触的上级领导可以不行举手礼。

12.2.4 举止

12.2.4.1 精神饱满,姿态端正,动作规范,举止文明。

12.2.4.2 着装外出工作、执勤和出入公共场所时,不准袖手或将手插入衣兜。不准搭肩、挽臂、边走边吸烟、吃东西、嬉笑打闹。不准随地吐痰、乱扔废弃物。

12.2.4.3 不准着制服在公共场所饮酒,严禁酗酒。

12.2.4.4 要自觉遵守公共秩序和社会公德。

12.2.4.5 要尊重少数民族的风俗习惯。

12.2.5 语言

12.2.5.1 在工作中使用语言要简洁准确、文明规范。接触群众时,说话要和气,使用"你好、请、您、对不起、谢谢、再见"等文明用语。要注意称谓的使用。在与少数民族、宗教人士、外籍人士交谈时,不准使用对方禁忌的语言。

12.2.5.2 执勤时应讲普通话或当地通用语言。

12.2.6 岗位纪律

12.2.6.1 严格在法律规定的范围内开展保安服务工作,不得超越职责权限。

12.2.6.2 严格履行岗位职责，不做与保安服务无关的事情。

12.2.6.3 不准刁难群众。

12.2.6.4 不准脱岗、空岗、睡岗，不准迟到、早退。

12.2.6.5 遵守客户单位内部的规章制度，不准随意打听、记录、传播客户单位内部的机密事项。

12.2.6.6 未经允许不准动用客户单位物品和接受客户单位赠送的礼品。

12.2.6.7 有重要情况要妥善处置并及时上报。不准迟报、漏报、瞒报。

12.2.6.8 要认真填写值班记录，做好交接班工作。

12.2.6.9 要爱护公物，爱护客户财物。

12.2.7 卫生

12.2.7.1 要自觉维护环境卫生，保持执勤区域整齐清洁。

12.2.7.2 内务卫生

1）床单、被褥整齐干净，床下无杂物。

2）地面无烟头、无痰迹、无纸屑。

3）门窗洁净，玻璃明亮。

4）生活用品摆放整齐，统一规范。

5）不准饲养宠物，不准私自张贴、悬挂图片、画报。

12.3 保安员职责

12.3.1 执行门卫、守护、巡逻、押运、随身护卫、人群控制、技术防范、安全咨询等保安服务任务。

12.3.2 利用科技手段和设备执行保安服务任务。

12.3.3 对发生在执勤区域内的不法侵害和治安灾害事故，及时报告客户单位和当地公安机关，采取措施控制事态扩大，保护现场，维护现场秩序。

12.3.4 落实防火、防盗、防爆炸、防破坏和防治安灾害事故等防范措施，发现执勤区域内的安全隐患，立即报告客户单位，并协助予以处置。

12.3.5 保安员对执勤区域内发生的不法侵害行为应及时制止，对不法行为人应移交公安机关或有关部门处理。支持、配合公安机关和其他执法部门依法执行公务。

13 保安管理人员职责

13.1 大队长（中队长）职责

13.1.1 负责对大队（中队）的管理，掌握全面情况，根据公司计划和要求，结合实际，科学安排落实各项工作，完成公司交给的保安服务任务。

13.1.2 根据公司与客户签订的合同，制定勤务方案，与客户经常沟通，随时了解驻勤单位的情况，检查各项工作的落实。

13.1.3 认真执行公司有关规章制度，加强队伍管理。

13.1.4 掌握大队（中队）人员在岗情况。

13.1.5 按计划组织大队（中队）开展保安技能训练，提高保安员的专业技能和服务水平。

13.1.6 对保安器械进行管理，保障保安器械的完好有效。

13.1.7 对保安骨干进行教育和培养，提高他们的组织能力和管理水平。

13.1.8 对保安员进行法制教育、职业道德教育、爱岗敬业教育。

13.1.9 对驻勤单位进行经常性的安全检查，发现问题及时解决，消除隐患。

13.1.10 做好思想政治工作，关心保安员的生活，及时帮助解决实际问题。

13.1.11 深入调查研究，定期总结工作，开展经验交流，及时向上级反馈队伍管理信息。

13.1.12 做好考勤审核、服装发放、报表和保安员调配工作。

13.1.13 落实保安队伍内部安全措施，防止发生保安员违法违纪问题和重大安全事故。

13.2 分队长、班长（含班以下驻勤点负责人）职责

13.2.1 根据保安服务合同约定应承担的任务，组织安排勤务；检查考核分队（班）人员的执勤情况。

13.2.2 负责分队（班）的学习和训练。

13.2.3 及时准确传达上级的工作部署，负责分队（班）实施各项保安服务任务。

13.2.4 与驻勤单位保卫部门或主管安全工作的领导保持联系。协助开展安全检查，发现问题及时解决，重要情况及时汇报。

13.2.5 组织、召开队（班）务会，布置工作、勤务讲评、思想教育，做到时间、人员、内容、效果四落实，做好会议记录。

13.2.6 做好思想政治工作，掌握保安员的思想动态，及时解决队伍中出现的问题，搞好队伍团结。

13.2.7 关心保安员的生活、学习和工作情况，认真帮助解决困难和实际问题。

13.2.8 负责统计考勤，检查执勤记录。

13.2.9 了解客户单位消防器材和报警系统的配置、性能、位置，并组织保安员学习训练，熟练掌握操作技能。

13.2.10 遇有紧急情况，及时向上级报告，立即进行现场处置，控制事态发展并做好现场保护。

13.3 保安纠察人员职责

13.3.1 纠察保安员履行职责、遵守纪律的情况。

13.3.1.1 履行保安服务职责和队伍管理方面的情况。

13.3.1.2 重要保安工作部署的落实情况。

13.3.1.3 重点地区、场所保安工作的组织实施情况。

13.3.1.4 保安员执行《保安员职业道德行为规范》等相关规定的情况。

13.3.1.5 受理客户单位、群众对保安工作和保安员的意见和建议。

13.3.1.6 保安员履行职责和遵守纪律的其他情况。

13.3.2 定期汇总纠察情况，编发纠察工作信息。

13.3.3 对纠察中发现的问题，要进行分析、综合、研究，并提出整改意见。

13.3.4 对屡纠屡犯的保安员提出处理意见，并对其进行重点监督检查。

13.3.5 正确使用和妥善保管纠察装备、标志。

14 保安服务合同的评审和签订

14.1 了解需求

了解客户的性质、位置、规模、周边环境及其所需保安服务的意向、服务种类、保安员数量、服务要求等，并对客户要求的合法性进行必要的审查。

14.2 现场考察

对客户单位提出的服务需求，进行现场考察了解，协商保安服务的具体事宜。

14.2.1 所需保安服务的种类与内容。

14.2.2 所需保安员的人数。

14.2.3 所需保安服务的要求。

14.2.4 保安服务的费用。

14.2.5 保安员学习、教育、训练、生活及后勤保障等有关事宜。

14.3 签订合同

经过协商，依照《中华人民共和国合同法》等相关法律规定，签订规范的合同。

15 保安服务的准备

15.1 制定保安执勤方案和应急预案

根据合同要求，组织有关人员策划、制定保安执勤方案和应急预案，在征得客户单位确认后实施。重大保安执勤方案和应急预案须经上级主管部门批准后，方可实施。应急预案应定期演练和补充修改。

15.2 建立联系

15.2.1 建立保安服务公司与客户单位的联系。

15.2.2 建立保安队与客户单位主管部门的联系。

15.2.3 建立保安队与当地公安、消防等部门的联系。

15.2.4 建立保安服务公司与派驻到客户单位保安队的联系。

15.2.5 确定向客户单位征求意见的联系方法。

15.3 装备的配备

根据保安服务合同和执勤方案，在不违反国家有关规定的情况下配备必需的被装、生活用品、防护用具及交通、通讯设备。

15.4 保安员的选用

根据合同，选派符合岗位需要的保安员。保安员的培训应以国家有关规定为前提，结合地方行政管理对保安培训机构的培训要求进行，经考核合格后，方可派其上岗。对从事特殊岗位工作的保安员，须具备其相关知识和专业技能。

15.5 向客户单位派驻保安员

按照合同准时将保安员派驻到客户单位并开展保安服务。

16 保安服务质量的检查与改进

16.1 检查的内容与方式

16.1.1 检查内容

根据本标准的要求，对保安服务和队伍管理情况进行全面考核、检查。

16.1.2 检查方式

16.1.2.1 监督检查

1）独立驻勤保安队自查。

2）大、中队对独立驻勤保安队的检查。

3）保安服务公司对大、中队的检查和对独立驻勤保安队的抽查，受理客户投诉。

4）保安纠察队对所属保安队伍进行纠察和检查。

5）保安员对保安管理提出意见和建议。

16.1.2.2 客户评价

1）保安服务公司定期向客户单位征求意见。

2）定期发放征求意见表。

3）公布保安服务质量监督电话。

4）驻勤保安队经常向客户单位汇报工作，征求意见。

5）做好投诉接待工作。

16.1.3 以上方式的检查，均应有详细检查的记录。

16.2 服务质量的改进与提高

16.2.1 对检查中发现的问题和客户、群众的意见、建议，认真进行汇总、分析和研究，有针对性地制定具体的改进方案和措施。

16.2.2 对改进方案和措施的落实情况及改进的效果，进行复查和评价，使服务质量得到改进和提高。将改进的方案、措施及效果主动向客户、群众反馈。

17 不合格服务的纠正措施

17.1 对不合格服务的识别和报告是每个保安员的义务和责任。

17.2 发现不合格服务时，应进行记录，同时报保安服务公司有关部门，并立即采取措施加以纠正，减少由此产生的不良影响。

17.3 保安服务公司应对出现不合格服务的原因进行分析、评价，以强化监控力度，完善管理制度，不断提高服务水平，防止问题再度发生。

17.4 因不合格服务造成客户损失的，应按照合同约定条款依法予以赔偿。

保安员国家职业技能标准

1 职业概况

1.1 职业编码

3-02-02-01

1.2 职业名称

保安员

1.3 职业定义

依法为公民、法人和其他组织提供门卫、巡逻、守护、秩序维护、押运、随身护卫、安全检查、安全技术防范和安全风险评估等服务的人员。

1.4 职业技能等级

本职业共设五个等级，分别为：初级保安员（国家职业资格五级）、中级保安员（国家职业资格四级）、高级保安员（国家职业资格三级）、保安管理师（国家职业资格二级）、高级保安管理师（国家职业资格一级）。

1.5 职业环境条件

室内、室外，常温。

1.6 职业能力倾向

具有一定的学习、观察、理解、表达、判断、应变、自卫、自控、沟通、指挥、协调和执行的能力。

1.7 普通受教育程度

初中毕业（或相当文化程度）。

1.8 职业培训要求

1）晋级培训期限

初级保安员不少于160标准学时；中级保安员不少于160标准学时；高级保安员不少于200标准学时；保安管理师不少于240标准学时；高级保安管理师不少于240标准学时。

2）培训教师

培训初级保安员、中级保安员、高级保安员的教师应具有保安管理师及以上职业资格或公安、法律等相关专业中级及以上专业技术职务任职资格。培训保安管理师的教师应具有高级保安管理师职业资格或公安、法律等相关专业中级及以上专业技术职务任职资格。培训高级保安管理师的教师应具有高级保安管理师职业资格2年以上或公安、法律、管理等相关专业高级专业技术职务任职资格。

3）培训场所设备

满足理论知识教学需要的标准教室及操作技能培训必要的模拟实训场地，常用体能训练器材、紧急救护器材、常规灭火器材、常用防卫器材、常用入侵探测与出入控制器、常用车载技防设备、安防报警系统模拟平台、安全检查设备器材和仿真辨识系统、仿真运钞车等必要设施设备。

1.9 职业技能鉴定要求

1）申报条件

—— 具备以下条件之一者，可申报初级保安员：

（1）经本职业初级保安员正规培训达规定标准学时数，并取得结业证书。

（2）连续从事本职业工作1年以上。

（3）军队、武警部队退役义务兵。

——具备以下条件之一者，可申报中级保安员：

（1）取得本职业初级保安员职业资格证书后，连续从事本职业工作3年以上，经本职业中级保安员正规培训达规定标准学时数，并取得结业证书。

（2）取得本职业初级保安员职业资格证书后，连续从事本职业工作4年以上。

（3）连续从事本职业工作6年以上。

（4）取得技工、中等职业学校毕业证书，或取得经人力资源和社会保障行政部门审核认定、以中级技能为培养目标的中等和以上职业学校本专业毕业证书（含尚未取得毕业证书的在校应届毕业生）。

（5）军队、武警部队退役初级士官。

——具备以下条件之一者，可申报高级保安员：

（1）取得本职业中级保安员职业资格证书后，连续从事本职业工作4年以上，经本职业高级保安员技能正规培训达规定标准学时数，并取得结业证书。

（2）取得本职业中级保安员职业资格证书后，连续从事本职业工作5年以上。

（3）取得本职业中级保安员职业资格证书，并具有高级技工学校毕业证书、技师学院毕业证书；或取得本职业中级保安员职业资格证书，并经人力资源和社会保障行政部门审核认定、以高级技能为培养目标的高等职业学校本专业毕业证书（含尚未取得毕业证书的在校应届毕业生）。

（4）具有大专及以上本专业或公安、法律、军事等相关专业毕业证书，并取得本职业中级保安员职业资格证书，连续从事本职工作2年以上。

（5）军队、武警部队退役中级以上士官和退役军官。

——具备以下条件之一者，可申报保安管理师：

（1）取得本职业高级保安员职业资格证书后，连续从事本职业工作3年以上，经本职业保安管理师技能正规培训达规定标准学时数，并取得结业证书。

（2）取得本职业高级保安员职业资格证书后，连续从事本职业工作4年以上。

（3）具有大学本科学历，取得本职业高级保安员职业资格证书后，连续从事本职业工作 2 年以上，经本职业保安管理师技能正规培训达规定标准学时数，并取得结业证书。

（4）具有硕士研究生及以上学历，取得本职业高级保安员职业资格证书后，连续从事本职业工作 1 年以上，经本职业保安管理师技能正规培训达规定标准学时数，并取得结业证书。

——具备以下条件之一者，可申报高级保安管理师：

（1）取得本职业保安管理师职业资格证书后，连续从事本职业工作 3 年以上，经本职业高级保安管理师技能正规培训达规定标准学时数，并取得结业证书。

（2）取得本职业保安管理师职业资格证书后，连续从事本职业工作 4 年以上。

2）鉴定方式

分为理论知识考试和操作技能考核。理论知识考试采用闭卷笔试或上机方式。操作技能考核采用现场操作或模拟操作等方式。理论知识考试和操作技能考核均实行百分制，成绩达 60 分及以上者为合格。保安管理师、高级保安管理师须进行综合评审。

3）监考和考评人员与考生配比

理论知识中的考试监考人员与考生配比为 1∶15，每个标准教室不少于 2 名监考人员；操作技能考核中的考评人员与考生配比为 1∶3，且不少于 3 名考评人员；综合评审委员不少于 5 人。

4）鉴定时间

理论知识考试时间不少于 90min；操作技能考核时间不少于 20min；综合评审时间不少于 30min。

5）鉴定场所设备

理论考试在标准教室进行；操作技能考核在具有必要的体能训练器材、紧急救护器材、常规灭火器材、常用防卫器材、常用入侵探测与出入控制器、常用车载技术防范设备、安全防范监控报警模拟系统平台、安全检查设备器材和仿真辨识系统平台、仿真运钞车等设施设备的室内及室外模拟实训场地进行。

2　基本要求

2.1 职业道德

2.1.1 职业道德基本知识

2.1.2 职业守则

（1）遵纪守法，诚实守信。
（2）爱岗敬业，熟悉业务。
（3）掌握技能，强健体能。
（4）文明值勤，热情服务。
（5）见义勇为，乐于奉献。
（6）恪尽职守，保障安全。

2.2 基础知识

2.2.1 基础理论知识

（1）保安服务业的产生和发展。
（2）保安服务的概念和性质。
（3）保安服务企业的职责和组建条件。
（4）保安员的职责和权限。
（5）保安员的基本素质和行为规范。

2.2.2 专业基础知识

（1）保安勤务知识。
（2）自我防卫知识。
（3）犯罪预防知识。
（4）安全技术防范知识。
（5）消防安全知识。
（6）交通安全知识。
（7）紧急救助常识。
（8）危机管理知识。
（9）计算机与网络知识。
（10）心理健康知识。
（11）职业礼仪常识。
（12）公文写作知识。

2.2.3 相关法律、法规知识

（1）《中华人民共和国刑法》相关知识。
（2）《中华人民共和国刑事诉讼法》相关知识。
（3）《中华人民共和国民法通则》相关知识。
（4）《中华人民共和国民事诉讼法》相关知识。

(5)《中华人民共和国劳动合同法》相关知识。
(6)《中华人民共和国治安管理处罚法》相关知识。
(7)《中华人民共和国消防法》相关知识。
(8)《中华人民共和国道路交通安全法》相关知识。
(9)《信访条例》相关知识。
(10)《企业事业单位内部治安保卫条例》相关知识。
(11)《专职守护押运人员枪支使用管理条例》相关知识。
(12)《大型群众性活动安全管理条例》相关知识。
(13)《民用爆炸物品安全管理条例》相关知识。
(14)《娱乐场所管理条例》相关知识。
(15)《保安服务管理条例》相关知识。
(16)《物业管理条例》相关知识。
(17)公安部等有关部委制定的相关规章。

3 工作要求

本标准对初级保安员、中级保安员、高级保安员、保安管理师和高级保安管理师的技能要求依次递进，高级别涵盖低级别的要求。

3.1 初级保安员

职业功能	工作内容	技能要求	相关知识要求
1. 守护	1.1 出入口守卫	1.1.1 能接待来访人员，并查验出入人员、车辆的证件和登记相关信息 1.1.2 能辨识出入人员、车辆和携带物品的异常现象 1.1.3 能操作出入口设备控制车辆和人员进出 1.1.4 能处置出入口发生的紧急情况	1.1.1 出入口守卫特点和主要任务 1.1.2 出入口守卫操作规程 1.1.3 查验证件和登记车辆、物品基本方法 1.1.4 报告和报警的程序及方法 1.1.5 常用出入口控制设备操作方法 1.1.6 出入口常见紧急情况处置知识

续表

职业功能	工作内容	技能要求	相关知识要求
	1.2 目标部位守护	1.2.1 能辨识并清理守护目标区域内可疑人员和物品 1.2.2 能处置重点守护目标安全隐患 1.2.3 能对守护目标部位发生案件和事故现场进行保护	1.2.1 目标守护操作规程 1.2.2 常见重点守护目标种类和守护方法 1.2.3 可疑物品和人员的识别及处置方法 1.2.4 守护目标案件和事故现场保护知识
2. 巡逻	2.1 巡逻准备	2.1.1 能对巡逻区域内安全防范目标及环境进行勘察 2.1.2 能编制巡逻勤务方案	2.1.1 巡逻的任务内容和要求 2.1.2 巡逻区域内安全防范目标及环境勘察基本内容和要求 2.1.3 巡逻检查的内容和要求 2.1.4 巡逻勤务方案编制规范 2.1.5 巡逻装备和器材使用方法及注意事项
	2.2 巡逻实施	2.2.1 能辨识巡逻区域内异常情况和可疑人员 2.2.2 能报告和处置巡逻中发现的紧急情况 2.2.3 能对巡逻区域进行警戒 2.2.4 能填写巡逻记录	2.2.1 巡逻的操作规程和要求 2.2.2 巡逻区域异常事件的观察方法和处置要求 2.2.3 巡逻区域可疑人员的主要特征和查问方法 2.2.4 巡逻区域常见紧急情况的处置方法和要求 2.2.5 巡逻区域警戒规范和要求 2.2.6 巡逻记录的填写要求

续表

职业功能	工作内容	技能要求	相关知识要求
3. 安全检查	3.1 人员检查	3.1.1 能使用手检仪对受检人员进行安全检查 3.1.2 能徒手对受检人员进行安全检查 3.1.3 能对受检人员进行人像比对辨识 3.1.4 能处置安全检查现场异常情况 3.1.5 能填报安全检查记录与报告	3.1.1 安全检查基础知识 3.1.2 人员安全检查的程序和要求 3.1.3 常用的人员安全检查仪器功能和使用方法 3.1.4 安全检查现场异常情况处置方法和要求 3.1.5 安全检查记录与报告填报规范
	3.2 物品检查	3.2.1 能区分违禁品、危险品和限带品 3.2.2 能操作X光射线机发现违禁品、危险品和限带品 3.2.3 能操作简易炸药探测仪发现爆炸物品 3.2.4 能对检查出的违禁品、危险品和限带品进行处置	3.2.1 违禁品、危险品和限带品辨识基本方法 3.2.2 物品检查基本程序和方法 3.2.3 常用物品检查设备使用方法和注意事项 3.2.4 违禁品、危险品和限带品处置基本要求和方法
	3.3 车辆检查	3.3.1 能徒手或操作车辆安全检查专用设备对车辆进行检查 3.3.2 能辨识车辆藏匿禁带物品 3.3.3 能对车辆安全检查中发现的异常情况进行处置	3.3.1 车辆安全检查基本知识 3.3.2 检查车辆的程序和方法 3.3.3 车辆易藏匿禁带物品部位的检查方法 3.3.4 常用车辆检查设备的使用方法和注意事项 3.3.5 车辆安全检查中异常情况的处置方法

3.2 中级保安员

职业功能	工作内容	技能要求	相关知识要求
1. 安全检查	1.1 场所安检任务准备	1.1.1 能对不同任务及场所进行先期信息收集 1.1.2 能根据不同任务和不同场所的安检需求准备所需装备器材	1.1.1 识别不同任务安全隐患的基本常识 1.1.2 场所安检基本信息采集规范 1.1.3 场所安检装备和器材性能基本知识
	1.2 场所安检任务实施	1.2.1 能识别不同场所内存在安全隐患的物品及装置 1.2.2 能对检查出存在安全隐患的物品及装置进行处置	1.2.1 识别不同场所安全隐患的基本常识 1.2.2 处置存在安全隐患物品及装置的基本方法
2. 武装守押	2.1 武装押运	2.1.1 能对武装押运过程实施警戒、护卫 2.1.2 能与客户办理押运物品交接手续 2.1.3 能操作车载技防设备进行安全防范 2.1.4 能对武装押运勤务中突发事件进行处置	2.1.1 武装押运操作规程 2.1.2 易燃、易爆、腐蚀等危险品押运规范和要求 2.1.3 危险品运输、仓储相关法律法规要求 2.1.4 各类押运物品交接手续、清点方法 2.1.5 常用车载技防设备使用方法和注意事项 2.1.6 武装押运勤务中突发事件应急处置原则和方法
	2.2 武装守护	2.2.1 能对武装守护对象进行警戒 2.2.2 能辨识、排除武装守护中的安全隐患 2.2.3 能对武装守护中突发事件进行处置	2.2.1 武装守护操作规程 2.2.2 武装守护常见安全隐患检查和排除方法 2.2.3 武装守护中突发事件处置原则和方法

续表

职业功能	工作内容	技能要求	相关知识要求
3. 随身护卫	3.1 任务准备	3.1.1 能采集护卫任务相关信息 3.1.2 能预判护卫过程中存在的安全隐患	3.1.1 随身护卫基础知识 3.1.2 随身护卫基本信息采集规范 3.1.3 随身护卫勤务中常见安全隐患的类型和辨识方法
	3.2 任务执行	3.2.1 能徒手或使用器具护卫服务对象 3.2.2 能处置随身护卫勤务中出现的突发情况	3.2.1 随身护卫勤务规范和守则 3.2.2 随身护卫安全措施和控制要求 3.2.3 随身护卫勤务中常见突发情况处置方法
4. 安全技术防范	4.1 设备操作	4.1.1 能对安全技术防范系统和终端设备进行布防、撤防 4.1.2 能对安全技术防范系统视频、音频及报警等信息进行提取、调阅、存储操作	4.1.1 安全技术防范系统主要控制终端及集成管理平台基本功能和操作方法 4.1.2 常用安全技术防范系统和终端设备布防、撤防基本要求和注意事项 4.1.3 安全技术防范系统信息存储调阅设备操作规范和管理要求
	4.2 报警初判	4.2.1 能判别各种报警信息的类型 4.2.2 能初步研判报警的缘由、位置、紧急与重要程度 4.2.3 能对报警信息关键信息复核、报告与记录	4.2.1 安全技术防范系统触发报警信息基本类型和特征 4.2.2 报警信息研判基本方法和要求 4.2.3 报警信息复核基本方法和规范
	4.3 维护保养	4.3.1 能初步判断安全技术防范系统监测到的设备故障 4.3.2 能对安全技术防范系统硬件设备进行日常保养	4.3.1 安全技术防范系统设备常见故障的判断方法 4.3.2 常用维修工具的使用方法 4.3.3 安全技术防范系统设备日常维护保养基本内容、方法和要求

3.3 高级保安员

职业功能	工作内容	技能要求	相关知识要求
1. 武装守押	1.1 武装押运	1.1.1 能对武装押运任务进行实地勘查和安全风险分析 1.1.2 能编制武装押运勤务实施方案 1.1.3 能监督指导保安员开展武装押运勤务	1.1.1 武装押运实地勘察和安全风险分析方法 1.1.2 武装押运勤务实施方案编制方法和要求 1.1.3 武装押运过程中问题的检查方法和主要防范措施
	1.2 武装守护	1.2.1 能对武装守护任务进行安全风险分析 1.2.2 能编制武装守护勤务实施方案 1.2.3 能对驻守区域设岗布哨	1.2.1 武装守护安全风险分析方法 1.2.2 武装守护勤务实施方案编制方法和要求 1.2.3 设岗布哨原则和方法
2. 随身护卫	2.1 任务准备	2.1.1 能对护卫项目的风险进行评估 2.1.2 能编制随身护卫勤务方案 2.1.3 能编制随身护卫应急处置预案	2.1.1 随身护卫风险评估基本知识 2.1.2 随身护卫勤务方案编制方法和要求 2.1.3 随身护卫应急处置预案编制方法和要求
	2.2 管理实施	2.2.1 能对护卫过程中出现的重大突发事件进行现场处置 2.2.2 能对随身护卫执行勤务人员进行培训指导	2.2.1 随身护卫中协调、组织各种资源的要求和技巧 2.2.2 随身护卫重大事件处置方法 2.2.3 随身护卫勤务培训要点和方法

续表

职业功能	工作内容	技能要求	相关知识要求
3. 安全技术防范	3.1 设备安装	3.1.1 能安装防盗报警系统设备 3.1.2 能安装视频监控系统设备 3.1.3 能安装出入口控制系统设备 3.1.4 能安装楼宇对讲系统设备 3.1.5 能安装电子巡更系统设备	3.1.1 安全技术防范系统安装识图基础知识 3.1.2 防盗报警系统安装方法及规范要求 3.1.3 视频监控系统安装方法及规范要求 3.1.4 出入口控制系统安装方法及规范要求 3.1.5 楼宇对讲系统设备安装方法及规范要求 3.1.6 电子巡更系统设备安装方法及规范要求
	3.2 故障排查	3.2.1 能对安全技术防范系统设备常见故障进行处置 3.2.2 能对安全技术防范系统重新启动、重新数据配置、重新安装 3.2.3 能更换安全技术防范系统主要设备 3.2.4 能维护系统管理日志、用户数据、视音频和报警数据	3.2.1 安全技术防范系统设备常见故障主要表现特征及危害 3.2.2 安全技术防范系统设备常见故障处置基本方法和要求 3.2.3 安全技术防范系统主要设备更换基本方法和规范 3.2.4 安全技术防范系统管理日志、用户数据、视音频和报警数据维护基本方法和要求

3.4 保安管理师

职业功能	工作内容	技能要求	相关知识要求
1. 安全技术防范	1.1 系统运行管理	1.1.1 能对安全技术防范系统异常事故进行前期处理 1.1.2 能编制安全技术防范系统维护保养计划	1.1.1 安全技术防范系统异常事故前期判断和处理方法 1.1.2 安全技术防范系统维护保养计划编制规范和要求
	1.2 工程项目管理	1.2.1 能编制安全技术防范系统工程招投标文件 1.2.2 能编制安全技术防范系统设计任务书 1.2.3 能编制联网报警及视频监控系统初步设计方案 1.2.4 能编制工程项目施工组织方案和计划 1.2.5 能编制安全技术防范系统试运行方案 1.2.6 能编制系统初步验收报告	1.2.1 工程招投标基础知识 1.2.2 工程标书及安全技术防范系统设计任务书编制规范和要求 1.2.3 项目建设费用预算基础知识 1.2.4 安全技术防范系统工程初步设计方案编制规范 1.2.5 工程项目管理基础知识及施工组织方案编制规范 1.2.6 安全技术防范工程验收基本要求和组织方案编制规范
2. 安全风险评估	2.1 安全风险评估实施	2.1.1 能收集安全风险管理要求 2.1.2 能进行安全风险识别 2.1.3 能进行安全风险分析 2.1.4 能进行安全风险评价	2.1.1 安全风险评估基础知识 2.1.2 评估项目相关法律法规标准的识别和收集方法 2.1.3 安全风险管理策略识别流程 2.1.4 安全风险识别和现场调查方法 2.1.5 安全风险分析的基本模型与操作方法 2.1.6 安全风险分析和风险描述、评价的基本方法

续表

职业功能	工作内容	技能要求	相关知识要求
	2.2 安全风险评估报告编制	2.2.1 能编制安全风险评估结果文件 2.2.2 能提出安全风险管理整改建议	2.2.1 安全风险评估过程中对沟通和咨询的要求 2.2.2 安全风险评估报告的基本格式和编制要求 2.2.3 薄弱环节信息梳理流程 2.2.4 缺陷与措施对应文件的编制要求和方法 2.2.5 整改措施时限的把握原则 2.2.6 整改效果评价方法
3. 保安项目管理	3.1 保安项目规划	3.1.1 能编制保安服务项目市场调研方案 3.1.2 能撰写保安服务项目可行性报告 3.1.3 能编制保安服务项目投标书 3.1.4 能编制保安服务项目合同书 3.1.5 能编制保安服务项目预算书 3.1.6 能编制保安服务项目实施方案	3.1.1 保安服务市场调研基础知识 3.1.2 保安服务项目市场开发基础知识 3.1.3 保安服务项目市场可行性分析知识 3.1.4 保安服务招投标基础知识 3.1.5 保安服务合同基础知识 3.1.6 保安服务项目预算书编制知识 3.1.7 保安服务项目实施方案编制知识
	3.2 保安项目实施	3.2.1 能编制保安服务项目实施任务书 3.2.2 能编制保安服务项目管理制度 3.2.3 能编制保安服务项目实施过程监督指导纲要	3.2.1 保安服务项目任务书编制知识 3.2.2 保安服务项目组组建和职责知识 3.2.3 保安服务项目管理制度编制知识 3.2.4 保安服务项目实施过程监督指导知识

3.5 高级保安管理师

职业功能	工作内容	技能要求	相关知识要求
1. 安全风险评估	1.1 安全风险评估实施	1.1.1 能对重要护卫或守护目标进行安全风险评估 1.1.2 能对特殊环境进行安全风险评估	1.1.1 重要护卫或守护目标的安全威胁分析方法 1.1.2 特定威胁下防范缺陷的识别方法 1.1.3 特殊环境下的安全威胁识别 1.1.4 特殊环境安全风险分析方法
	1.2 安全风险评估过程管理	1.2.1 能对安全风险评估过程实施管理 1.2.2 能对安全风险评估报告进行论证与评价	1.2.1 安全风险评估计划管理原则 1.2.2 安全风险评估过程文件管理流程 1.2.3 安全风险评估报告解读方法 1.2.4 调查证据有效性评价方法 1.2.5 安全风险态势描述评价方法 1.2.6 整改建议有效性评价方法
	1.3 安全风险管理	1.3.1 能制定初期风险管理策略 1.3.2 能编制防范风险解决方案	1.3.1 安全风险管理基础知识 1.3.2 制定安全风险管理策略的基本原则和流程 1.3.3 持续性风险管理原则和方法
2. 保安业务管理	2.1 保安业务规划	2.1.1 能编制企业保安服务发展规划 2.1.2 能编制企业保安服务质量控制标准 2.1.3 能编制企业保安服务管理制度 2.1.4 能编制企业保安服务过程检查指导纲要	2.1.1 保安业务发展规划编制知识 2.1.2 保安服务质量控制标准编制规范 2.1.3 保安服务管理制度编制知识 2.1.4 保安服务监督检查指导知识
	2.2 保安培训指导	2.2.1 能编写企业保安业务培训教案、讲义 2.2.2 能编制企业保安业务培训方案	2.2.1 保安业务培训与指导基础知识 2.2.2 保安业务培训教案、讲义编写知识 2.2.3 保安业务培训方案编制知识

续表

职业功能	工作内容	技能要求	相关知识要求
3. 保安危机管理	3.1 保安危机预防	3.1.1 能识别保安服务管理中潜在危机事项 3.1.2 能制定保安危机应急处置预案 3.1.3 能对危机事件中企业形象进行管理	3.1.1 保安服务管理体系中潜在危机识别方法 3.1.2 保安危机应急处置预案制定方法 3.1.3 保安危机中企业形象管理技能
	3.2 保安危机处置	3.2.1 能设计保安危机事件控制方案 3.2.2 能制定保安危机事件中与媒体沟通的方案 3.2.3 能制定保安服务管理中危机事件解决方案 3.2.4 能对保安危机情景实施管理 3.2.5 能进行保安危机恢复管理	3.2.1 保安危机事件控制基本方法及注意事项 3.2.2 保安危机事件媒体应对基础知识 3.2.3 保安危机事件解决方案的制定规范和要求 3.2.4 保安危机情景管理方法及要求 3.2.5 保安危机恢复管理方法及要求

4 比重表

4.1 理论知识

	技能等级 项　目	初级保安员（%）	中级保安员（%）	高级保安员（%）	保安管理师（%）	高级保安管理师（%）
基本要求	职业道德	5	5	5	5	5
	基础知识	35	30	25	20	15

续表

	技能等级 项　目	初级保安员 (%)	中级保安员 (%)	高级保安员 (%)	保安管理师 (%)	高级保安 管理师(%)
相关知识要求	守护	20	-	-	-	-
	巡逻	15	-	-	-	-
	安全检查	25	15	-	-	-
	武装守押	-	20	20	-	-
	随身护卫	-	20	25	-	-
	安全技术防范	-	10	25	25	-
	安全风险评估	-	-	-	25	30
	保安项目管理	-	-	-	25	-
	保安业务管理	-	-	-	-	30
	保安危机管理	-	-	-	-	20
	合　计	100	100	100	100	100

4.2 操作技能

	技能等级项目	初级保安员 (%)	中级保安员 (%)	高级保安员 (%)	保安管理师(%)	高级保安管理师(%)
技能要求	守护	30	-	-	-	-
	巡逻	30	-	-	-	-
	安全检查	40	20	-	-	-
	武装守押	-	30	30	-	-
	随身护卫	-	25	35	-	-
	安全技术防范	-	25	35	30	-
	安全风险评估	-	-	-	35	35
	保安项目管理	-	-	-	35	-
	保安业务管理	-	-	-	-	35
	保安危机管理	-	-	-	-	30
	合　计	100	100	100	100	100

参考文献

1. 熊一新、李健和主编：《治安管理学概论》，中国人民公安大学出版社2007年版。
2. 李颖、师维主编：《治安管理教程》，高等教育出版社2007年版。
3. 李颖、师维主编：《治安管理实训教程》，高等教育出版社2007年版。
4. 郝宏奎主编：《警察查缉战术》，中国人民公安大学出版社2001年版。
5. 公安部人事训练局前卫体协编著：《查缉战术》，群众出版社2000年版。
6. 苏爱越、莫旭映主编：《警察查缉战术操作规范指南》，中国人民公安大学出版社2013年版。
7. 麻海龙、师原兵、王浩编著：《实用查缉战术教程》，群众出版社2005年版。
8. 张公正、程军伟主编：《新编刑事侦查学》，陕西人民出版社2000年版。
9. 王长水主编：《侦查学》，郑州大学出版社2009年版。
10. 谢林：《查缉技能与战术训练教程》，中国人民公安大学出版社2002年版。
11. 王平主编：《警务技能训练教程》，中国人民公安大学出版社2004年版。
12. 马忠红主编：《刑事侦查学》，中国人民公安大学出版社2014年版。
13. 夏保成、张小兵、王慧彦：《突发事件应急演习与演习设计》，当代中国出版社2011年版。
14. 汪勇编著：《警察巡逻勤务教程》，中国人民公安大学出版社2000年版。
15. 廖志恒、冯锁柱编：《治安勤务教程》，中国人民公安大学出版社2006年版。
16. 张绪梁主编：《高级保安员职业技能培训教程》，群众出版社2015年版。
17. 徐嘉蓉主编：《保安基础知识与技能》，中国劳动社会保障出版社2004年版。
18. 邱煜主编：《中级保安员职业技能培训教程》，群众出版社2015年版。
19. 陈建武、徐秀林主编：《保安勤务》，中国商业出版社2007年版。

20. 陈利主编：《保安勤务实务》，高等教育出版社 2012 年版。

21. 陈潭主编：《公共管理案例分析》，社会科学文献出版社 2009 年版。

22. 李虎元、闫绪安主编：《人民警察基本素质训练教程——入警教育训练》，高等教育出版社 2008 年版。

23. 李祖辉主编：《保安员人文素养》，高等教育出版社 2012 年版。

24. 李伟清主编：《保安员国家职业培训教程》，经济日报出版社 2007 年版。

25. 公安部政治部主编：《公安民警警械武器使用训练教程》，中国人民公安大学出版社 2012 年版。

26. 楼一帆主编：《保安实务：押运》，高等教育出版社 2008 年版。

27. 李家祥主编：《保安守卫、巡逻与押运》，高等教育出版社 2012 年版。

28. 王佳：《保安押运教程》，电子工业出版社 2009 年版。

29. 公安部道路交通安全研究中心编：《危险货物道路运输驾驶人和押运员安全行车手册》，人民交通出版社 2015 年版。

30. 李栋、周静茹主编：《突发事件预防与处置实务》，中国政法大学出版社 2016 年版。

31. 汪勇："警察勤务的方式"，载《公安大学学报》2001 年 03 期。

32. 韩树凯："论警察巡逻的方式、性质及任务"，载《法律科学（西北政法学院学报）》1990 年 05 期。

33. 汪勇、李健和："警察巡逻勤务方式"，载《公安大学学报》1994 年 04 期。

34. 李鹏："论警察巡逻勤务制度"，西南政法大学 2012 年硕士学位论文。

声　明　1. 版权所有，侵权必究。
　　　　2. 如有缺页、倒装问题，由出版社负责退换。

图书在版编目（CIP）数据

特殊勤务/曹立营主编. —北京：中国政法大学出版社, 2017.8
ISBN 978-7-5620-7658-2

Ⅰ.①特… Ⅱ.①曹… Ⅲ.①武装警察－高等职业教育－教材 Ⅳ.①E277

中国版本图书馆CIP数据核字(2017)第193197号

出 版 者	中国政法大学出版社
地　　址	北京市海淀区西土城路 25 号
邮　　箱	fadapress@163.com
网　　址	http://www.cuplpress.com （网络实名：中国政法大学出版社）
电　　话	010-58908435(第一编辑部) 58908334(邮购部)
承　　印	保定市中画美凯印刷有限公司
开　　本	720mm×960mm　1/16
印　　张	17.75
字　　数	300 千字
版　　次	2017 年 8 月第 1 版
印　　次	2017 年 8 月第 1 次印刷
印　　数	1~3000 册
定　　价	39.00 元